国家职业资格培训教材

汽车营销师

（国家职业资格四级）

主　编　张措桄　段钟礼

编　者　张措桄　段钟礼　高保瑞　卫云贵　刘正亭
郭俊雄　张玲玲　魏志斌　赵启文　朱海亮
张存普

审　稿　姜正根　张文才

QICHE YINGXIAOSHI

中国劳动社会保障出版社

图书在版编目(CIP)数据

汽车营销师：国家职业资格四级/人力资源和社会保障部教材办公室组织编写. —北京：中国劳动社会保障出版社，2008

国家职业资格培训教材

ISBN 978-7-5045-7291-2

Ⅰ. 汽… Ⅱ. 人… Ⅲ. 汽车-市场营销学-技术培训-教材 Ⅳ. F766

中国版本图书馆CIP数据核字(2008)第152411号

中国劳动社会保障出版社出版发行

（北京市惠新东街1号 邮政编码：100029）

出版人：张梦欣

*

北京市艺辉印刷有限公司印刷装订 新华书店经销

787毫米×1092毫米 16开本 18.75印张 343千字

2008年11月第1版 2016年1月第6次印刷

定价：36.00元

读者服务部电话：(010) 64929211/64921644/84626437

营销部电话：(010) 64961894

出版社网址：http://www.class.com.cn

版权专有 侵权必究

如有印装差错，请与本社联系调换：(010) 50948191

我社将与版权执法机关配合，大力打击盗印、销售和使用盗版图书活动，敬请广大读者协助举报，经查实将给予举报者奖励。

举报电话：(010) 64954652

内容简介

本教材由人力资源和社会保障部教材办公室组织编写，以汽车营销师（国家职业资格四级）工作实际需要为出发点和落脚点，从强化培养操作技能、掌握实用技能的角度，较好地体现了当前最新的实用知识和操作技术，内容涉及汽车营销人员从业基础、汽车营销商务礼仪、汽车技术、汽车市场调查、汽车消费者购买行为分析、现代汽车销售，对从业人员提高业务素质、掌握汽车营销的核心技能有直接的帮助和指导作用。

本教材的编写面向汽车营销师（国家职业资格四级）的工作实际，是汽车营销师（国家职业资格四级）知识和技能培训的必备教材，也是各级各类职业技术学校汽车营销专业师生的教学参考用书，还可供从事汽车营销工作的有关人员参考。

前　言

经济社会的发展与企业未来的竞争，关键是科技的竞争，归根结底是人才的竞争。实行国家职业资格证书制度是加强人力资源建设，加快推进一线产业技能人才辈出战略，提高劳动者素质的有效举措。十余年来，参加国家和行业、地方职业技能鉴定的人数稳步增长，已达到每年千万人的规模。

随着国家职业资格证书制度的逐步完善和持续推进，我国正在形成旧职业不断蜕变、新职业不断产生的良好态势，针对新职业的技术培训、技能鉴定方兴未艾。汽车营销师职业即是在我国汽车行业飞速发展、汽车营销工作的作用日益关键、服务范围日益扩大的背景下，逐步成长起来的。为了满足各级培训、鉴定部门和广大劳动者的需要，人力资源和社会保障部教材办公室、中国劳动社会保障出版社在总结以往教材编写经验的基础上，组织编写了汽车营销师系列“国家职业资格培训教材”。

该系列教材共 3 册，分别为国家职业资格四级、三级、二级，本书为其中的国家职业资格四级分册。国家职业资格四级对应于汽车销售员这一岗位，以汽车销售服务技巧为核心能力（主要包括市场调查、销售流程等）；国家职业资格三级对应于资深汽车服务顾问、服务接待、销售主管这一岗位，以市场分析及汽车综合服务为核心能力（主要包括市场分析、综合服务、促销组合等）；国家职业资格二级对应于销售总监、服务总监这一岗位，以品牌管理、流程管理和人力资源管理为核心能力（主要包括综合服务、品牌建设、业务流程、营销策划、人力资源管理等）。这套教材的主要特点是：

在编写模式上，采用分级模块化编写。纵向上，教材按照国家职业资格等级单独成册，各等级合理衔接、步步提升，为技能型人才培养搭建科学的阶梯型培训架构。横向上，教材按照职业功能分模块展开，安排足量、适用的内容，贴近生产实际，贴近培训对象需要，贴近市场需求。

在编写原则上，突出以职业能力为核心。教材编写贯穿“以企业需求为导向，以职业能力为核心”的理念，要求依据国家职业标准，贴近企业实际，反映岗位需求，突出新知识、新技术、新工艺、新方法，注重职业能力培养，凡是职业岗位工作中要求掌握的知识和技能，均作详细介绍。

在使用功能上，注重服务于培训和鉴定。根据职业发展的实际情况和培训对象的培训需求，教材力求体现职业培训的规律，满足职业技能培训的需要；力求反映地方、行业和企业职业技能鉴定考核的基本要求，满足培训对象参加各级各类鉴定考试的需要。

本书由张搢桄、段钟礼、高保瑞、卫云贵、刘正亭、郭俊雄、张玲玲、魏志斌、赵启文、朱海亮、张存普编写，张搢桄、段钟礼主编，姜正根、张文才审稿。

编写“国家职业资格培训教材”是一项探索性的工作，教材中存在不足之处在所难免，恳切希望各使用单位和个人不吝赐教，提出宝贵意见和建议。

人力资源和社会保障部教材办公室

目　录

基本知识和基本技能篇

专业技能篇

基本知识和
基本技能篇

单元 1　汽车营销人员从业基础

培训目标

本单元主要讲述营销及汽车营销的基本概念和汽车营销人员必备的基本素质。通过本单元的学习，读者应：

- 了解营销的基本概念。
- 了解研究汽车营销的必要性。
- 熟悉汽车营销人员应该具备的基本素质要求。

现代社会的发展使汽车逐渐成为人们最重要的交通工具，汽车服务行业的营销活动也成为现代营销研究关注的焦点之一。了解汽车市场营销的基本概念和行业对汽车营销人员的基本素质要求，已经成为每一位汽车服务从业人员的首要学习目标。

第一节　营销及汽车营销的基本概念

在世界上的各个地区，人们每天都会有相类似的生活经历：住什么样的房子，楼房还是平房？吃什么样的食品，面包还是面条？穿什么样的衣服，休闲装还是职业套装？如何去工作，步行还是开车……这些是人们每天都需要面对的问题。对每天的衣食住行可能不同地区的人有不同的选择，但当我们考虑这些问题的时候，实际上碰到的都是营销的问题——这正是整个营销体制所做的事情。营销影响着生活的各个方面，它经常以我们想不到的方式影响着我们，可以说营销活动已经成为人类文明活动中的最重要的活动之一。

一、市场营销的核心概念

现代社会的发展日新月异，人们越来越无法独立生活——因为缺乏技能、资源或时间，绝大多数人并不能制造他们所使用的所有东西，我们每个人都需要依赖于他人提供的服务。了解人的需要，并想办法满足他，这正是营销的目标（见图 1—1）。

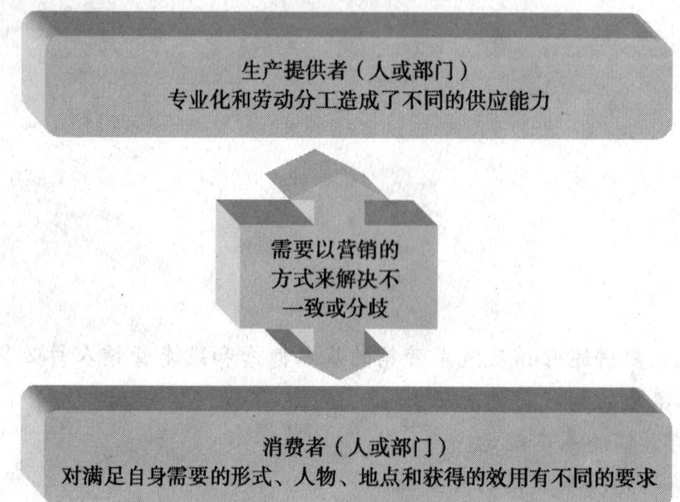

图 1—1　营销在生产者、消费者之间的作用

1. 什么是营销

大多数人购买汽车是为了做同一件事——使乘车人从一个地方到另一个地方。但乘车人可以从众多的车型中进行选择。汽车有不同的规格，有不同的功用，不同的造型。不同的人乘车有不同的目的和喜好，有的只是乘用，有的需要装货或者其他的一些用途。

这些因素使汽车的生产和销售复杂化。以下列举出一家公司决定投产某款新车型前要决策的一些主要事项：

◆分析可能购买汽车的人的需要，看他们是否需要更多不同的车型？

◆预测不同顾客所需的车型——汽车的外观、质量及材质、动力来源，并且决策公司的车型主要满足哪些人的需要。

◆估计有多少人会购买或什么时候购买。

◆计划销售的地区是否有合适的资源及消费能力。

◆确定怎样把汽车卖给顾客。

◆估计顾客愿为汽车支付的价格以及公司以这一价格卖车是否有利可图。

◆当向潜在顾客介绍车型时，公司应该采用何种促销手段。

◆从何渠道来采购外协配件。

◆顾客购买汽车后如何提供售后服务。

……

上述活动并非属于制造产品或提供服务的范畴，它们都属于更大的过程，即营销——该过程为生产者提供必需的指向，并且帮助他们确认恰当的产品和服务被生产出来，并以一定的方式提供给顾客。

由图可知，营销活动是连接生产者和消费者之间关系的重要环节。有效的营销活动意味着在合适的时间、合适的地点，传递着消费者需要的商品或服务。现代社会和市场有关联的每一个人或组织，都会运用它来实现其消费行为。用美国营销大师菲利普·科特勒的话来定义营销，营销是指个人或集体为解决自身或他人的需要，通过创造、提供、出售，自由进行交换产品和价值，以获得其所需所欲之物的一种社会管理过程。从这一定义可以看出，营销主要包括以下含义：

(1) 营销是买卖双方实现互利的交换行为的过程，卖方按买方要求提供商品，使买方得到满足；同时，卖方获得相应的利润，本身也得到满足，双方各得其所。

(2) 营销的核心是达成交易，是由双方间的价值交换所构成的行为。双方通过交易将商品或劳务转移到顾客手里，把消费者手中的货币转移到经营者手中，从而完成商品或劳务的交换过程。

(3) 营销是系统性的管理过程，既包括企业在流通领域内进行的商品交换活动，又包括生产过程前的市场调研活动和流通过程结束后的售后服务。

(4) 营销涉及企业或个人调查、生产、销售、服务的全过程。它以顾客的需求为起点，以顾客满意为终点。

2. 营销的核心概念（见图1—2）

生产和营销都是指向顾客提供满足其需要的产品或服务的整个业务体制的重要组成部分，营销以顾客为中心，通过了解顾客的需要，为生产活动提供导向，并解决顾客的需要。对营销的理解涉及以下几个概念，它们相互依存共同形成完整的营销活动。营销既是组织所进行的一系列活动，又是一个社会过程，存在宏观和微观两个层次。宏观营销考虑的是从制造商到顾客的用于满足需求的商品流和服务流，而微观营销则关注的是顾客和为他们服务的组织。鉴于本书为职业类教材，研究的重点放在管理导向的微观营销方面，但仍要明白任何一个组织都只是更大的宏观营销系统的一个小的组成部分。

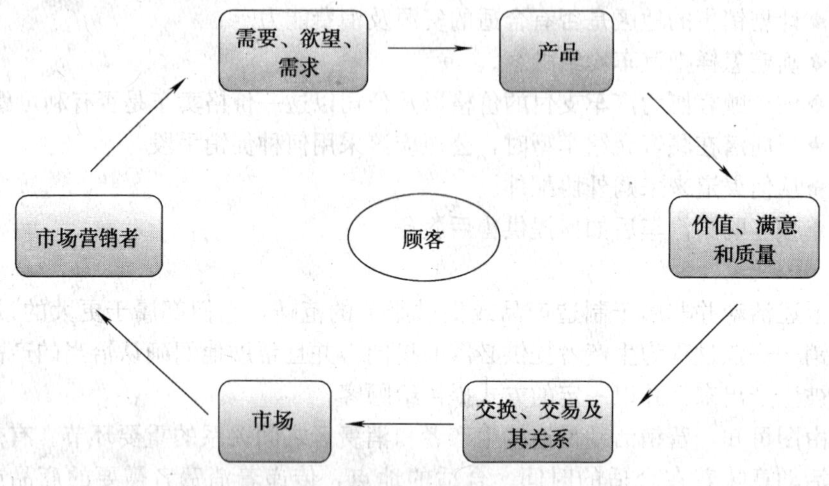

图 1—2 营销的核心概念

(1) 需要、欲望和需求。需要和欲望是市场营销活动的起点。需要是指没有得到某些基本满足的感受状态，是人类与生俱来的。如人们对食品、衣服、住房、安全、归属、受人尊重等的需要，市场营销者可用不同方式去满足它，但不能凭空创造。

欲望是个人受不同文化及社会环境影响表现出来的对基本需要的特定追求。如为满足“交通便利”需要，人们可能选择自行车、马、摩托车、汽车、火车和飞机等交通工具。市场营销者无法创造需要，但可以影响欲望，并通过提供特定的产品和服务来满足欲望。

需求是指人们有能力购买并愿意购买某个具体产品的欲望。需求实际上也就是对某特定产品及服务的市场需求。市场营销者总是通过各种营销手段来影响需求，并根据对需求的预测结果决定是否进入某一产品（服务）市场。

(2) 产品。人们用产品来满足其需要和欲望。产品包括有形的产品和无形的服务，实物商品的重要性并不在于拥有它们，而在于得到他们所提供的功能，例如，人们买汽车不是为了看而是为了它所能提供的交通服务。可见，产品的概念并不仅限于实物，任何能够满足人们某种需要和欲望的东西都可以称做产品。

(3) 价值、满意和质量。顾客做出购买选择是依据自己对产品和服务能提供的价值的理解。顾客价值是指顾客对从拥有或使用某产品中所获得的利益的理解，与为获得该产品所付出的成本的理解之差。因此，只有当顾客认为拥有和使用获得的利益大于为取得该产品所付出的成本，并且该产品或服务与替代品相比有更高的价值时，才会愿意并能做出购买决定。

在很多情况下顾客并不能准确、客观地判断产品价值。通常顾客在做出购买决定时只考虑几种主要的利益和成本，并根据自己所理解的价值行事。例如，只是根据对以前产品和服务的经验及满意程度做出购买决定，而很少或根本不考虑替代产品的价值。由此可见，顾客对价值的理解是多种多样的，不同顾客对同种产品价值的理解也可能不同，且这些理解还将随时间和环境的变化而改变，所以知道顾客对价值的理解是非常重要的。顾客享用产品和服务中可获得的利益与所付出的成本分析见表 1—1。

表 1—1　　顾客享用产品和服务中可获得的利益与所付出的成本分析

	分类	内容	实例
顾客利益	功能利益	从产品或服务中所获得的有形产品和核心功能	顾客购车是为了出行时方便快捷，安全舒适
	社会利益	顾客因购买和使用特定产品或接受服务，从其他人处所获得的积极反应和认同	顾客通过购买高档轿车而获得社会利益
	个人利益	顾客从购买、拥有和使用产品或接受服务所得到的好的感觉	汽车优良的操纵性，使驾驶者获得更好的感觉
	经验利益	顾客从产品和服务中获得某种技能的提升得到的经验，从而体会到的快乐感觉	接受培训或获得知识
顾客成本	货币成本	顾客为得到产品和服务而必须支付的货币量	
	时间成本	购买产品和接受服务所花费的时间	很多顾客为获得利益不希望等待的时间太长
	心理成本	做出重要购买决定可能遭受到的产品和服务不能满足期望，并带来一定风险的心理压力	
	行为成本	顾客购买产品和接受服务所付出的体力	购买产品或接受服务时由于空间的距离带来的不便

顾客是否满意取决于购买者所理解的某产品的价值与其期望值进行的比较，如图 1—3 所示。如果产品的价值低于顾客的期望值，购买者就会感到不满意；如果价值符合期望值，购买者就会感到满意；如果价值超过期望值，购买者就会感到非常满意。满意的顾客不仅会重复购买，而且会向其他人介绍产品的好处。客观来讲，顾客的期望值是由以往的购买经验、朋友的意见以及营销者和竞争者传递的信息和承诺构成。企业寻求高于竞争者的顾客满意程度，并不意味着使顾客的满意程度最大化，这是因为营销的目的是在实现赢利目标的情况下去创造顾客的价值，并使这个价值最大化，达到顾客满意。

质量与顾客满意密切相关，是指同等条件下产品或服务满足顾客需要的能力。质量直接影响产品的性能，从而影响顾客满意程度。质量始于顾客的需要，结束于顾客满意。顾客不一定购买最高质量的产品，而购买符合自己使用

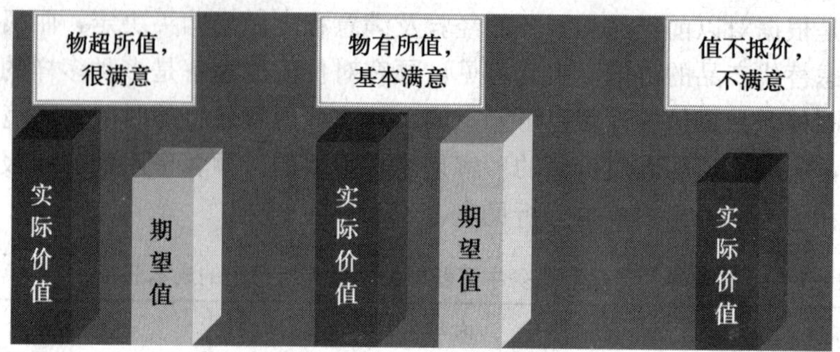

图 1—3 顾客满意示意图

目标的产品，因为高质量意味着高价值。同等价值条件下，顾客会选择质量最优的产品。

（4）交换、交易及其关系。人们可以通过各种方式取得满足需求或欲望之物，如自产自用、强取豪夺、乞讨和交换等方式。其中，只有交换方式才存在市场营销。交换是指从他人之处取得所需之物，而以其某种东西作为回报的行为。交换的发生必须具备五个条件：交换双方；每一方都有对方需要的有价值的东西；每一方都有沟通和运送货品的能力；每一方都可以自由地接受或拒绝；每一方都认为与对方交易是合适或称心的。

交易是交换的基本组成单位，是交换双方之间的价值交换，并有法律制度来保证和维护其承诺得以执行。交换是一种过程，在这个过程中，如果双方达成一项协议，就称之为发生了交易。交易通常有两种方式：一是货币交易，如顾客支付 800 元给商店而得到一台微波炉；二是非货币交易，包括以物易物、以服务易服务的交易等。

一些学者将建立在交易基础上的营销称为交易营销。为使企业获得较之交易营销所得到的更多，就需要关系营销。关系营销是指在营销活动中建立、保持并加强与顾客、经销商、制造商、供应商等的合作关系，使各方实现各自目的的营销方式。与各方保持良好的关系要靠长期承诺和提供优质产品、良好服务和公平价格，以及加强经济、技术和社会各方面的联系来实现。关系营销可以节约交易的时间和成本，旨在培养稳定的顾客群体，而不是单次交易利润最大化。它强调与老客户的关系维系，认为维持老顾客比开发新顾客更重要，通过顾客忠诚度的培养，获得企业的持续发展。因此，与顾客建立长期合作关系是关系营销的核心内容。

（5）市场。市场是联系生产和消费的纽带，哪里有商品交换存在，哪里就有市场。关于市场的概念，从不同的角度有很多种说法。从营销人员的角度来说，有顾客才有市场，市场是指产品所有现实的和潜在的购买者。市场的规模取决于三个要素：

1）人口。人口是决定市场大小的基本因素。一般说来，人口多，市场规模就大；人口少，市场规模就小。

2）购买欲望。购买欲望是构成市场的主要因素，即将开发的消费人群中必须有消费者产生购买产品的欲望，产生购买欲望的人越多，市场越大，产生的购买欲望越强，市场越容易开发。

3）购买力。购买力是构成市场的重要因素，即将开发的消费群体的收入水平必须达到一定层次，其购买力足以消费产品，否则无从谈起市场的存在。

三方面要素共同作用，相互制约。可以用公式表示：

市场＝人口＋购买欲望＋购买力

（6）市场营销者。市场营销者是指希望从别人那里取得资源并愿意以某种有价值的物品进行交换的人。市场营销者是整个营销体系中最活跃的单元，在整个营销活动过程中可以是买方，也可以是卖方，如果一方比另一方更主动、积极地寻求交换，就将前者称为市场营销者，后者称为潜在顾客。在营销过程中如果双方都主动，那么双方互为营销者。

二、汽车产品的营销

汽车和其他的产品一样，仅仅生产出来是不够的，它不可能自己销售自己，也不可能自动发挥效用，只有通过一定的营销方式到达有需要的顾客手中，才有可能产生顾客满意，实现汽车生产者和消费者双方的利益。

1. 研究汽车营销的必要性

在市场经济条件下，学习营销的根本原因是营销在经济增长和发展中起着重要的作用。汽车作为现代科技文明的代表产品，具有以下特点：

（1）汽车产品生产涉及面广，关联度高，规模大，在国民经济中占重要地位。汽车工业属于综合性、规模化加工工业，是一个关联度很高的产业。汽车工业的发展不仅对提供原材料的产业，如能源、钢铁、橡胶、塑料、玻璃、电子、机械、物流、配送等产业，以及提供装备的产业发展有着巨大的推动作用，还对石油化工、汽车销售、汽车维修、驾驶员培训、道路、房地产、餐饮及旅游等相关配套行业的发展有不同程度的拉动作用。汽车工业的迅猛发展还会加速私人贷款购车，促进金融和保险业的发展等。可以说汽车产品关系着国计民生。

（2）汽车产品涵盖了众多类型产品的消费特征，是产品的最高体现形式之一。汽车产品是现代文明的产物，它既属于消费品，又属于耐用品。人们购买汽车不是一次性消费，还需要不断地补充能源和保养维护；一辆维护较好的汽车，可以连续使用数十年。汽车还属于奢侈品，并不是每一个人都能购买得起，用得起，它需要相当大的资金投入。同时，汽车既有工业用品的特征，是维持现代企业商品流的重要工具；又属于民用品，是人们出行的代步工具。可以说汽车产品既包括有形的部分——汽车实体产品；又包括无形的部分——企业因顾客购买汽车产品而需要为他们提供的综合服务。

（3）汽车营销最具代表性。汽车产品对买和卖的双方而言都需要较大的资金投入，因此，在整个营销活动过程中双方都非常慎重，从市场调查到产品分析，从前期投入到售后服务，从预期投资到投资回报，都会全面地考虑、衡量。因此，汽车产品也最能够体现营销活动的全过程。

（4）汽车产品技术含量高、专业性强。汽车产品有很高的技术含量，是人类社会技术文明的结晶，从车型选择到汽车维护，非专业人士很难对它进行全面地了解并做出准确地衡量，因此，它需要众多受过专业训练的人士在整个营销活动过程中提供服务，才能体现汽车产品的效用，并有利于营销活动的顺利展开。

综上所述，汽车产品既有普通产品的特征，又有其不同之处，它从各个方面体现了营销活动的全过程，因此，我们有必要单独针对汽车产品的营销方式展开全面系统的研究。

2. 汽车营销的定义

汽车产品需要通过一定的营销方式到达需要的人手中才会发生效用，因此，可以将汽车营销定义为：汽车相关企业或个人通过调查和预测顾客需求，把满足其需求的商品流和服务流从制造商引向顾客，从而实现其目标的过程。可以从以下几个方面来理解汽车营销：

（1）汽车营销的起点不是生产过程，而是顾客的需要。汽车营销首先通过调查和预测顾客的需要，然后针对顾客的需要，决定采用何种产品和服务，来解决顾客需求。

（2）汽车产品包括实体产品和服务两个方面，服务伴随着产品的始终。

（3）汽车营销的目的是企业通过商品流和服务流来为顾客提供全过程服务。汽车是综合性很强、技术含量很高的产品，在汽车的整个使用过程中都需要专门的机构来提供服务，才能实现汽车产品的正常消费，因此，我们提出商品流和服务流的概念，来强调双方持久的合作关系。

（4）整个汽车营销活动以顾客满意为终点，可以说顾客是否满意指导着整个汽车营销体系的运行。但是，汽车产品的特性决定了双方较长期的合作关系——消费者希望在整个产品消费过程中都能够得到全面而周到的服务；而服务提供者则希望在产品消费过程中所提供的服务都能够得到相当的利益回报，以维持其服务的持续提供。

第二节 汽车营销人员的基本要求

随着我国国民经济的发展，汽车市场逐步由卖方市场向买方市场过渡，也标志着汽车行业由“坐商”变“行商”的时代已经到来。竞争推动了汽车销售水平和售后服务能力的全面发展，同时也对汽车产业的营销人员提出了更高的素质要求。

一、汽车营销人员的基本素质

汽车营销是一个竞争性很强的行业，选择这一行业的前提是对这一工作有浓厚兴趣，并用积极的态度去工作。要达到汽车营销工作的成功，应注意以下几方面素质的锻炼和提高。

1. 积极向上的心态

积极向上的心态是汽车营销人员最基本的素质。汽车营销是一个高度竞争的行业，充满了挑战，积极向上的心态起了决定性的作用。

一个人有时不能选择自己喜欢的职业，但可以选择对职业的态度。不能只享受快乐的好处，烦恼和痛苦也是生活的宝贵财富，关键是以何种心态去面对。古人云：“福兮祸所倚。”福祸之间相互转化，以不同的心态面对会带来不同的结果。积极的心态是人人可以学得到的，只要心存感激，学会称赞别人，用美好的感觉、信心和目标去影响别人，就会拥有积极的心态。

2. 谦卑的态度

谦卑的态度是汽车营销人员开展各种活动的基石。汽车营销是不断面对新问题、新面孔的行业，汽车行业的快速发展，使得从业人员必须注意知识更新。保持谦卑的心态容易得到大家的认可，更有利于交流与学习，赢得发展的空间。

3. 坚持不懈的决心

坚持不懈的决心是开展汽车营销活动的行动保证。在销售过程中，如果遇到拒绝就放弃，会失去很多的机会。顾客提出疑问，说明在销售过程中与顾客之间的沟通出现问题，应该分析顾客拒绝的原因，针对其产生的问题进行调整，才会取得良好的成绩。俗话说：“行百里者半九十”，坚持到底决不轻言放弃，是营销人员的必备素质之一。

4. 掌握总结与分析的工作方法

总结与分析的方法是开展营销活动的习惯保证。有好的心态并不代表成功，在汽车营销过程中，每天都会面临各种各样的新情况、新问题，如果没有正确处理问题的方法，就会事倍功半。因此，要养成良好的工作习惯，对过去发生的事情要善于总结，通过分析从中取得经验或教训；对未来的事情要有计划，才能有效地把握各种各样的营销机会。

5. 了解全面的产品知识

汽车是科技含量高的产品，汽车营销人员要掌握较为全面的产品知识，才能在销售过程中全面地解决消费者提出的各种问题，更好地为消费者服务。

二、汽车营销人员应具备的工作意识

良好的工作意识是取得营销成功的重要基础，汽车营销人员在工作中首先应该注意以下几种工作意识的养成。

1. 目的意识

对行动目的的认知，就是目的意识。为保证工作的顺利进行，仅凭工作方法的科学性是不够的，是否具有目的意识是评判工作方法是否有成效的标准，杜绝无目的性的工作。无论做什么工作，其工作目的都要与企业的远大目标紧密相连。我们经常会看到某些人所做的很多事情与最终目标没有多大关系。这样的人工作可能很卖力，但对一个人工作业绩的衡量是看其目标的实现程度与其投入成本的比较，而不是看他的工作量。

2. 交期意识

成果意识与时间意识交织在一起成为“交期意识”。交期意识要求我们在工作时要制定好工作日程，保证工作在规定期限内完成。任何工作都有明确的交货期限，也就是完成的期限，工作才会变得更完美。

3. 成本意识

成本意识是指做任何事情，都要进行适当的投入、付出必要的代价，但投入与产出、代价与收获之间应当保持合理、恰当的比例。缺乏成本意识，过分强调事情的结果，不计成本，不论代价，必然造成得不偿失、欲速而不达的结果。

4. 问题意识

问题意识即风险意识，其核心在于：对现阶段工作可能出现的问题具有心理准备，并对可能出现的问题制订相应的防范措施。也就是说每一项工作都有一定的改善余地。因此，要善于发现问题，具有问题意识并预测它的严重性，以便及时修正计划。

5. 协调意识

协调意识是指汽车营销人员在工作中与其他人员相互配合、协调发展的意识。我们处在一个竞争激烈的社会中，仅凭个人的能力，已经无法处理各种各样的复杂问题，因此，要有协作的态度，形成合力。协调意识包括以下要素：有共同的目标，以便形成统一的意见；有领导核心，能够发现团队的优缺点，形成正的合力；有公平、公正的原则，能够正确评价每个人的作用，使其付出与收获成正比；有灵活的态度，根据各个人的能力及面临的不同问题，随机调整团队组成。

6. 客户意识

客户意识是指工作中要从公司客户的角度来考虑，争取达到终端客户满意。营销人员要深刻体会“没有顾客，什么都不必谈”这种强烈的客户意识。企业的成立是靠顾客；没有顾客就没有企业。营销人员执行任何一件看似很简单的工作，都必须意识到顾客的存在。我们为什么要上班，为什么要写报告，为什么要出席会议，这都是因为公司有许多顾客，没有他们，公司不会存在，我们的工作也就是白费力气。

7. 品质意识

品质不仅是指物品的质量，同时也包含工作的质量。即从事的工作没有很好的成果，工作也就变成徒劳无功。因此，必须具备强有力的品质意识。

8. 具有 5W3H 意识

5W 是指：What（做什么）、Where（在哪里）、When（什么时候，到什么时候为止）、Who（谁）、Why（为什么）。

3H 是指：How to（怎么做）、How much（多少钱）、How many（多少个）。

营销人员要经常以 5W3H 提醒自己，使自己的工作变得更完美。

9. PDCA 意识

PDCA 意识是指在工作中首先有计划（即 P）：确定目标，去积极准备资料、信息等；然后执行（即 D）：根据目标，按照计划去推进工作并衡量效率；同时检查（即 C）：检查进展情况，及时汇报、联络团队人员，对有问题的及时进行修改；最后行动（即 A）：对总结检查的结果进行处理，成功的经验加以肯定并适当推广、标准化，失败的教训加认总结，以免重现，未解决的问题放到下一个 PDCA 循环。在实施中，一个循环完了，解决了一部分问题，可能还有其他问题尚未解决或者又出现了新的问题再进行下一次循环，争取完美的结果，如图 1—4 所示。

10. 具有报告、联络、商讨意识

报告、联络、商讨意识是汽车营销人员所具备的基本能力。营销人员的报告程序如图 1—5 所示。

11. 具有三无意识

即避免工作中做无理性、无用功、无定性的事情。

12. 具有 VSOP 意识

VSOP 意识是指销售人员要 Vitality（充满活力）、Specialty（有专业性）、Originality（有独创性）、Personality（有个性）。

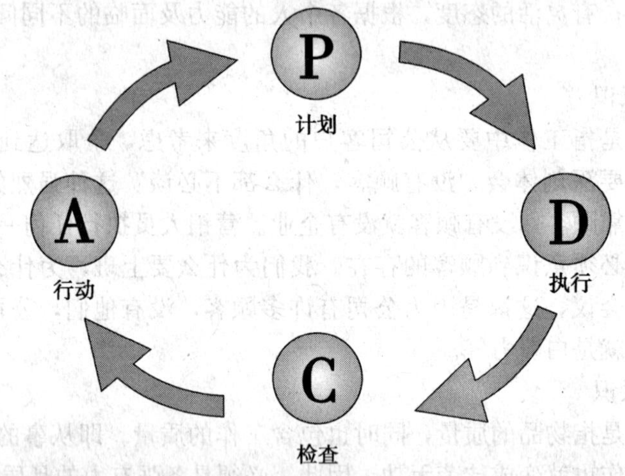

图 1—4　PDCA 循环

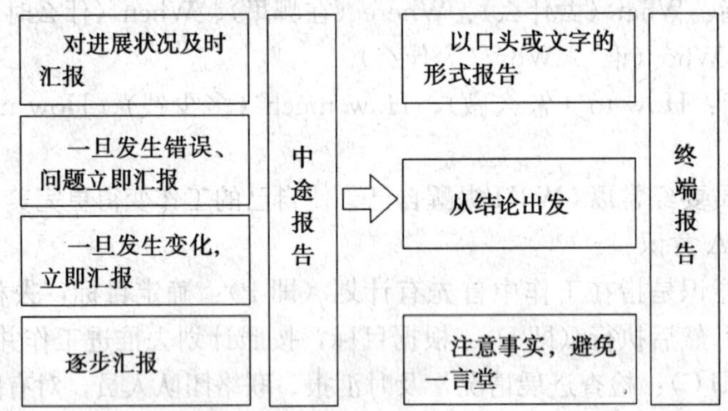

图 1—5　营销人员进行报告的程序

单元 2 汽车营销商务礼仪

培训目标

本单元主要讲述汽车营销人员应具备的基本商务礼仪，通过本单元的学习，读者应：

- 熟悉汽车营销人员应具备的外在形象。
- 掌握汽车营销人员应具备的谈吐修养。
- 掌握汽车营销人员的电话形象。
- 掌握汽车营销人员接待、拜访和交际技巧。

商务礼仪是人们在商务活动中，用以维护企业形象或个人形象，对交往对象表示尊重和友好的行为规范和惯例。对于职业人士来说，学习商务礼仪可以有效塑造自己的素质和专业形象，使交往对象产生规范、严谨、专业、有礼、有节的良好印象，从而形成企业独特竞争优势。企业员工是否懂得和运用现代商务活动中的基本礼仪，不仅反映出该员工自身的素质，而且折射出其所在单位的企业文化水平和经营管理境界。

第一节　汽车销售人员的外在形象

营销人员与顾客交往的第一印象非常重要，最直接且最迅速造成印象的是营销人员的外表形态。个人的穿着打扮和身体动作是决定其外表形态的重要因素。

一、汽车销售人员的仪容

仪容，通常是指人的外观、容貌。在人际交往中，每个人的仪容都会引起交往对象的特别关注，并将影响到对方对自己的整体评价。可以说在个人的仪表上，仪容是重中之重。汽车销售人员注重个人仪容是员工自尊自爱的表现，也是一项基本素质，它不仅反映了企业的管理水平和服务质量，也是对客户的尊重。

1. 仪容修饰

汽车营销职业对个人仪容的首要要求是仪容美。具体有三层含义：首先，是要求仪容自然美。它是指仪容的先天条件好，天生丽质。尽管以相貌取人不合情理，但先天美丽的仪容相貌，无疑会令人赏心悦目，感觉愉快。其次，是要求仪容修饰美。它是指依照规范与个人条件，在人际交往中对仪容进行必要的修饰，扬其长，避其短，设计、塑造出美好的个人形象。最后，是要求仪容内在美。它是指通过努力学习，不断提高个人的文化、艺术素养和思想、道德水准，培养出自己高雅的气质与美好的心灵，使自己秀外慧中，表里如一。真正意义上的仪容美，应当是上述三个方面的完美结合。三者之间，仪容的内在美是最高的境界，仪容的自然美是人们的心愿，而仪容的修饰美则是仪容礼仪关注的重点。

要做到仪容修饰美，自然要注意修饰仪容。修饰仪容的基本规则是：美观、整洁、卫生、得体。应当注意的方面通常有头发、面容、手臂、腿部、化妆等五个方面。具体要求见表 2—1。

表 2—1　　仪容修饰的部位和要求

部位	要求
头发	头发干净整齐，色泽自然，无油汗、头皮屑，不染发，不做奇异发型。男性不留长发，女性发型文雅、庄重，长发要用发夹夹好，不选用华丽发饰

续表

部位	要求
眼部	无眼屎，无睡意，不充血，不斜视。眼镜端正、洁净明亮。不戴墨镜或有色眼镜。女性不画眼影，不用人造睫毛
耳朵	耳朵内外清洗干净，及时清除耳孔中的分泌物，不佩戴耳环
鼻子	鼻腔保持干净，不要让鼻涕或别的东西充塞鼻孔，鼻毛不外露
胡子	刮干净或修剪整齐，不留长胡子，不留八字胡或怪状胡子
嘴	牙齿整齐洁白，口中无异味，嘴角无泡沫，会客时不嚼口香糖等食物。女性不用深色或艳丽口红
脸	洁净，无明显粉刺。女性施粉适度，不留痕迹
颈部	清洁，不戴项链和其他饰物
手臂	双手保持清洁，指甲修剪整齐，不留长指甲，不涂指甲油，肩部不裸露在外
腿部	脚部清洁，无异味，脚趾甲要勤于修剪，不光脚穿拖鞋、凉鞋等。男性不暴露腿部，女性不穿短裤或超短裙

2. 女性的化妆技巧

有一位哲人曾经这样说："化妆是使人放弃自卑，与憔悴无缘的一味最好的良药。它可以让人们表现得更加自爱，更加光彩夺目。"汽车营销人员在日常工作中，要同各行各业的成功人士打交道，为了体现自己的敬业精神，为了更好地维护自己所属公司或企业的形象，同时也为了对自己的交往对象表现出应有的友好与敬重之意，必须始终保持良好的精神面貌，所以需要适当化妆，以显得精神焕发，神采飞扬。

化妆是生活中的一门艺术，适度而得体的化妆，可以体现出女性端庄、美丽、温柔、大方的独特气质，既是对客户的尊重，也是对自我形象和人格的尊重。脸部化妆一方面要突出面部五官最美的部分，使其更加美丽，另一方面要掩盖或矫正缺陷或不足的部分，选择适当的化妆品和与自己气质、脸形、年龄等特点相符的化妆方法，做到淡妆上岗，面目清新。

（1）椭圆形脸。椭圆形脸可谓公认的理想脸型。因此，不必通过化妆去改变脸型。化妆时宜注意保持其自然形状，突出其可爱之处。胭脂应涂在颊部颧骨的最高处，然后向上向外揉化开去。唇膏应尽量按自然唇形涂抹；眉毛可顺着眼睛的轮廓修成弧形，眉头应与内眼角齐，眉尾可稍长于外眼角。

（2）圆形脸。圆形脸往往给人以可爱、玲珑之感，若要修正为椭圆形并不十分困难。胭脂的涂抹可从颧骨起涂至下额部，切不能简单地在颧骨凸出部位涂成圆形。上嘴唇可用唇膏涂成浅浅的弓形，切不能涂成圆形，从而有圆上加圆之感。可用暗色调粉底，沿额头靠近发际处向下窄窄地涂抹，至颧骨下部可加宽涂抹的面积，造成脸部亮度自颧骨以下逐步集中于鼻子、嘴唇、下巴附近部位。眉毛可修成自然的弧形，可做少许弯曲。

（3）方形脸。方形脸在化妆时要设法加以掩蔽，增加其柔和感。胭脂宜涂抹得与眼部平行，切忌涂在颧骨最突出处。可用暗色调粉底在颧骨最宽处造成阴影，令其方正感减弱。下颚部宜用大面积的暗色调粉底制造阴影，从而改变面部轮廓。唇膏可涂丰满一些，增加柔和感。眉毛宜修得稍宽一些，眉形可稍带弯曲，不宜有角。

（4）长形脸。长形脸在化妆时力求达到的效果应是：增加面部的宽度，弥补脸形的过长。胭脂的涂抹应注意离鼻子稍远些，从而可以在视觉上拉宽面部。涂抹时，可沿颧骨的最高处与太阳穴下方所构成的曲线部位，向外、向上抹开。双颊下陷或者额部窄小者，应在双颊和额部涂以浅色调的粉底，造成光影，使之看起来丰满一些。在修正眉毛时应令其成弧形，切不可修成有棱有角的，位置不宜太高，眉尾切忌高翘。

（5）三角形脸。三角形脸的特点是额部较窄而两腮较阔，整个脸部呈上小、下宽状。因此，在化妆时将下部的宽角“削”去，从而使脸形变成椭圆状。胭脂可由外眼角处起，向下涂抹，令脸部上半部分稍做拉宽。可用较深色调的粉底在两腮部位涂抹、掩饰。眉毛宜保持自然状态，不可太平直或太弯曲。

（6）倒三角形脸。这种脸型的特点是额部较宽大而两腮较窄小，呈上阔、下窄状。化妆时胭脂应涂在颧骨最突出处，从后向上、向外揉开。可用较深色调的粉底涂在过宽的额头两侧，而用较浅的粉底涂抹在两腮及下巴处，造成掩饰上部、突出下部的效果。宜用稍亮些的唇膏来加强柔和感，唇形宜稍宽厚些。眉毛应顺着眼部轮廓修成自然的眉形，眉尾不可上翘，描时从眉心到眉尾宜由深渐浅。

化妆时应用注意以下问题：

◎注意时间、场合，工作时间、工作场合只化淡妆。

◎不在他人面前化妆。

◎不非议他人的化妆，这是因为由于文化、肤色等差异及其个人审美观点的不同，每个人化的妆不可能是一样的，所以不可对他人的化妆品头论足。

◎不借用他人的化妆品。借用他人的化妆品，既不卫生也不礼貌。

二、汽车销售人员的仪态

仪态是指人在行为中的姿势和风度，姿势是指身体呈现的样子，风度是气质方面的表露。仪态是一种不说话的“语言”，能在很大程度上反映一个人的素质、修养及其被别人信任的程度。冰冷生硬、懒散懈怠、矫揉造作的举止行为，无疑有损于良好的形象。相反，从容潇洒的动作，给人以清新明快的感觉；端庄含蓄的行为，给人以深沉稳健的印象。因此，汽车销售人员必须在训练中达到提高个人仪态与风度的目的，尤其注意自己的站姿、坐姿、走姿、手势等仪态。

1. 站姿（见图 2—1）

正确的站姿是抬头、目视前方、挺胸直腰、肩平、双臂自然下垂、收腹、双腿并拢直立、脚尖分呈 V 字形、身体重心放到两脚中间；也可两脚分开，比肩略窄，将双手合起，放在腹前或腹后。

（1）男性站姿：双脚平行打开，双手握于小腹前或腹后。

（2）女性站姿：双脚要靠拢，膝盖打直，双手握于腹前。

（3）当客户、上级或职位比自己高的人走来时应起立。站立时，双手不可叉在腰间，也不可抱在胸前；不可驼着背，弓着腰，不可眼睛左右斜视；不可一肩高一肩低，不可双臂胡乱摆动，不可双腿不停地抖动。不宜将手插在裤袋里，更不要下意识地出现搓、剐动作，也不要随意摆动打火机、香烟盒，玩弄皮带、发辫等。这样不但显得拘谨、有失庄重，还会给人以缺乏自信和没有经验的感觉。

2. 坐姿（见图 2—2）

图 2—1 站姿

图 2—2 坐姿

入座时要轻，至少要坐满椅子的 2/3，后背轻靠椅背，双膝自然并拢（男性可略分开）。身体稍向前倾，则表示尊重和谦虚。

（1）男性坐姿：可将双腿分开略向前伸，如长时间端坐，可双腿交叉重叠，但要注意将上面的腿向回收，脚尖向下。

（2）女性坐姿：入座前应先将裙角向前收拢，两腿并拢，双脚同时向左或向右放，两手叠放于腿上。如长时间端坐可将两腿交叉重叠，但要注意上面的腿向回收，脚尖向下。

特别提示
◎就坐与人交谈时，不可双腿不停地抖动，甚至鞋跟离开脚跟晃动。 ◎坐姿与环境要求不符，入座后不能二郎腿跷起，或前俯后仰。 ◎不能将双腿搭在椅子、沙发和桌子上。 ◎女士叠腿要慎重、规范，不可呈“4”字形，男士也不能出现不雅的坐姿。 ◎坐下后不可双腿拉开呈“八”字形，也不可将脚伸得很远。

不规范的坐姿是不礼貌的，是缺乏教养的表现。如图 2—3 所示为几种不规范的坐姿。

图 2—3　不规范坐姿

3. 走姿

(1) 男士：抬头挺胸，步履稳健、自信。避免八字步。

(2) 女士：背脊挺直，双脚平行前进，步履轻柔自然，避免做作。可右肩背皮包，手持文件夹置于臂膀间。

(3) 行走最忌内八字、外八字；不可弯腰驼背、摇头晃肩、扭腰摆臀；不可膝盖弯曲，或重心不协调，使得头先至而腰、臀跟上来；不可走路时吸烟、双手插入裤兜；不可左顾右盼；不可无精打采，身体松垮；不可摆手过快，幅度过大或过小。

4. 蹲姿（见图 2—4）

图 2—4　蹲姿

在拾取低处物件时，应保持大方、端庄的蹲姿。一脚在前，一脚在后，两腿向下蹲，前脚全着地，小腿基本垂直于地面，后脚跟提起，脚掌着地，臀部向下。

5. 手势

(1) 指引。需要用手指引某样物品或接引顾客和客人时，食指以下靠拢，拇指向内侧轻轻弯曲，指示方向。

(2) 招手。向远距离的人打招呼时，伸出右手，右胳膊伸直高举，掌心朝着对方，轻轻摆动。不可向上级和长辈招手。

(3) 交际场合不可当众搔头皮、掏耳朵、抠鼻孔或眼屎、搓泥垢、修指甲、揉衣角、用手指在桌上乱画、玩手中的笔或其他工具；切忌做手势或指指点点。

6. 行礼（见图 2—5）

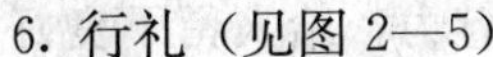

图 2—5　行礼

当顾客走到展厅门前 2 m 左右，门童（门前接待人员）要立即与顾客眼神接触，报以亲切的微笑，对顾客说“欢迎光临”或者其他适当的语言来打招呼、行礼，同时起到提醒展厅内销售人员有顾客到来的目的。当顾客在店内停留 3 min 后或发出需要帮助的信号（如目光搜寻、在一辆车前停留后尝试打开车门时），销售人员就应快步上前提供服务。

展厅接待人员的行礼的角度，可依次分为 3 种：15°——“请稍等一会儿”；30°——“欢迎光临”；45°——“谢谢光临”。这三种角度中，15°和 30°都要看着顾客的眼睛，将头慢慢朝下。

欢迎的行礼角度，以 30°最为恰当，如果角度再大一点虽略显夸张，但从礼貌上来讲并不是不好。在打招呼的同时，还应注意顾客的视线以及顾客的表情，这是很重要的。

在目送准备离去的顾客时，因为服务已经告一段落，应该表示谢意，因此，行礼的角度不宜过小，需在 45°左右。

另外，销售人员在接受顾客委托或是请顾客稍等时的行礼角度，只需轻微的 15°即可。如果销售人员和顾客眼睛碰上时，行礼的角度也是 15°。

7. 视线

与顾客交谈时，两眼视线落在对方的鼻间，偶尔也可以注视对方的双眼。

恳请对方时，注视对方的双眼。

为表示对顾客的尊重和重视，切忌斜视或光顾他人、他物，以免让顾客感觉你非礼和心不在焉。

三、汽车销售人员的仪表

仪表是指人的外表，服饰对人的仪表起到修饰作用。古今中外，着装体现着一种社会文化，体现着一个人的文化修养和审美情趣，是一个人的身份、气质、内在素质的无言名片。从某种意义上说，服饰是一门艺术，它所能传达的情感与意蕴甚至难以用语言所表达。在各种正式场合，汽车营销人员得体的着装通常体现着自身的仪表美，同时也有助于增加交际魅力，给人留下良好的印象，使人愿意与其深入交往，同时注重服饰礼仪也是事业成功者的基本素养。

1. 着装要区分场合

不同的场合有不同的着装，否则会给人不伦不类的感觉。不同场合的着装规范见表 2—2。

表 2—2　　不同场合的着装规范

场合	说明	基本要求	适宜服装
公众场合	执行公务时涉及的场合	庄重保守	男士：制服/西装套装/长裤/长袖衬衫 女士：制服/西装套裙/长裙
社交场合	工作之余在公众场合和同事、商务伙伴友好进行交往应酬的场合。如：宴会、舞会、音乐会、聚会、拜会等	时尚个性	礼服/时装/民族服装（中山装/旗袍等）
休闲场合	工作之余一个人单独或在公众场合和其他不认识者共处。如：健身运动、观光旅游、逛街购物等	舒适自然	牛仔服/沙滩装/运动装等

2. 男性着装基本原则

男性销售人员，应每天刮干净胡须，头发梳理整齐，服装整齐清洁，不得穿着便服或休闲服，不得穿脏或有褶皱的衣服，应穿着企业规定的制服（依相关汽车企业的统一标准），或白衬衫配领带。男士着装的基本礼仪如图 2—6 所示，基本要求见表 2—3。

图2—6 男士着装基本礼仪

表2—3 男士着装要求

着装	基本要求
衬衣	白色或单色衬衫，无污渍，袖口不得长于手；领口不得有显露的破痕；所有扣子均系上，质地、款式、颜色与其他服饰相匹配，并符合自己的年龄、身份和企业要求
领带	领带紧贴领口，端正整洁，不歪不皱，不过分华丽耀眼，质地、款式、颜色与其他服饰相匹配，并符合自己的年龄、身份和企业要求
西装	整洁笔挺，背部无头发和头屑。不打皱，不过分华丽。与衬衣、领带和西裤匹配。与人谈话或打招呼时，将第一个纽扣扣上。上口袋不要插笔，所有口袋不要因放置钱包、名片、香烟、打火机等物品而鼓起来
胸卡	擦亮；佩戴在上衣口袋连缝处，不能随意佩戴无关饰品
皮带	松紧适度，高于肚脐，不选用怪异的皮带头，颜色与鞋子、公文包搭配
裤子	无褶皱，适体，不系裤带时不掉落；站立时裤脚不应拖地，应盖住袜子，着装饰简单的黑色皮带
鞋袜	鞋袜搭配得当。鞋面干净亮泽，鞋底不宜钉铁掌，袜子无褶皱、污迹、破痕、异味，不露出腿毛，不穿尼龙丝袜，颜色和皮鞋相近

男士着装的“三个三原则”包括：

(1) 三色原则：全身颜色尽量限制在三种以内。

(2) 三一定律：鞋子、腰带、公文包颜色要统一协调（黑色优先）。

（3）三大禁忌：不拆商标，正式场合夹克打领带，袜子颜色、质地和衣服不统一。

几种不雅的穿着如图 2—7 所示。

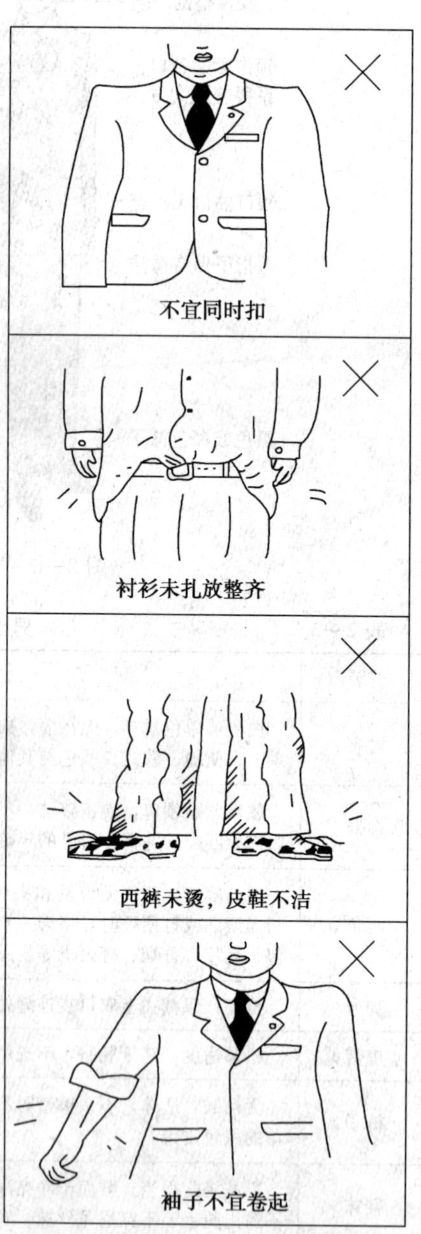

图 2—7　男士几种不规范着装

3. 女性着装基本原则

符合身份，扬长避短，遵守惯例，区分场合。制服要完整清洁及合身，不得穿脏或有褶皱的衣服。女士着装基本礼仪如图 2—8 所示，基本要求见表 2—4。

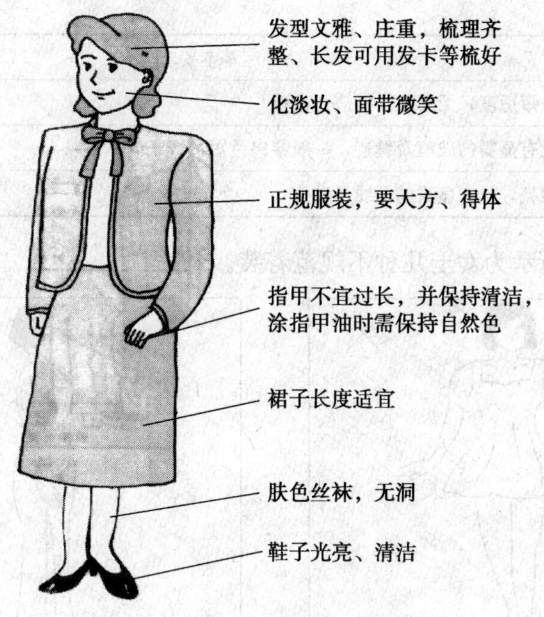

图2—8 女士着装基本礼仪

女士着装应注意以下几点：

◎不能在工作场合穿黑色皮裙。

◎不光腿。

◎袜子上不能有洞。

◎套裙不能配便鞋。

◎穿正式凉鞋——前不露脚趾，后不露脚跟。

◎不能出现三截腿——裙子一截、腿一截、袜子一截。

◎不能拿健美裤充当袜子；不能将长筒袜卷曲一截。

◎裙子长度适宜，裤子无褶皱，适体，不系裤带时不掉落；站立时裤脚不应拖地，盖住袜子，着装饰简单的黑色皮带。

◎不过分杂乱；不过分鲜艳；不过分裸露；不过分透视；不过分短小；不过分紧身。

表2—4　　女士着装的基本要求

着装	基本要求
衬衫	领口无显露破痕，领口无污渍，领带、领结及所有扣子应系好
上衣	无明显褶皱，着装平整，按要求标准着装，无污渍
胸卡	擦亮，一律佩戴在上衣左口袋连缝处。不能随意佩戴无关饰品

续表

着装	基本要求
裙子	长短适度，无褶皱、污迹、破痕
筒袜	没有显露的破痕及缝迹，一般穿肉色短袜或长筒袜
鞋	擦亮，没有显露的开线及破痕

如图 2—9 所示为女士几种不规范着装。

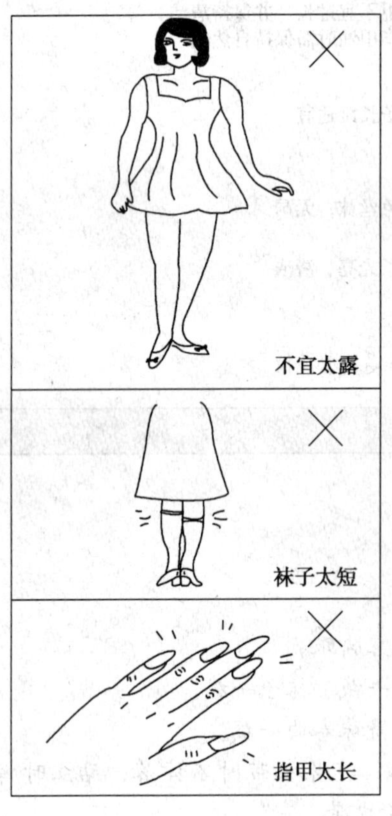

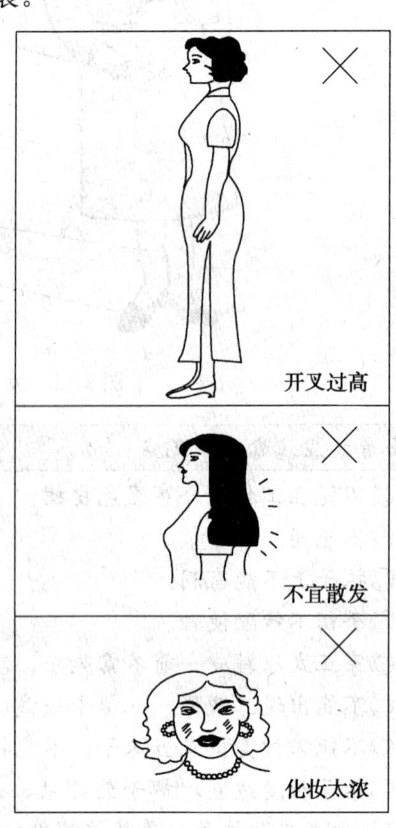

图 2—9　女士几种不规范着装

第二节　汽车销售人员的谈吐修养

汽车销售人员的谈吐修养很重要，说话就像经营企业一般，时时刻刻都必须积极地经营自己的形象，最重要的莫过于把话说好，说话智慧的积累，是决定汽车销售人员事业成功与否的关键。

一、介绍

介绍是人与人之间相识的一种手段，它最突出的作用是缩短人与人之间的距离。介绍包括自我介绍和介绍他人。对于汽车销售人员来说，如能正确地利用介绍，那么不仅可以广交朋友，而且有助于进行必要的自我展示、自我宣传，并且替自己在人际交往中消除误会，减少麻烦。日常交往中的介绍可以使不相识的人相互认识，落落大方的介绍，足以显示一个人良好的交际风度。

1. 自我介绍

汽车销售人员每天要与各种各样的陌生人打交道，要经常进行自我介绍，那么怎样使自己做得更好去赢得顾客的信任呢？

(1) 自我介绍的时机

1) 在社交场合，与不相识者相处时，或是有不相识者表现出对自己感兴趣时，或是有不相识者要求自己做自我介绍时。

2) 在公共聚会上，与身边的陌生人组成一定的交际圈时，或是打算介入陌生人组成的交际圈时。

3) 有求于人，而对方对自己不甚了解，或一无所知时。

4) 前往陌生单位，进行工作联系时。

5) 拜访熟人遇到不相识者挡驾，或是对方不在，而需要请不相识者代为转告时。

6) 初次通过大众传媒向社会公众进行自我推荐、自我宣传时。

7) 在出差、旅行途中，与他人临时接触时。

(2) 自我介绍的内容。内容简短而完整，说出单位、职务、姓名，给对方一个自我介绍的机会。如：您好！我是××4S汽车专营公司的业务代表，我叫陈×。请问，我应该怎样称呼您呢？

(3) 自我介绍时的仪态。可将右手放在自己左胸上，不要用手指指着自己说话。如方便，可握住对方的手做介绍；有名片的，可在说出姓名后递上名片。

(4) 自我介绍时的表情。坦然、亲切、大方，面带微笑，眼睛看着对方或是大家，不可不知所措或者随随便便、满不在乎。

总之，自我介绍要做到自然大方，不要慌慌张张，毛手毛脚，表现出自信友好和善解人意。注意时间，要抓住时机，不要打断别人的谈话而介绍自己，应在对方有空闲，而且情绪较好，又有兴趣时，这样就不会打扰对方；态度诚恳，一定要自然、友善、亲切，应落落大方，彬彬有礼。既不能唯唯诺诺，又不能虚张声势；实事求是，不可自吹自擂，夸大其词。

2. 介绍他人

介绍他人，是作为第三方为彼此不相识的双方引见、介绍的一种介绍方式。介绍他人通常是双向的，即将被介绍者双方各自均做一番介绍。

(1) 介绍他人的时机

1) 陪同上司、长者、来宾时，遇见了不相识者，而对方又跟自己打招呼时。

2) 本人的接待对象遇见不相识的人士，而对方又跟自己打招呼时。

3) 在办公室或其他社交场合，接待彼此不相识的客人或来访者时。

4) 与家人、亲朋外出，路遇家人、亲朋不相识的客人或来访者时。

5) 打算推荐某人加入某一方面的交际圈时。

6) 受到为他人做介绍的邀请时。

(2) 介绍他人的顺序。在介绍他人时要掌握优先权的原则，即："尊者居后"。把身份、地位较低的一方介绍给身份、地位较为尊贵的一方，以表示对尊者的敬重之意。

1) 介绍陌生男女相识。通常情况下，先把男士介绍给女士认识。如果男士的年纪比女士大很多时，则应将女士介绍给男士长者，以表示对长者的尊重。

2) 先把晚辈介绍给长辈，后把长辈介绍给晚辈。

3) 把客人介绍给主人。通常在来宾众多的场合中，尤其是主人未必与客人个个相识的情况下。

4) 把地位低者介绍给地位高者。

5) 把个人介绍给团体。当新加入一团体的个人初次与该团体的其他成员见面时。

(3) 介绍他人时的要点

1) 做介绍时，介绍人应起立，行至被介绍人之间。在介绍一方时，应微笑着用自己的视线把另一方的注意力引导过来。手的正确姿态应是手指并拢，掌心向上，胳膊略向外伸，指向被介绍者。但绝对不要用手指去对被介绍者指指点点。

2) 陈述的时间宜短不宜长，内容宜简不宜繁。通常的做法是连姓带名加上尊称、敬语。较为正式的话，可以说："尊敬的吴某某先生，请允许我把王某某先生介绍给您。"比较随便一些的话，可以略去敬语与被介绍人的名字，如"吴小姐，让我来给你介绍一下，这位是王先生。"

3) 作为被介绍者，应该表现出结识对方的热情。被介绍时，应该面向对方并注视对方，不要东张西望，心不在焉，或是羞怯得不敢抬头。

4) 介绍完毕，被介绍的双方应该互相以礼貌语言向对方问候或微笑点头致意，可以说"很高兴认识你"等，这种客套话是需要的，但不要太过分；像"不胜荣幸""幸甚幸甚"等就过于单调和做作了。

(4) 注意事项

1）介绍者为被介绍者介绍之前，一定要征求一下被介绍双方的意见，切勿上去开口即讲，让被介绍者感到措手不及。

2）如果需要把一个人介绍给其他众多的在场者时，最好能够按照一定的次序。如采取自左至右或自右至左等方式依次进行。

3）态度要热情友好、认认真真，不要给人以敷衍了事或油腔滑调的感觉。

3. 接受介绍

在社交场合中，不论以介绍人还是以被介绍人的身份出现，你的言行举止都暴露在众人的注意力之下。作为汽车销售人员应该注意以下的态度和行为：

（1）起立。在介绍时或接受介绍时，无论是男士还是女士同样都要起立，尤其是介绍长辈之时，不起立，表示你的身份比对方高。但在宴会、会谈的进行中可不必起立，被介绍者只要面带微笑并欠身致意即可。

（2）握手。握手是大多数国家的人们相互见面和离别时的礼节。在交际场合中，握手是司空见惯的事情。一般在相互介绍和会面时握手，遇见朋友先打招呼，然后相互握手，寒暄致意。握手礼仪见表 2—5，图 2—10 所示为几种不规范的握手。

表 2—5　　握手礼仪

握手的姿态	握手时行至距握手对象 1 m 处，双腿立正，上身略向前倾，伸出右手，四指并拢，拇指张开与对方相握，握手时用力适度，上下稍晃动 3、4 次，随即松开手，恢复原状。与人握手，神态要专注、热情、友好、自然，面含笑容，目视对方双眼，同时向对方问候
握手的力度	为了表示热情友好，与男士握手可以稍用力，与女士握手则应力轻
握手的顺序	男女之间，男方要等女方先伸手后才能握手，如女方不伸手，即是无握手之意，可用点头或鞠躬致意 宾主之间，主人应向客人先伸手，以示欢迎 长幼之间，年幼的要等年长的先伸手 上下级之间，下级要等上级先伸手，以示尊重 多人同时握手切忌交叉，可依次进行，要等别人握完后再伸手
握手的时间	握手时间的长短可根据握手双方亲密程度灵活掌握。初次见面者，一般应控制在 3 s 以内，时间不宜过长，以免对方欲罢不能。但时间过短，会被人认为傲慢冷淡，敷衍了事

特别提示

◎在握手时不要戴着手套或墨镜。

◎手要洁净、干燥和温暖。

◎掌心应向左，不应向下。

◎不用左手握手。

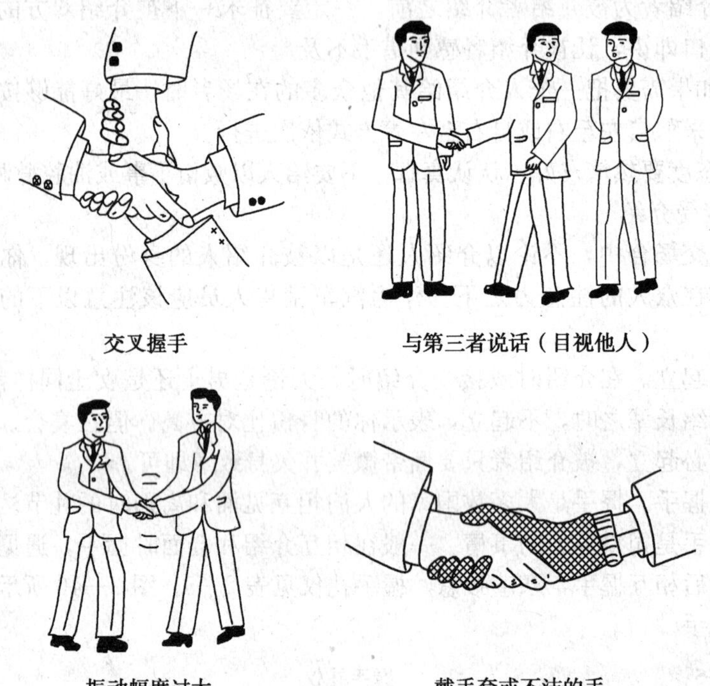

图 2—10　几种不规范的握手

二、名片交换（见图 2—11）

汽车销售人员在与人初次见面并与对方握手寒暄之后，应递上自己的名片。名片使用同样是按照位尊者有优先知情权的原则。

图 2—11　名片交换礼仪

1. 名片的放置位置

名片可以放在衬衣的左侧口袋或西装的内侧口袋，也可以放在随行包的外侧，口袋不要因为放置名片而鼓起来。不要将名片放在裤袋或西裤的后兜中，养成一个基本的习惯：会客前检查和确认名片夹内是否有足够的名片。

2. 交换名片顺序

(1) 地位低的人先向地位高的人递名片。

(2) 男性先向女性递名片。

(3) 当面对许多人时，应先将名片递给职务较高或年龄较大者，如分不清职务高低或年龄大小时，则可先和自己对面左侧的人交换名片。

3. 递名片的方法

递名片讲究“奉”，即奉送之意，表现谦恭、恭敬。应面带微笑，注视对方。下面介绍三种递名片方法：

(1) 手指并拢，将名片放在手掌上，用大拇指夹住名片的左端，恭敬地送到顾客胸前。名片的名字对向顾客，使顾客接到名片时就可以正读，不必翻转过来。

(2) 食指弯曲与大拇指夹住名片递上。同样名字对向顾客。

(3) 双手食指和大拇指分别夹住名片左右两端奉上。

4. 接名片的方法

接名片讲究“恭”，即恭恭敬敬。营销人员在工作中常常要接受名片，接受方式是否恰当，将会影响你给顾客的第一印象。具体如下：

(1) 空手的时候必须以双手接受。试想如果别人以此种方式接受你的名片，你一定很高兴。

(2) 接受后要马上过目，不可随便瞟一眼或有怠慢的表示。初次见面，一次同时接受几张名片，要记住哪张名片是哪位先生或小姐的。

(3) 接受名片后应把对方名片放入自己的名片夹中，要注意不可犯以下错误：

1) 不要无意识地玩弄对方的名片。

2) 不要把对方名片放入裤兜里。

3) 不要当场在对方名片上写备忘事情。

(4) 在一般情况下，不要伸手向别人讨名片，必须讨名片时应以请求的口气，如“您方便的话，请给我一张名片，以便日后联系。”

5. 名片使用的注意事项

无论参加私人或商业餐宴，名片皆不可于用餐时发送，因为此时只宜从事社交而非商业性的活动。与其发送一张破损或脏污的名片，不如不送。应将名片收好，整齐地放在名片夹、盒或口袋中，以免名片毁损。破旧名片应尽早丢弃。

三、称呼

不同的地区、不同的民族和不同的语言传统，称呼的习惯可能差异很大；其次，不同的职业、职务、性别、年龄、性格和文化程度等，对称呼的需要和期望也不尽一样。这就造成了人际称呼的复杂性和多元化，增加了称呼得体的难处。但有一条共同原则，那就是要尊重他人。称呼礼仪见表 2—6。

表 2—6 称呼礼仪

各种场合	举例说明
国际惯例	称男性为先生，称未婚女性为小姐，称已婚女性为女士、夫人和太太
国内习惯	(1) 称呼行政职务，如“赵董事长”“王局长”等 (2) 称呼技术职称，如“杨工程师”“李会计”等 (3) 称呼行业，如“张医生”“曹律师”等 (4) 称呼学位，如“陈博士”“丁教授”等
禁忌	(1) 无称呼，如“喂”“哎”等 (2) 替代性称呼，如“下一个”“那位”等 (3) 不适当地方性称呼，如“伙计”等 (4) 称兄道弟，如“哥们”等

四、语言技巧

说话是汽车销售人员每天要做的工作，说话技巧的好与坏，将会直接影响他的推销效果。说话时发送出两个信息。第一个是说出的内容，第二个是说的方式。作为销售人员，目的就是让对方接受自己，这就必须运用语言艺术打动对方的心。

1. 汽车销售人员说话基本要求（见表 2—7）

表 2—7 说话基本礼仪

基本要求	具体操作
语调要明朗低沉	明朗、低沉和愉快的语调最吸引人，所以语调偏高的人，应设法练习变为低调，才能说出迷人的感性声音
发音清晰，段落分明	发音要标准，字句之间要层次分明。改正咬字不准的缺点，最好的方法就是大声地朗诵，久而久之就会有效果
音量的大小要适中	音量太大，会造成太大的压迫感，使人反感，音量太小，则显得你信心不足，说服力不强
说话的语速要时快时慢，恰如其分	遇到感性的场面，语速可以加快，如果是理性的场面，要放慢语速
懂得在何时停顿	语句不要太长，也不要太短，停顿有时会引起对方的好奇和催促对方早下决定

续表

基本要求	具体操作
配合表情	神情：表情自然、典雅、庄重，眼睑与眉毛要保持自然的舒展 微笑：微笑可以表现出温馨、亲切的表情，能有效地缩短双方的距离，给对方留下美好的心理感受，从而形成融洽的交往氛围，微笑一般露出 3～4 颗牙齿，要发自内心，不要假装 视线：与顾客交谈时，两眼视线落在对方的鼻间，偶尔也可以注视对方的双眼。恳请对方时，注视对方的双眼。为表示对顾客的尊重和重视，忌表情紧张、左顾右盼、眼神不定
措词得体	[基本用语] ◆初次见面或当天第一次见面时使用。可使用“早上好”“您早”等（清晨 10 点钟以前），其他时间使用“您好”或“你好” ◆前台接待人员见到客人来访时使用“欢迎光临”或“您好” ◆向客人等候时使用“对不起，请问……”，态度要温和且有礼貌 ◆无论客人等候时间长短，均应向客人表示歉意“让您久等了” ◆请客人登记或办理其他手续时，应使用“麻烦您，请您……” ◆需要打断客人或其他人谈话时，使用“不好意思，打扰一下……”。要注意语气和缓，音量要轻 ◆对其他人所提供的帮助和支持，均应表示感谢，使用“谢谢”或“非常感谢” ◆客人告辞或平安离开时，使用“再见”或“欢迎下次再来”

2. 汽车销售人员的开场白

一名优秀的汽车销售人员，应在 3～5 min 内使一个原本陌生的顾客获得一见如故的感受。有些新销售员不知道怎样开口说话，好不容易找到了目标顾客，却硬邦邦地说出：“请问您对某某车有兴趣吗?”“想不想买?”得到的回答是一句很简单的“没有”或“不”，然后又不知说什么好了。那么，怎么才能和各式各样的顾客达成共鸣、一见如故呢？具体的做法如图 2—12 所示。

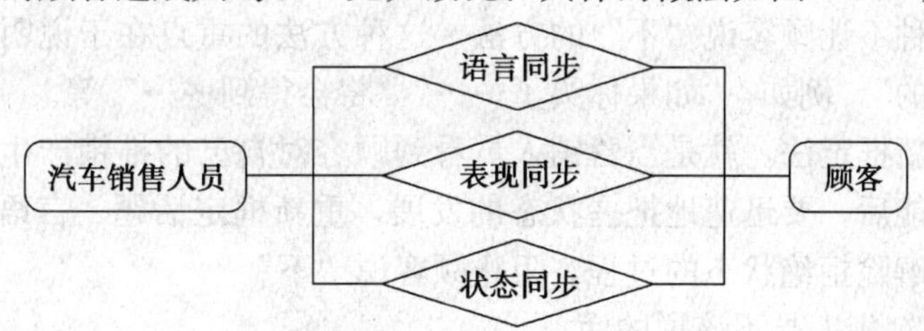

图 2—12　开场白说话技巧示意图

（1）语言同步。如何与顾客实现语言同步？一是寻找共同的话题，二是寻找共同或相似的用词、语句和表达方式。快速地掌握顾客开口几句话所用的词汇、术语、口头语等来把握顾客的语言特点。然后，用相同或相似的语言与之沟通，就能产生很好的语言感召力。例如，顾客提到“……很酷”，就可以使用“十分酷的……”话语与之交谈。

（2）表现同步。表征系统主要分为视觉表征、听觉表征、感觉表征等。迅速掌握顾客的表征系统，找到共同感兴趣的共鸣点，与顾客产生共鸣。例如，在与顾客交谈中，顾客非常注意汽车展示说明。那么，营销人员应在顾客观看展示说明时停止交谈。这种听觉表征的同步，将造成双方交谈融洽，在共同的表征中，营造共同或相似的心境，双方非常容易沟通。

（3）状态同步。状态同步指言谈、举止、心境等，要在短时间内与顾客达成一致。例如，顾客相互间交谈，那么营销人员也要十分自然地倾听他们的谈话，以表示亲切。

3. 不让顾客说“不”的技巧

不让顾客说“不”的方法和技巧很多，需在实践中不断地总结和创新，只有在交易双方十分融洽的环境中，双方才不好轻易否定对方，从而达到不让对方说“不”的效果。下面介绍几种常见的方法和技巧。

（1）暗示法。就是用暗示的方式，让顾客按照营销所需要的方向发展，以便顺利达成交易的方法。例如，设计一些明知故问的问题，引导顾客说“是”，再将话题切入正题。

（2）引导法。就是用引导的方式，让顾客由此及彼地按照营销人员所指引的方向，认同你的观点。例如，在推销轿车时，可以从维修保养的重要性谈起，引导顾客认识到营销人员所在公司与其他公司不一样，进而引导顾客购买车辆。

（3）反客为主法。就是把自己作为交易的主动方，把顾客当做交易的被动方，自己掌握交易的主动权的一种方法。这种方法一般都用在与顾客产生了强烈的共鸣，交谈进入非常愉快的状态。这时，汽车销售员可以反客为主，明确车辆或服务的卖点，让顾客连连称“是”，迅速达成交易。

（4）假设成交法。就是假设顾客购买了我们的车辆或服务，将得到什么样的利益的一种不让顾客说“不”的方法。这种方法的重点在于说明“利益点是顾客所需要的”。例如，“如果你买了……”“将会得到……”等。

（5）重新框定法。就是当营销人员看到顾客对自己的推销产生了疑虑，或有拒绝的可能后，要迅速地把握状态的发展，重新框定话题、言语、状态，使之进入顾客解除拒绝状态的过程，阻止顾客说“不”。

4. 汽车销售人员不该说的话

说话，人人都会，但有些话在一些场合却不该说。我们常常看到在销售中因一句话而毁了一笔业务的现象，汽车销售员如果能避免失言，业务肯定更进一层。

（1）不说批评性话语。人人都希望得到对方的肯定，人人都喜欢听好话。在这个世界上，又有谁愿意受人批评？业务人员从事推销，每天都是与人打交道，赞美性话语应多说，但也要注意适量，否则，让人有种虚伪造作、缺乏真诚之感。与客户交谈中的赞美性用语，要出自你的内心，不能不着边际地瞎赞美，要知道不卑不亢自然表达，更能获取人心，让人信服。常见的例子有见了客户第一句话便说，“你家这楼真难爬”“这件衣服不好看，一点都不适合你”“这茶真难喝”“你这名片真老土”等。这些话语里包含批评，虽然我们是无心去批评指责，只是想打一个圆场，找一个开场白，但在客户听起来，感觉就不太舒服了。

(2) 杜绝主观性的议题。在商言商，与推销没有什么关系的话题，最好不要去参与议论。例如，政治、宗教等涉及主观意识，无论是对是错，这对于推销都没有什么实质意义。

推销人员由于经验不足，在与客户的交往中，难免缺少主控客户话题的能力，往往跟随客户一起去议论一些主观性的议题，最后产生分歧，有的尽管在某些问题上取得了“占上风”的优势，但争论后，一笔业务由此告吹。想想对这种主观性的议题争论，有何意义？然而，有经验的汽车销售人员，在处理这类主观性的议题中，起先会随着客户的观点，一起展开一些议论，但争论中适时将话题引向推销的车辆上来。

(3) 少用专业性术语。多数顾客缺乏汽车专业知识，对汽车方面的专业术语不甚了解。如果在销售过程中，过多地使用专业性术语，就会无形地在与顾客沟通过程中设置障碍。销售人员若能把这些术语用简单的话语来进行转换，让人听后明明白白，便可有效地达到沟通目的，从而促成销售。

(4) 不说夸大不实之词。不能因为要达到一时的销售业绩，就夸大车辆的功能和价值，这势必会埋下一颗“定时炸弹”，一旦产生纠纷，后果将不堪设想。任何一种车辆，都存在着好的一面以及不足的一面，汽车销售人员理应站在客观的角度，清晰地为客户分析车辆的优势，帮助客户“货比三家”。唯有知己知彼，熟知市场状况，才能让客户心服口服地接受你的车辆。提醒销售人员，任何欺骗和夸大其词的谎言都是销售的天敌。

(5) 禁用攻击性话语。经常看到这样的场面，同行业的业务人员用带有攻击性色彩的话语，攻击竞争对手，甚至有的人把对方说得一钱不值，以致降低整个行业的形象。多数汽车销售人员在说出这些攻击性话题时，缺乏理性思考。无论是对人、对事、对物的攻击词句，都会造成客户的反感，对销售工作有害无益。

(6) 避谈隐私问题。与客户打交道，主要是要把握对方的需求，而不是谈隐私问题。既使销售员只谈自己的隐私问题，也很难使销售产生实质性进展。

(7) 少问质疑性话题。汽车销售员不能用质疑性话题来交谈，如“你懂吗?”“你知道吗?”“你明白我的意思吗?”“这么简单的问题，你了解吗?”似乎以一种长者或老师的口吻质疑这些让人反感的话题。从销售心理学来讲，一直质疑客户的理解力，客户容易产生反感，这种方式往往让客户感觉得不到起码的尊重，逆反心理也会顺之产生，可以说是销售中的一大忌。如果担心客户有可能不太明白，销售员可以用试探的口吻了解对方，“有没有需要我再详细说明的地方?”这样会比较让人接受。说不定，客户真的不明白时，他也会主动地提出，或是要求你再说明之。

(8) 变通枯燥性话题。在销售中有些枯燥性的话题，也许销售员不得不去讲解给客户，但这些话题可以说是人人都不爱听。建议将这类话语，讲得简单一些，可用概括语一带而过。这样，客户听了才不会产生倦意，让销售工作更有效。如果有些相当重要的话语，非要跟客户讲清楚，建议销售员在讲解的过程中举例说明。

(9) 回避不雅之言。每个人都希望与有涵养、有层次的人在一起，在销售中，不雅之言将给销售汽车带来负面影响。例如，推销安全配置时，最好回避“死亡”“没命”“完蛋”诸如此类的词语。

第三节　汽车销售人员的电话营销技巧

电话是现代人便利的通讯工具，在营销工作中，营销人员使用正确的电话语言和技巧很关键。打电话时虽然相互看不见，但说话声音的大小，对待对方的态度，使用语言的简洁程度等看不见的风度表现，都通过电话传给了对方，与此同时，也凭借声音了解对方的态度、心情、修养等，所以树立良好的电话语音形象，不仅能体现自身优良的素质和道德修养，而且也有利于维护和提升所在企业的形象。

一、接打固定电话的礼仪

为叙述方便我们将通话的发起者称做发话人，他的通话过程叫做拨打电话；将被动接听电话的一方称做受话人，他的通话过程叫做接听电话。

在整个通话过程中，发话人通常始终居于主动、支配的地位。在商务交往中，销售人员先打电话给别人的情况很多，要求销售人员使自己所打的电话既能正确无误地传递信息、联络感情，又能为自己塑造完美的形象，所以必须讲究一定的拨打电话的礼仪。

1. 拨电话的礼仪

(1) 拨打电话的时机。当准备拨打电话时，首先考虑的问题有三个：这个电话该不该打？何时拨打为最佳？通话的时间该有多久？只有考虑好了这三个问题，通话的效果才会事半功倍。

1) 是否拨打电话。通常来讲，需要通报信息、祝贺、问候、联系约会、表示感谢时，都有必要利用一下电话。而毫无意义的“没话找话”式电话，则最好不要打。

2）何时拨打电话。按照惯例，通话的最佳时间有两个：一是双方预先约定的时间；二是对方方便的时间。一般说来，尽量在受话人上班 10 min 以后或下班 10 min 以前拨打；这时对方可以比较从容地应答，不会有匆忙之感。尽量避开对方的通话高峰时间、业务繁忙时间和生理厌倦时间。如：每日上午 7 点之前、晚上 10 点之后以及午休时间；用餐时间；双休日等。

3）通话时间长短。在一般情况下，基本要求是：以短为佳，宁短勿长。在打电话时，发话人应当自觉地、有意识地将每次通话时间限定在 3 min 之内。

（2）拨打电话的内容。拨打电话时，应该做到其内容上的简练，注意以下几点：

1）事先准备。在每次通话之前，发话人理应做好充分准备。把受话人的姓名、电话号码、通话要点等内容列出一张清单。这样就不会出现缺乏条理、丢三落四的情况，也容易使通话对象感到自己办事情有板有眼、训练有素，从而对自己产生一定的好感。

2）简明扼要。通话时，问候完对方，即应开宗明义、直言主题，不讲废话。

3）适可而止。作为发话人，应自觉控制通话时间。要讲的话说完了，即应当立刻终止通话。不要反复陈述，再三絮叨。

（3）拨打电话时的表现。发话人的表现如何，直接决定电话礼仪的档次。所以，发话人在通话的过程中，自始至终都要表现得文明大度，尊重与自己通话的对象。拨打电话时必须注意以下几点：

1）语言文明。通话之初，恭恭敬敬地问一声“您好!”不能是“喂、喂”或“小李在不在?”问候之后，要报所在单位、本人的全名和本人的职务，如“你好！我是××汽车 4S 店的销售员张某。”终止通话前，应说“再见”或“早安”“晚安”等。

2）态度文明。发话人在通话时，除语言要符合规范外，在态度方面也不能粗枝大叶。具体要求是：

①对受话人不厉声呵斥、粗暴无礼。

②对领导不低三下四、阿谀奉承；若电话是由总机转接，或别人代接，要使用“劳驾”“请”之类的礼貌用语。

③若找的人不在，要客气地请代接者帮助叫一下或过后再打。

④在通话过程中，若电话因故中断，要主动再次拨通，稍作解释；一旦拨错电话，不要急忙挂断，要说“对不起”。

⑤挂断电话时，应双手轻放。

3）举止文明。在打电话时，要注意举止文明。不要在通话时把话筒夹在脖子下，抱着电话机随意走动；或是趴着、仰着、坐在桌角上，或是高架双腿与人通话；按号时不要以笔代手；不能边打电话边吃东西。

2. 接听电话的礼仪

受话人接电话时，虽处于被动的位置，但也应该重视礼仪规范。

(1) 本人受话。本人受话，是说由本人亲自接听他人打给自己的电话。需要正确把握以下几点：

1) 及时接听。接听电话是否及时，实质上反映着一个人待人接物的真实态度，现在的营销人员业务繁忙，桌上往往会有两三部电话，听到电话铃声，应准确迅速地拿起听筒，最好在三声之内接听。电话铃声响一声大约 3 s，若因特殊原因使铃响许久才接电话的话，需在通话后马上向发话人表示歉意，如"对不起，刚才比较忙，让你久等了。"

2) 应对谦和。接听电话时，受话人应努力使自己的所作所为合乎礼仪，注意以下几点：

①拿起话筒，首先向发话人问好。如"您好！××汽贸有限公司。请讲。"

②仔细接听，态度热情，亲切，谦恭友好，保持良好的心情，这样即使对方看不见你，但是从欢快的语调中也会被你感染，给对方留下极佳的印象。

③在通话时，接电话一方不宜率先提出终止通话的要求，若有特殊原因不得不终止时，可向其说明原因，表示歉意，并再约一个具体时间，自己主动将电话打过去。

④若对方是长途电话，尤其注意，别让对方再打过来。约好下次通话时间后，即应遵守。在下次通话开始时，勿忘再次向对方致歉。

3) 主次分明。接听电话之时，适逢另一个电话打了进来，切忌置之不理。可先对通话对象说明原因，请对方勿挂电话，然后立即去接另一个电话。待接通之后，先请对方稍候，或过一会再打进来，随后再继续接听第一个电话。中间间隔的时间越短越好，否则两方都会心生不悦。

4) 待遇同等。接电话时，一定要注意给予对方以同等的待遇，不卑不亢。这种公正的态度，容易为自己赢得朋友。

(2) 代接电话。在日常生活中，营销人员为其他人代接、代转电话的事情时有发生。代接电话时应注意的问题有：

1) 尊重隐私。代接电话时，千万不要热心过度，不该问的话一句也不多问。例如，向发话人询问对方与其所找之人的关系等。当发话人要求转达某事给某人时，切勿随意扩散，广而告之。

2) 记忆准确。倘若被找的人不在，应在接电话之初立即相告，并可以适当地表示自己可以"代为转告"的意思。例如，"如需要我为您转告的话，请讲"。不过应当先讲"某人不在"，然后再问"您有什么事情"，切勿本末倒置。

对发话人要求转达的具体内容，最好认真做好笔录。在对方读完之后，还应略微把要点重复一下，以验证自己的记录是否足够准确，免得误事。记录他人电话，应包括通话者单位、姓名、联系方式、通话时间、通话要点、是否要求回电话、回电话时间等几项基本内容。

3）传达及时。若发话人所找的人就在附近，应立即去找，不要拖延。一般不到万不得已时，不要把自己代人转达的内容，再转托他人。

二、接打手机礼仪

手机是广大营销人员随身必备且使用最为频繁的电子通讯工具之一。使用手机应当在方便交际联络的同时，严格地遵守其约定俗成的使用规则。否则，就有可能在无形之中有损营销人员的形象。具体而言，在使用手机时，需要遵守的礼仪规则主要有以下几条：

1. 保证畅通

不要因为手机欠费或没电使得他人无法联络；告诉交往对象自己的手机号码时务求准确，如是口头相告，应重复一两次，以便对方进行验证；若自己的手机改动号码，应及时告诉重要的交往对象，免得双方的联系一时中断。

2. 遵守公德

营销人员在使用手机时，一定要讲究社会公德，切勿使自己的行为骚扰到其他人；在公共场所活动时，尽量不要使用手机。当其处于待机状态时，应使之静音或调为振动。需要与他人通话时，应寻找无人之处，切勿当众大声打手机；在工作岗位，不因使用手机有碍于工作、有碍于别人。在办公室里，接听手机尽量不要吵人。尤其在开会、会客、谈判、签约以及出席重要仪式、活动时，必须要自觉地提前采取措施，令自己的手机静音，必要时将其关闭。

3. 注意隐私

一般而言，手机号码不宜随便告诉他人，也不应随便打探他人的手机号码，更不应当不负责任地将别人的手机号码转告他人，或是对外界广而告之。

4. 注意安全

驾驶车辆时不宜拿出手机通话，以免导致交通事故；乘坐飞机时，必须自觉地关闭本人携带的手机，以免干扰飞机的导航系统；在加油站或医院里停留期间，不准拨打手机，以免酿成火灾，或影响医疗仪器设备的正常使用；此外，在标有文字或图示禁用手机的地方，均须遵守规定。

三、对电话记录的管理和应用

接听电话时营销人员所代表的是企业而不是个人，所以不仅要言语文明、音调适中，更要让对方感受到你的友善和真诚。同时，也不要忘记每一个重要的电话都要做详细的记录，包括来电话的时间，来电话的公司及联系人，通话内容等，这样才能为业务开展奠定良好的基础。

（1）养成用左手拿话筒的习惯。这点在快节奏、高效率的企业公司尤为重要，因为接电话时需要随时记录，这样做是为了右手便于记录。

（2）接电话时得知的重要内容一定要准确的记录，一则避免误事；二则提高谈话效率。

（3）电话记录既要简洁又要完整，运用“5W”技巧。

四、电话营销技巧

懂得电话营销技巧，往往会取得事半功倍的效果。电话营销的具体操作流程如图 2—13 所示。

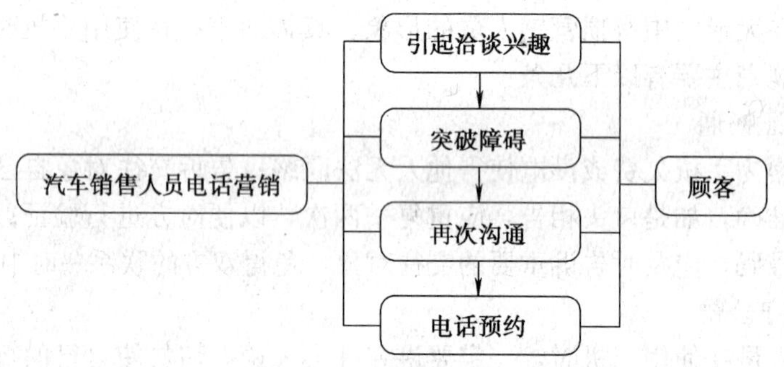

图 2—13 电话销售操作流程示意图

1. 引起对方洽谈的兴趣

再诱人的业务，缺乏沟通，都不可能获得业务的成功。因此，电话营销，首先要引起别人和你洽谈的兴趣，这样才有沟通的基础。电话中引起别人洽谈兴趣的要点如下：

（1）善于制造悬念，而不是说明问题。

（2）掌握时间。有时在电话中被人拒绝，是没有掌握好推销的时间，早上 9:30～10:30，其电话营销的成功率相对要高得多，因为大多数人在这个时间段，大脑皮层都处的于一定安静的状态，被打扰时会有耐心来听别人的阐述。当然，下午的 2:30～4:30，也是比较好的电话洽谈时间。

（3）引起对方的谈话兴趣，还要注意语调，有经验的业务人员，会模仿客户的语速和语调，以建立客户对自己的好感。

2. 突破障碍

不少公司的文秘人员，有着公司交代的使命，营销人员的电话，常常被客户的文秘人员给拒绝掉。其实，业务人员也不要“痛恨”这类人，聪明的营销人员会主动和文秘人员搞好关系，也是推销成功的关键。

（1）无论接电话的是谁，都要尊重对方并引发其好感，以便为你成功销售增加砝码。

（2）适当的幽默，可以拉近你和接听者的距离。

（3）以完全相信对方的角度，来获取对方的帮助，对方才有可能帮你来获得销售成功。

3. 再次沟通

通常第一次的电话，客户如果没有直接的意向，但没有拒绝，就有二次沟通的可能。二次沟通需要掌握的要点有：

（1）每次电话一定要留一个下次继续联系的借口，成熟的营销人员大多不会说："我等您电话"，更多的是说："我明天给您打电话"，这里注意的是，一定要有时间的限定。如果说："到时候我给您打电话"，就是不十分正确的做法。

（2）掌握电话间隔的时间，这是很多营销人员很容易犯的错误，第二个电话和第一个电话间隔时间太长，给客户第二次打电话时，客户几乎已经完全忘却这件事情，结果是营销人员又要继续重复第一次的电话内容。这其实是一种很大的浪费。人类对记忆力的研究发现，一个人真正能保证对一件事情的记忆是在 3 天左右。7 天以后，大多数人会记不起对自己不太重要的事情，所以第二次电话沟通的时间在 3 天之内为宜。

4. 电话预约

不要尝试着急于在电话中成交，这样只会吓走顾客，其实电话在营销中起到的最大作用是预约。很多顾客都是经过多次电话预约才有一次拜访，所以在完成拜访之前，营销人员必须不能气馁，否则有可能失去顾客。

可以说只要电话预约成功，电话就完成了它在营销过程中的使命。电话预约也有一定技巧，好的营销人员在和客户有一定沟通的基础后，就会提出拜访客户的要求，但说法上，不少人却会犯这类错误："您看您什么时候有空，我去拜访您。"——这样预约的结果是："要不有空我再给你打电话"，这大多是客户的托词。而很会邀约的营销人员则会说："你看我们聊得非常愉快，我很想当面向您讨教，你看要不我下午来拜访您?"不要小看这样一句简单的语言，往往是成功预约的关键。

第四节　汽车销售人员的接待技巧

一、迎送技巧

迎来送往，是社会交往接待活动中最基本的形式和重要环节，是表达主人情谊、体现礼貌素养的重要方面。尤其是迎接，是给客人良好第一印象的最重要的工作。要获得业务并成功合作，必须使客户得到真正的快乐。给对方留下好的第一印象，为下一步深入接触奠定基础。迎接客人要有周密的部署，要注意迎送的技巧。汽车营销人员的迎送技巧见表 2—8。

表 2—8　　汽车营销人员的迎送技巧

接待顺序	使用语言	处理方式
1. 客人来访时	“您好!” “早上好!” “欢迎光临!”等	◆马上起立 ◆目视对方，面带微笑，握手或行鞠躬礼
2. 询问客人姓名	“请问您是……” “请问您贵姓？找哪一位?”等	◆必须确认来访者的姓名 ◆如接收客人的名片，应重复“您是××公司×先生”
3. 事由处理	在场时，对客人说“请稍候。” 不在时，对客人说“对不起，他刚刚外出，请问您是否可以找其他人或需要留言?”等	◆尽快联系客人要寻找的人 ◆如客人要找的人不在时，询问客人是否需要留言或转达，并做好记录
4. 引路	“请您到会议室稍候，××先生马上就来。” “这边请!”等	◆在走廊引路时 (1) 应走在客人左前方 2、3 步处 (2) 引路人走在走廊的左侧，让客人走在路中央 (3) 要与客人的步伐保持一致 (4) 引路时要注意客人，适当地做些介绍 ◆在楼梯间引路时 (1) 让客人走在正方向（右侧），引路人走在左侧 (2) 途中要注意引导提醒客人拐弯或有楼梯台阶的地方等
5. 乘电梯	“请!” “这边请!”等	◆电梯没有其他人的情况 (1) 在客人之前进入电梯，按住“开”的按钮，此时再请客人进入电梯 (2) 如到大厅时，按住“开”的按钮，请客人先下 ◆电梯内有人时 无论上下都应客人、上司优先
6. 到达目的地	“请进!” “请稍候!”等	◆向外开门时 (1) 先敲门，打开门后把住门把手，站在门旁，对客人说“请进”并施礼 (2) 进入房间后，用右手将门轻轻关上 (3) 请客人入坐，安静退出。此时可用“请稍候”等语言 ◆向内开门时 (1) 敲门后，自己先进入房间 (2) 侧身，把住门把手，对客人说“请进”并施礼 (3) 轻轻关上门后，请客人入坐后，安静地退出
7. 送茶水	“请!” “请慢用!”等	◆保持茶具清洁 ◆摆放时要轻 ◆行礼后退出
8. 送客	“欢迎下次再来!” “再见!”或“再会!” “非常感谢!”等	◆表达出对客人的尊敬和感激之情 ◆道别时，招手或行鞠躬礼

二、拜访技巧

汽车销售人员常因各类公务有机会去拜访客户，因此，掌握拜访时的礼节、礼仪也非常重要的，见表 2—9。

表 2—9 汽车销售人员的拜访技巧

拜访顺序	处理方式
1. 约定时间和地点	◆事先打电话说明拜访的目的，并约定拜访的时间和地点。不要在顾客刚上班、快下班、异常繁忙、正在开重要会议时去拜访。也不要在顾客休息和用餐时间去拜访。要注意遵时守约
2. 准备工作	◆阅读拜访对象的个人和公司资料。准备拜访时可能用到的资料 ◆注意仪容与仪表 ◆检查各项携带物是否齐备（名片、笔和记录本、电话本、磁卡和现金、计算器、公司和车辆介绍、合同） ◆明确谈话主题、思路和话语
3. 出发前	◆最好与顾客通电话确认一下，以防临时发生变化 ◆选好交通路线，算好时间出发 ◆确保提前 5～10 min 到
4. 到顾客办公大楼门前	◆再整装一次 ◆如提前到达，不要在被访公司随意走动
5. 进入室内	◆面带微笑，向接待员说明身份、拜访对象和目的 ◆从容地等待接待员将自己引到会客室或受访者的办公室 ◆如果是雨天，不要将雨具带入办公室 ◆在会客室等候时，可听从访问单位接待人员的安排。不要看无关的资料或在纸上画图。接待员奉茶时，要表示谢意 ◆等候超过 15 min，可向接待员询问有关情况 ◆如受访者实在脱不开身，则留下自己的名片和相关资料，请接待员转交
6. 见到拜访对象	◆如拜访对象的办公室关着门，应先敲门，听到“请进”后再进入 ◆问候、握手、交换名片 ◆顾客方奉上茶水或咖啡时，应表示谢意
7. 会谈	◆注意称呼、遣词用字、语速、语气、语调 ◆会谈过程中，如无急事，不打电话或接电话
8. 告辞	◆根据对方的反应和态度来确定告辞的时间和时机 ◆说完“告辞”就应起身离开座位，不要久说久坐不走 ◆感谢对方的接待，握手告辞。如办公室门原来是关闭的，出门后应轻轻把门关上。顾客如要相送，应礼貌地请顾客留步

三、交际技巧

1. 交谈技巧

(1) 语言

1) 尊重他人的观点和看法。即使自己不能接受或明确同意，也不当着他人的面指责对方“瞎说”“废话”“胡说八道”等，而是陈述己见，分析事物，讲清道理。

2）不自傲。在与人交往相处时，从不强调个人特殊的一面，也不有意表现自己的优越感。

3）信守诺言。即使遇到某种困难也不失言。自己答应的事情，要竭尽全力去完成，身体力行是最好的承诺。

4）关心他人。不论何时何地，对妇女、儿童及老年人，总是表示出关心并给予最大的照顾和方便。

5）大度。与人相处胸襟开阔，不因为一些小事情而和朋友、同事闹意见，甚至断绝来往。

6）富有同情心。在他人遇到某种不幸时，尽量给予同情和支持。

（2）距离。人与人之间展开交际时，保持一定的距离十分重要。一般情况下，关系密切有私交的人谈话时保持私人距离；较熟悉但不密切的人之间谈话的距离为常规距离；与不太熟悉的顾客的谈话距离是礼仪距离；陌生人之间谈话则要保持公共距离。距离的远近一般分为：

1）私人距离：小于 0.5 m。

2）常规（交际）距离：约 0.5～1.0 m。

3）礼仪距离：1～3.5 m。

4）公共距离：3 m 及以上，陌生人的距离。

（3）表情。谈话表情要自然、亲切，眼睑与眉毛要保持自然地舒展。人与人相识，第一印象往往是在前几秒钟形成的，而要改变它，却需要付出很长时间的努力。良好的第一印象来源于人的仪表谈吐，但更重要的是取决于他的表情。

1）微笑。微笑是表情中最能赋予人好感，增加友善和沟通，愉悦心情的表现方式。微笑带出的温馨、亲切的表情，能有效地缩短双方的距离，给对方留下美好的心理感受，从而形成融洽的交往氛围，微笑一般露 3～5 颗牙齿，且要发自内心。几种训练微笑的方式如图 2—14 所示。

2）视线。与顾客交谈时，两眼视线落在对方的鼻间，偶尔也可以注视对方的双眼。恳请对方时，注视对方的双眼。为表示对顾客的尊重和重视，忌表情紧张、左顾右盼、眼神不定。

2. 涉外活动交际技巧

随着我国开放力度的逐渐加大，公司与海外的交往日益频繁，涉外业务活动也开始成为汽车销售人员日常工作的一个重要部分。

（1）遵时守约。遵守时间，准时赴约，这是涉外业务中极为重要的礼节和规矩。所以，参加各种涉外活动时，都要按约定时间到达，不要姗姗来迟或过早抵达。如果因事耽搁而迟到，要向主人和其他客人致歉，万一因故不能应邀

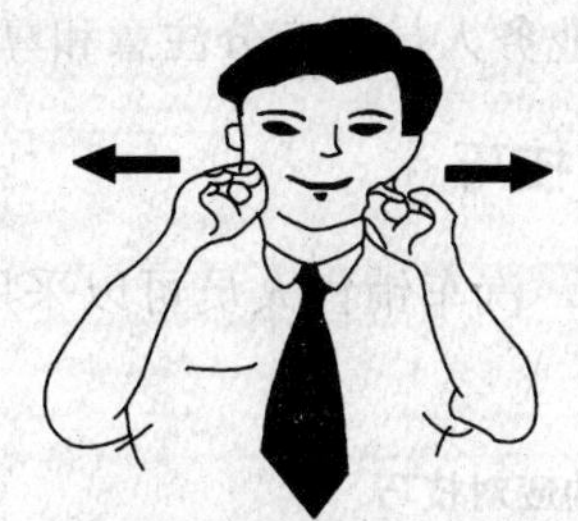

手张开举在眼前，手掌向上提，并且两手展开。

双手按箭头方向做“拉”的动作，一边想象笑的形象，一边使嘴笑起来。

a)

把手指放在嘴角并向脸的上方轻轻上提。

一边上提，一边使嘴充满笑意。

b)

手张开举在眼前，手掌向上提，并且两手展开。

随着手掌上提，打开，眼睛一下子睁大。

c)

图 2—14 训练微笑方式

赴约，应设法事先通知主人，并表示歉意。

(2) 尊重对方风俗。在涉外业务中，必须尊重各个国家、民族的风土人情、宗教信仰等，否则将会给对方造成很多不愉快。例如，天主教徒忌讳“十三”这个数字，认为它是不吉利的数。所以，遇到这个日子，一般不要举行活动。东南亚一些国家忌讳坐着翘起大腿，如果交叉双腿，则认为是不能容忍的冒犯。在保加利亚、阿尔巴尼亚等国家，摇头表示同意赞赏，点头表示不同意。伊朗不能跷起大拇指称好等。对此，涉外业务人员要充分注意和尊重。

四、对顾客不同的反应和态度的应对技巧

顾客购车时一般有各种不同的反应和态度，汽车销售人员可以采用表 2—10 所列技巧来应对。

表 2—10　　对顾客不同的反应和态度的应对技巧

顾客态度	表现	解决办法
怀疑	当顾客说出他的需要后，应立即介绍车辆或公司服务的特性，但是，有时候顾客对你所说的话并不全然相信。例如，“我很难相信，有依据吗?”原因是信息不够，关系不熟，谈话未达到良好状态	当顾客显示出怀疑的态度时，应该举出实例，来证明车辆的优点的确属实。通常一般的反应次序如下： (1) 发掘顾客的需要 (2) 介绍车辆特性或服务 (3) 提出实证
拖延	有时候，顾客并不直接表示异议、冷淡、怀疑、拒绝，而使用拖延时间的方法，例如，“嗯，我看，过段时间再说吧……”或“等我和我的家人商量之后，再和你联络。”	要继续找出顾客不直接回答你的原因
冷淡	顾客反应冷淡的原因可能是因为他对某一品牌感到不满意、不太适用；或是因为他目前不需要你推销的款式。原因是对其需求不了解	当顾客对你表示冷淡、不理睬时，最好的方法是使用一连串的封闭式调查问话法来发掘他的需要，消除一般的不满，解决特定的问题，找出顾客真正的需求到底是什么 引用封闭式调查问话询问对方的好处是可以借此问出顾客对哪些品牌感兴趣或是不满之处，然后你就可知道他的需要是什么了 对于本来不打算购买的顾客来说，封闭式调查问话法或许可以使你在言谈中，让对方觉得你的车辆是他所需要的
异议	接受错误信息或缺乏信息，例如，这个品牌车经常出小毛病	(1) 重复顾客的误解。例如，“出小毛病，什么毛病?” (2) 直接答复对方，以澄清误解、澄清关键问题 (3) 采取纠正方法，不直接指出错误，否则让对方无脸面

五、各种交往场合、环境的礼仪

1. 座位次序安排的礼仪

当营销人员去拜访客户或有客户来访时，要根据座位次序的规律来安排座位，见表 2—11。

表 2—11　　不同场合座位次序安排表

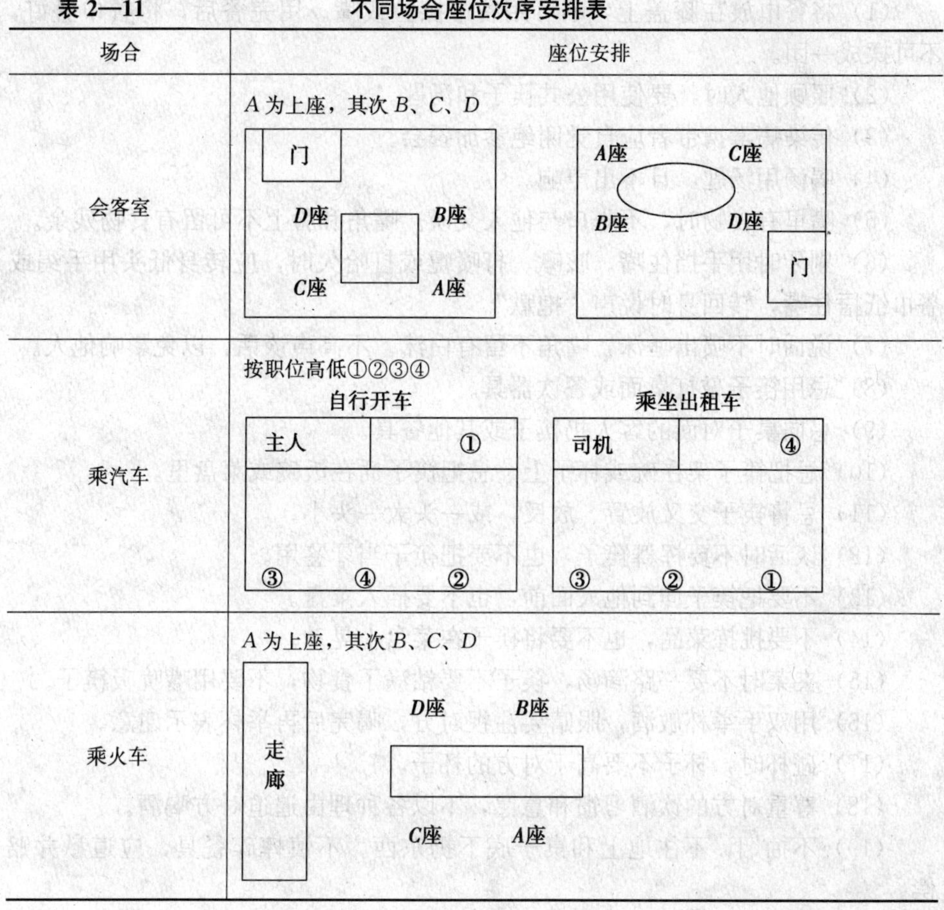

场合	座位安排
会客室	A 为上座，其次 B、C、D
乘汽车	按职位高低①②③④
乘火车	A 为上座，其次 B、C、D

2. 邀请礼仪

这是会议以及其他招待活动举行之前约请参加者时应当讲究的表示礼貌与尊重的形式。有如下要求：

（1）提前发出邀请信息，使被邀对象有所准备，以及有时间安排好自己的其他活动。

（2）邀请信息不宜发得过早，过早会使一些人感到为难，因为有的人可能由于某种原因不愿接受邀请。

（3）应根据活动的性质、规模、规格和邀请对象的身份以及主办者与参加者之间关系的疏密情况，选择合适的邀请信息的形式，如登门相请、寄发请柬、信函、打电话等。但是，凡是比较正规的活动，即使已通过其他方式邀请了，也要补发请柬，最好带请柬亲自登门邀请。

（4）请柬的样式要大方，内容要完整、准确，格式要正确，字体要美观。

3. 中餐礼仪

(1) 将餐巾放在膝盖上，不可用餐巾擦脸或嘴。用完餐后，将餐巾叠好，不可揉成一团。

(2) 照顾他人时，要使用公共筷子和汤匙。

(3) 传染病毒携带者应自觉谢绝参加餐会。

(4) 喝汤用汤匙，且不出声响。

(5) 嘴里有食物时，不张口与他人交谈。嘴角和脸上不可留有食物残余。

(6) 剔牙时用手挡住嘴。咳嗽、打喷嚏或打哈欠时，应转身低头用手绢或餐巾纸捂住嘴，转回身时说声“抱歉”。

(7) 说话时不喷出唾沫，嘴角不留有白沫。不高声谈话，以免影响他人。

(8) 忌用筷子敲打桌面或餐饮器具。

(9) 忌向桌子对面的客人扔筷子或其他餐具。

(10) 忌把筷子架在碗或杯子上，忌把筷子插在饭碗或菜盘里。

(11) 忌将筷子交叉放置、放反，或一头大一头小。

(12) 谈话时不要挥舞筷子，也不要把筷子当牙签用。

(13) 不要把筷子伸到他人面前，也不要插入菜盘。

(14) 不要挑拣菜品，也不要将筷子在菜盘上晃动。

(15) 夹菜时不要一路滴汤，筷子不要粘满了食物，不要用嘴吮吸筷子。

(16) 用双手举杯敬酒，眼睛要注视对方，喝完后再举杯表示谢意。

(17) 碰杯时，杯子不要高于对方的杯子。

(18) 尊重对方的饮酒习惯和意愿，不以各种理由逼迫对方喝酒。

(19) 不抽烟，不往地上和桌子底下扔东西。不慎摔碎餐具，应道歉并赔偿。

(20) 用完餐离座时，将椅子推进靠紧。

4. 西餐礼仪

(1) 餐具的使用

1) 左叉固定食物，右刀切割食物。

2) 几道菜就放置几把餐具，每个餐具使用一次。

3) 使用完的餐具向右斜放在餐盘上，刀叉向上，刀齿朝内，握把皆向右，等待服务员来收取。

(2) 进食的方法

1) 主菜：用刀切割，一次吃一块。不可一次切完再逐一食用。口中有骨头或鱼刺时，用拇指和食指从紧闭的唇间取出。

2) 色拉：用小叉食用。

3) 面条和面包：面条用叉子卷妥食用。面包用手撕成小块放入口中，不可用嘴啃食。

4) 汤：用汤匙由内往外舀，不可将汤碗端起来喝，喝汤时不可出声。

5）水果：用叉子取用。嘴里有果核，先轻吐在叉子上，再放入盘内。

（3）坐姿与话语

1）坐姿端正，不可用嘴就碗，应将食物拿起放入口中。

2）取用较远的东西，应请别人递过来，不要离座伸手去拿。

3）嘴里有食物时不可谈话。

4）说话文明，并不要影响邻座的客人。

单元 3　汽车技术

培训目标

本单元主要讲述汽车技术基本知识，通过本单元的学习，读者应：

☒ 了解汽车工业的概况。

☒ 熟悉汽车的整体构造。

☒ 掌握汽车的相关基础知识。

现代社会的发展，汽车逐渐成为人们最重要的交通工具，汽车营销人员要开展各种汽车营销活动，就要对汽车及汽车行业有较全面的了解。

第一节　汽车工业概况

汽车诞生 100 多年来，汽车工业从无到有迅猛发展，产量大幅度增加，技术日新月异，为人类社会带来了巨大的变革。汽车以其惊人的发展速度、卓越的性能和多种多样的用途渗透到了人类活动的各个领域，成为科学技术发展水平的标志。汽车工业是资金密集、技术密集、人才密集、综合性强、经济效益高的产业，因此，世界发达国家无一例外地把汽车工业作为国民经济的支柱产业。

一、国外汽车发展史

1885 年，德国工程师卡尔·本茨在曼海姆设计制造出了第一辆装有 0.85 马力汽油机的三轮汽车，并于 1886 年 1 月 29 日申请获得专利。德国的另一位工程师戴姆勒也在 1886 年研制成了一辆装有 1.10 马力汽油机的四轮汽车。所以，卡尔·本茨和戴姆勒被公认为是以内燃机为动力的现代汽车的发明者。一百多年来，从卡尔·本茨制造出的第一辆时速 18 km 的三轮汽车，到现在加速到时速100 km只需要三秒钟的超级跑车，汽车工业大致经历了三次变革。

（1）第一次变革是汽车实现流水线生产，进入生产阶段。1908 年美国人亨利·福特推出了以自己名字“福特”命名的 T 型车（如图 3—1 所示），装有一台 20 马力的四缸汽油机。1914 年首次开始在福特汽车公司安装汽车装配流水线，以大批量方式生产汽车，先后共生产了 1 500 多万辆。这种汽车简单实用，用钒合金钢制造，轻巧结实，脚踏变速器操作十分方便，大大提高了汽车驾驶者的舒适度。同时，由于流水装配线的大批量生产方式的应用，汽车成本大幅降低，汽车价格比当时欧洲所生产的汽车价格便宜 1/3 到 1/2，汽车不再仅仅是贵族和有钱人的豪华奢侈品，开始逐渐成为大众化的消费品，从此奠定了美国成为汽车生产大国的地位。从 20 世纪初到 20 世纪 70 年代，美国的汽车工业一直遥遥领先，20 世纪 60 年代中期年产量就突破了 1 000 万辆大关。

图 3—1 福特 T 型车

（2）第二次变革是汽车行业竞争态势凸现，汽车行业进入营销阶段。20 世纪 50 年代，战后的经济繁荣使汽车行业进入了前所未有的黄金时期，在这一阶段，世界各大汽车公司从汽车外形设计、技术创新、公司管理制度上大胆设计，推陈出新，客观上推动了汽车业的发展。

（3）第三次变革是到汽车行业全球化趋势加快，汽车行业进入个性化阶段。20 世纪 60 年代末，日本汽车工业崛起，汽车进入能源革命时代。1955 年，日本通产省公布了发展国民车的大胆构想，他们提出鼓励企业发展一种供日本老百姓使用的微型汽车（如图 3—2 所示）的计划。

1966 年，名古屋至神户高速公路的开通揭开了日本公路交通高速时代的序幕，轿车自此进入普通家庭，掀起了爆炸性的汽车普及狂潮。1967 年日本超过

图 3—2　早期的丰田轿车

德国成为第二大汽车生产国。进入 20 世纪 70 年代，两次石油危机让省油的日本小型轿车出口量骤增，丰田、日产、富士重工、铃木等公司迅速成为世界级的汽车生产厂，丰田公司在 1972～1976 年四年间就生产了 1 000 万辆汽车。1980 年，日本汽车总产量达到 1 104 万辆，超过美国而成为世界最大的汽车生产国和出口国。

目前，全世界汽车年产量近 8 000 万辆，汽车保有量已超过 8 亿辆。主要汽车生产国家是美国、日本、德国、中国、法国、韩国等。

二、我国汽车发展史

我国的汽车工业是在新中国成立后才建立起来的。我国汽车发展史大致可以分为以下几个阶段：

1. 起步时代（1980 年以前）

1953 年 7 月第一汽车制造厂在长春市兴建，1956 年 10 月开工后大批生产装载 4 t 的解放 CA10 货车（如图 3—3 所示），从而结束了中国不能制造汽车的历史。1958 年该厂又制造了我国第一辆轿车——东风牌轿车，1965 年开始生产红旗 CA770 高级轿车（如图 3—4 所示）。20 世纪 50 年代后期，南京、北京、上海、济南、重庆、南昌等地相继建成汽车制造厂。1968 年开始在湖北十堰建立第二汽车制造厂，1975 年开始生产东风 EQ240 越野载重车，1978 年推

图 3—3　解放 CA10 货车

出主导产品——装载 5 t 的东风 EQ140（EQ1090）货车。这一阶段汽车流通实行的是严格的计划分配制度，由于仍属短缺商品，企业的主要精力在于生产上，销售居于次要位置。

图 3—4 红旗 CA770

2. 计划时代（1980～1990 年）

在这一阶段，汽车工业仍处于低级发展阶段，“重货轻轿”是当时汽车厂家的普遍做法，载货汽车产量占汽车总产量的绝大部分，而轿车产量微乎其微。1986 年以前，轿车的年产量一直徘徊在 5 000 辆上下，1986 年以后随着上海大众公司（桑塔纳轿车）和广州标致公司的投产，轿车年产量才突破 1 万辆，此后增幅不断加大，到 1990 年轿车年产量达到 42 409 辆。这一阶段，汽车仍属于国家计划调拨的大众商品，购买对象绝大部分属于政府机关和企事业单位，私人购买量极少。汽车销售一直由省市一级的国家物资、机电公司等专营，单位购车必须征得政府主管部门的同意，所以这一阶段也称为“批文”时代。

1980～1990 年间汽车产量情况如图 3—5 所示（数据来源《中国汽车工业年鉴》）。

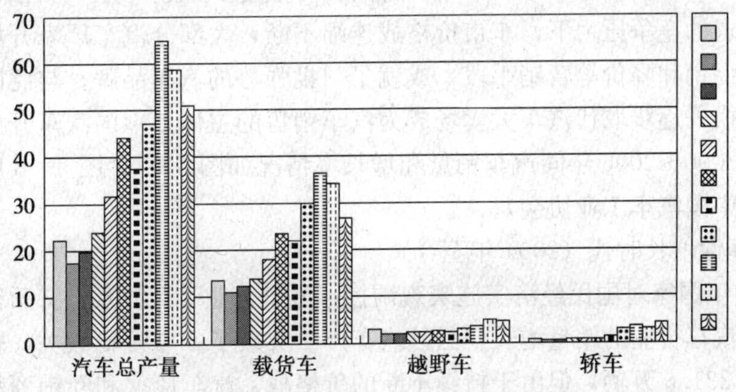

图 3—5 1980～1990 年间汽车产量情况柱图（单位：万辆）

3. 批发时代（1990～2000年）

1990年，一汽—大众和东风神龙两家合资公司相继成立，中国汽车行业迎来了桑塔纳、富康、捷达三足鼎立的时代。1992年我国汽车产量突破了100万辆大关，轿车产量超过越野车。此后1993～1996年间国家实施宏观调控，汽车产量处于低速增长状态；1997～1999年间增长速度提高，基本保持在19%左右，而轿车产量则保持在年均20%左右的增长速度。

在这一阶段，公务、商务购车仍然是汽车消费的主体，整个汽车行业存在生产过剩的现象，销售部门的重要性提高，但整个市场规模不大，营销竞争基本处于低级水平。在销售网络建设方面，厂家主要委托各省市的物资、机电公司为当地的总代理，然后由其在县市一级发展二级代理和三级代理，这种多级批发、层层代理的销售体制，降低了厂家的营销成本，但很容易造成价格混乱和窜货的严重后果，更谈不上售后服务。1991～1999年间我国汽车产量情况如图3—6所示（数据来源：《中国汽车工业年鉴》）。

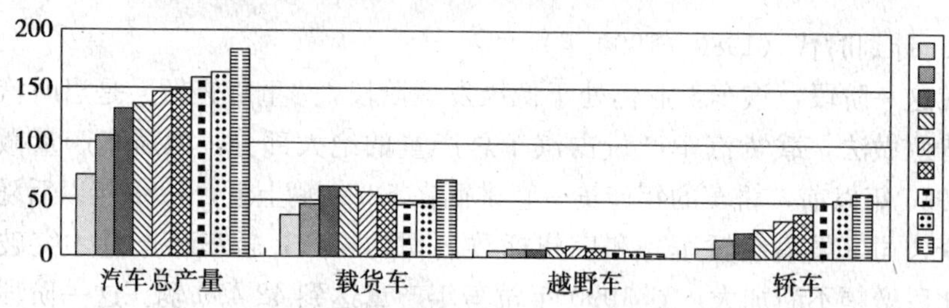

图3—6 1991～1999年间我国汽车产量情况柱图（单位：万辆）

4. "井喷"时代（2000～2003年）

2000年我国汽车产量和销量双双突破200万辆，此后便进入被汽车营销行业称为"井喷"的高速增长阶段。在这一阶段，一方面市场规模每年以100万辆的增长速度迅速扩大，私人购车逐渐成为主流；另一方面民营、外资等各种资本纷纷进入中国的汽车市场，本田雅阁、奇瑞等多款新车型频频推出，在总体供大于求的竞争压力下，车市价格战连绵不断，大部分汽车厂家开始运用公关广告、促销和降价等营销手段，成就了一批强势的汽车品牌。与此同时，4S品牌专卖模式逐步取代汽车大卖场成为汽车销售的主体，中国汽车开始进入营销时代。2000～2006年间汽车销量和增长率情况如图3—7、图3—8所示（数据来源：中国汽车工业协会）。

5. 理性增长时代（2004年至今）

2004年国家对国民经济实施宏观调控，汽车行业受到波及，持币待购现象一度影响汽车行业的销量增长。虽然汽车产量突破了500万辆大关，轿车产量也达到了231.6万辆，但由于持续不断的价格战，汽车厂家和经销商利润大幅缩水，"井喷"时代结束，汽车行业开始进入理性增长时代。各大汽车厂家开

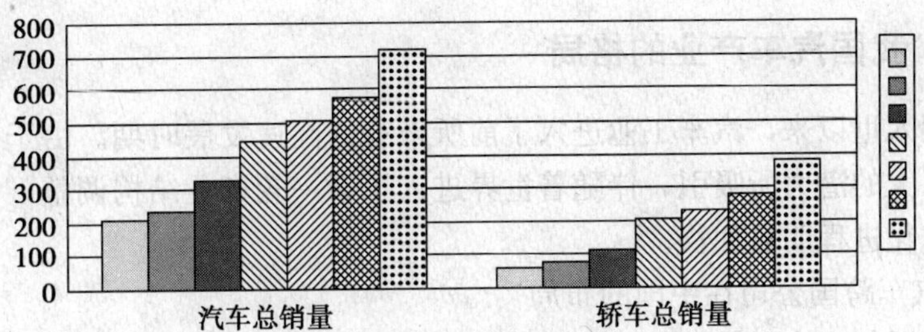

图 3—7 2000～2006 年间汽车销量情况柱图（单位：万辆）

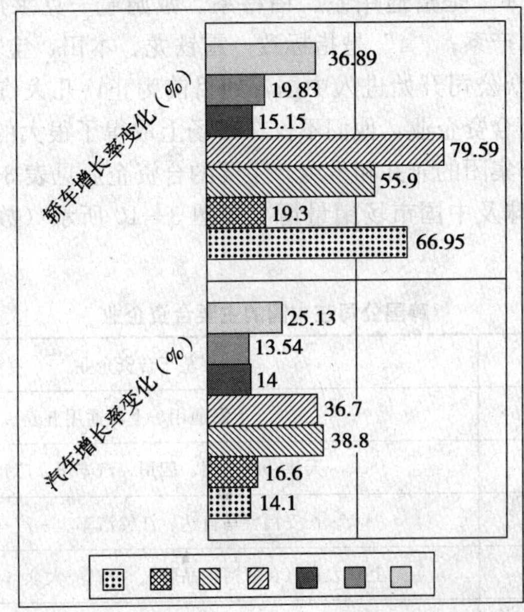

图 3—8 2000～2006 年间汽车增长率变化情况

始花大力气加强内部管理，降低运营成本；另一方面加大网络建设力度和售后服务质量；营销手段不断花样翻新，汽车厂家整体营销水平不断提高，销售利润下降，售后服务成为汽车经销商的主要利润来源。经过多方努力，市场开始出现复苏，2006 年汽车销量突破 700 万辆。2006 年轿车品牌销量排行如图 3—9所示（数据来源：中国汽车工业协会）。

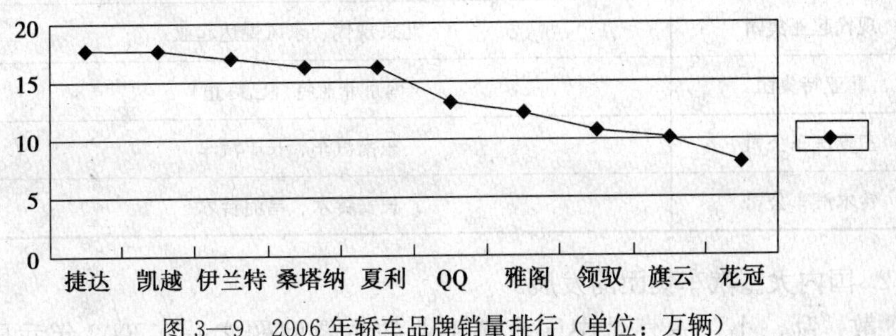

图 3—9 2006 年轿车品牌销量排行（单位：万辆）

三、我国汽车产业的格局

中国入世以来，汽车工业进入了前所未有的高速发展时期。由于被中国汽车市场巨大的潜力所吸引，伴随着世界进入了新一轮产业结构调整，中国汽车市场全球化进程明显加快。

1. 汽车跨国公司在中国的布局

经过近年来大规模的兼并和整合，世界汽车产业已经初步形成了“6＋4”的格局，其中的“6”是指通用系、福特系、戴姆勒—克莱斯勒系、大众系、丰田系和雷诺—日产系；“4”是指标致—雪铁龙、本田、宝马和现代—起亚。从 1985 年德国大众公司开始进入中国，到目前为止，几大汽车集团都在中国建立了一个或几个合资企业，他们不仅在市场上取得了很大的优势，而且还参与了国有大型汽车集团的兼并和重组。主要的合资企业见表 3—1。世界主要汽车公司 2006 年全球及中国市场销量情况如图 3—10 所示（数据来源：各大汽车公司公开资料）。

表 3—1　　跨国公司在中国的主要合资企业

国外汽车公司名称	整车合资企业
通用汽车公司	上海通用、上汽通用五菱
丰田汽车公司	天津一汽丰田、四川一汽丰田、广州丰田
福特汽车公司	长安福特马自达、江铃汽车、一汽马自达
大众汽车集团	上海大众（含斯柯达品牌）、一汽—大众（含奥迪品牌）
日产汽车公司	东风有限（乘用车、商用车）、郑州日产
戴姆勒—克莱斯勒集团	北京奔驰—戴姆勒·克莱斯勒
标致—雪铁龙公司	神龙汽车（东风标致、东风雪铁龙）
本田汽车公司	广州本田、东风本田
宝马汽车公司	华晨宝马
现代起亚集团	北京现代、东风悦达起亚
菲亚特集团	南京菲亚特（已终止）
三菱汽车公司	东南汽车、长丰汽车
铃木汽车公司	长安铃木、昌河铃木

2. 国内大型汽车集团的发展

“散、乱、小”一直是中国汽车工业的主要问题之一，2002 年我国 117

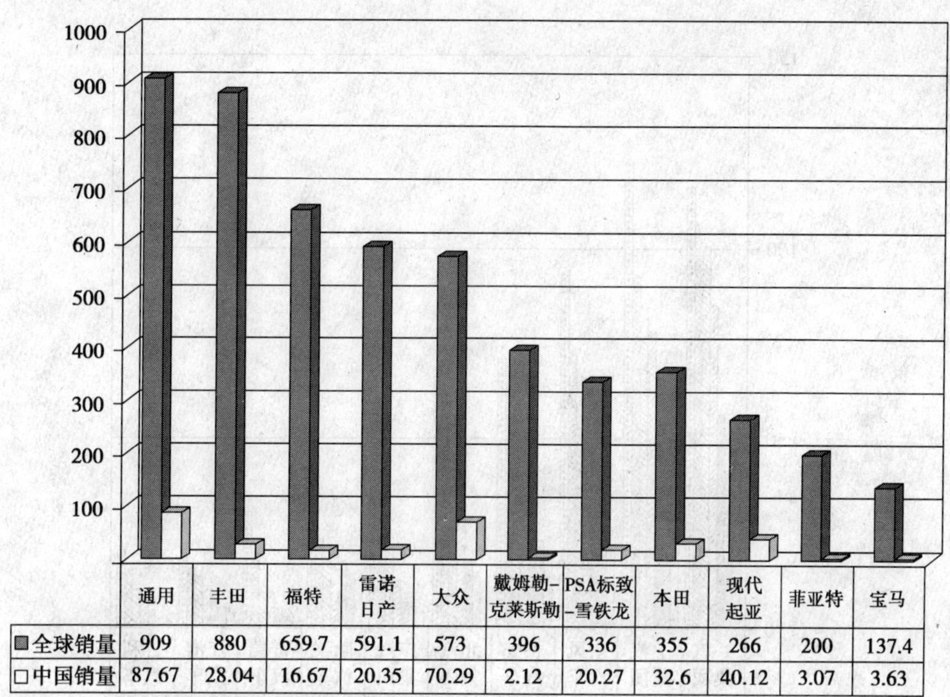

	通用	丰田	福特	雷诺日产	大众	戴姆勒-克莱斯勒	PSA标致-雪铁龙	本田	现代起亚	菲亚特	宝马
■全球销量	909	880	659.7	591.1	573	396	336	355	266	200	137.4
□中国销量	87.67	28.04	16.67	20.35	70.29	2.12	20.27	32.6	40.12	3.07	3.63

图 3—10　世界主要汽车公司 2006 年全球及中国市场销量情况（单位：万辆）

（分布于 27 个省、市、自治区）家整车企业共生产 325.4 万辆，仅相当于一家国际跨国集团组成企业的规模。随着汽车市场的持续增长，“十五”中后期我国汽车企业开始频繁重组，汽车工业的产销集中度才有了明显改观——2005 年国内年销量前十名的汽车企业年销量占总销量的 86.12%，其中前五名的企业（一汽集团、上汽集团、东风集团、长安集团和北汽集团）年销售额占汽车总销售额的 67%，成为强势企业。除上述五大汽车集团外，其他本土汽车集团（如广汽集团、江淮汽车、哈飞汽车、奇瑞汽车、吉利汽车和比亚迪汽车等代表性企业）也稳健发展。2000～2006 年间我国主要汽车企业年销量情况如图 3—11 所示（数据来源：中国汽车工业协会）。

3. 自主品牌市场份额增加

2001 年以前，我国乘用车市场是合资企业品牌的天下，自主品牌处于明显劣势地位。但从 2001 年开始，奇瑞和吉利进入乘用车市场销量前十名，成为中国汽车市场的主流阵营。2006 年以华晨、吉利、比亚迪、奇瑞、天津一汽、力帆等为代表的自主品牌企业，先后推出骏捷、吉利 FC—1、吉利 LG—1、奇瑞 A520、夏利 CI、力帆 520 等新车型，其产品质量、服务、价格和品牌形象日渐获得消费者的认可。同时国内的大型汽车集团也加快了自主品牌开发的步伐，在产品开发和投入上逐步加大。

和乘用车领域不同，在商用车领域我国自主品牌处于绝对优势，截至

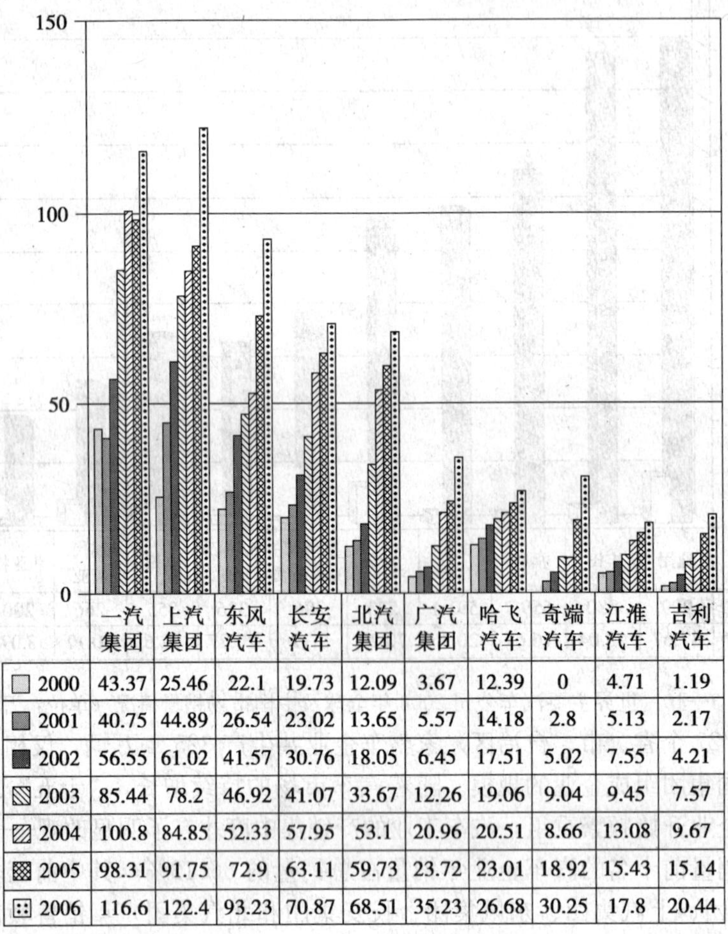

	一汽集团	上汽集团	东风汽车	长安汽车	北汽集团	广汽集团	哈飞汽车	奇端汽车	江淮汽车	吉利汽车
2000	43.37	25.46	22.1	19.73	12.09	3.67	12.39	0	4.71	1.19
2001	40.75	44.89	26.54	23.02	13.65	5.57	14.18	2.8	5.13	2.17
2002	56.55	61.02	41.57	30.76	18.05	6.45	17.51	5.02	7.55	4.21
2003	85.44	78.2	46.92	41.07	33.67	12.26	19.06	9.04	9.45	7.57
2004	100.8	84.85	52.33	57.95	53.1	20.96	20.51	8.66	13.08	9.67
2005	98.31	91.75	72.9	63.11	59.73	23.72	23.01	18.92	15.43	15.14
2006	116.6	122.4	93.23	70.87	68.51	35.23	26.68	30.25	17.8	20.44

图 3—11　2000～2006 年间我国主要汽车企业年销量情况（单位：万辆）

2005 年底，我国载货市场自主品牌 88 个，占总数的 90.7%，客车市场自主品牌 120 个，占总数的 60%以上，汽车销量更是市场份额高达 95.2%。

从目前来看，我国的自主品牌发展模式主要有：

(1) 研发外包。即和国外设计公司合作，购买外国成熟的车型技术，生产自主品牌，如华晨集团等。

(2) 日韩模式。即从模仿起步，自己研发、生产自主品牌，如奇瑞、吉利等。

(3) 集成创新。即通过购并国际汽车企业，整合国际、国内的优势资源来发展自主品牌，如上海大众等。

(4) 借鸡下蛋。即在合资企业中与外方合作，借鉴外方先进技术，合作开发自主品牌，如东风商用车、一汽红旗等。

4. 汽车产业集群雏形逐渐形成

汽车产业集群是指在汽车行业中，一群相对集中，且有相互关联性的企业、专业化供应商、服务供应商、相关产业的厂商，以及相关的机构（如大学、制定标准化的机构和产业协会等），构成的群体。一个汽车产业集群的形成必定以一个或几个大的汽车集团为核心，同时也离不开历史沿革和政府推动。目前，我国初具雏形的汽车集群有：以上海大众、上海通用、吉利、南京菲亚特为核心的长江三角洲地区；以一汽、华晨、哈飞为核心的东三省地区；以广州本田、广州丰田、东风日产为核心的珠江三角洲地区；以东风汽车公司为核心的武汉—襄樊—十堰产业带；以一汽丰田、北京现代、北京奔驰、北汽福田为核心的京津地区；以重庆长安为核心的西南地区；以江淮汽车、奇瑞汽车、安凯汽车为核心的安徽地区等。

综上所述，中国的汽车市场是目前世界上最具活力的市场之一，可以预见，在未来的一段时间内，随着中国本土企业的崛起，跨国公司垄断中国汽车格局的态势被逐渐打破，“土品牌”和“洋品牌”之间的竞争将更加精彩，中国的汽车营销史必将成为整个世界汽车发展史中最动人心魄的壮丽篇章。

第二节　汽车的类型

现代汽车种类繁多，五花八门，各国的分类方法各不相同。

一、国产汽车分类

1. 传统分类标准

汽车可按照不同的分类方法分成各种类型，我国习惯上按用途和结构把汽车分为以下类型：

（1）轿车。乘坐 2～8 人（包括驾驶员），采用两厢式或三厢式结构的小型载客汽车，如图 3—12、3—13 所示。

图 3—12　捷达轿车（属普通轿车）

图 3—13　凌志 400 轿车（属中高级轿车）

1）传统的轿车分类。按发动机排量（工作容积）的大小划分，轿车可分为表 3—2 所示类型。

表 3—2　按发动机排量划分的轿车类型

类型	微型	普通级	中级	中高级	高级
发动机排量（L）	≤1.0	1.0～1.6	1.6～2.5	2.5～4.0	＞4.0
典型车型	长安奥拓	一汽捷达	帕萨特 2.0	奥迪 A6—3.0	奔驰 600

2）轿车分类新标准。2006 年修订的汽车《产业结构调整指导目录》把轿车划分为五个档次（见表 3—3）：一是节能环保型小排量轿车，二是中低档轿车，三是中档轿车，四是中高档轿车，五是高档轿车。

表 3—3　按新标准划分轿车类型

类型	特征
小排量轿车	排量小于 1 L，长度小于 3.6 m，整备质量小于 1 000 kg 的微型轿车，最高时速不小于 120 km
中低档轿车	排量小于 1.5 L，车长 3.6～4.3 m 之间，最高时速不小于 120 km
中档轿车	车长 4～4.6 m，轴距 2 400～2 600 mm，发动机排量在 1.5～2 L 之间，整备质量在 1 000～1 300 kg 之间
中高档轿车	车长 4.3～4.9 m，轴距 2 500～2 800 mm，发动机排量在 1.8～3.0 L 之间，整备质量在 1 200～1 500 kg 之间
高档轿车	车长 4.7 m 以上，轴距 2 700 mm 以上，排量 3 L 以上，整备质量在 1 400 kg 以上，车辆装备先进、豪华

以上划分标准借鉴 2006 年 4 月 1 日开始执行的新汽车消费税。按照新的汽车消费税，乘用车（包括越野车）按排量大小分成六档税率。排量小于 1.5 L（含）的，税率为 3%；1.5 L 以上至 2.0 L（含）的，税率为 5%；2.0 L 以上至 2.5 L（含）的，税率为 9%；2.5 L 以上至 3.0 L（含）的，税率为 12%；3.0 L 以上至 4.0 L（含）的，税率为 15%；4.0 L 以上的，税率为 20%。

（2）客车。主要供公共服务用，为 9 座以上载客汽车（如图 3—14 所示）。按车身长度，客车可分为微型、轻型、中型、大型和超大型，见表 3—4。

图 3—14　客车

表 3—4　　按车身长度划分的客车类型

类型	微型	轻型	中型	大型	超大型	
					铰接型	双层
车辆长度（m）	＜3.5	3.5～7	7～10	10～12	＞12	10～12
典型车型	重庆长安	金杯海狮	江淮客车	金龙客车	宇通 ZK6118HG	金陵 JLY6121 双层客车

（3）货车。主要用于运载各种货物的汽车，在其驾驶室内还可容纳 2～6 个乘员（如图 3—15 所示）。按其总质量（最大载货质量＋整车装备质量）分，货车有微型、轻型、中型、重型 4 种类型，见表 3—5。

图 3—15　货车

表 3—5　　按总质量分类的货车类型

类型	微型	轻型	中型	重型
总质量（t）	＜1.8	1.8～6	6～14	＞14
典型车型	吉林 JL1010	南京跃进 NJ1061	一汽解放	斯太尔 1912

（4）牵引汽车。专门或主要用于牵引挂车的汽车，通常可分为半挂牵引汽车和全挂牵引汽车等类型（如图 3—16 所示）。半挂牵引汽车后设有牵引座，用来牵引和支撑半挂车前端。全挂牵引汽车本身带有车厢，其外形虽与货车相似，但其车辆长度和轴距较短，而且尾部设有脱钩。牵引汽车都设有一部分挂车制动装置及挂车电气接线板等。

EQ4166G

图 3—16　牵引汽车

（5）越野汽车。越野车也称四轮驱动（或全轮驱动）汽车，指具有在正式公路以外特殊地段通行的车辆（如图 3—17 所示）。越野汽车按总质量分有轻型、中型、重型 3 种类型，见表 3—6。

图 3—17 越野车

表 3—6 **按总质量分类的越野汽车类型**

类型	轻型	中型	重型
总质量（t）	<5	5～13	13
典型车型	现代途胜	BJ2032	国产 10×10

（6）自卸车。指货厢能够自动倾翻的载货汽车（如图 3—18 所示）。根据装载质量不同可分为中型自卸车和重型自卸车。

图 3—18 自卸车

（7）专用汽车。根据特殊的使用要求设计或改装而成，主要是执行运输以外的任务（具有装甲或武器的作战车辆不属此列，而被列为军事特种车辆）。

1）竞赛汽车。按照特定的竞赛规范而设计的汽车（如图 3—19 所示）。著名的竞赛规范有一级方程式竞赛、拉力赛等。

图 3—19 竞赛汽车

图 3—20 高尔夫球场专用汽车

2）娱乐汽车。随着人民物质生活水平的不断提高，设计师们推出了专供假日娱乐消遣的汽车（如图 3—20 所示），运输已不是此种汽车的主要任务。例如，旅游汽车、高尔夫球场专用汽车、海滩游玩汽车等。

3）特种作业汽车。在汽车上安装各种特殊设备进行特种作业的车辆。例如，商业售货车、环卫环保作业车、市政建设工程作业车、农牧副渔作业车、石油地质作业车、医疗救护车、公安消防车、机场作业车等类型（如图 3—21、3—22 所示）。

图 3—21 救护车

图 3—22 公安消防车

2. 国产汽车分类新标准

2002 年，我国依据《汽车和挂车类型的术语和定义》（GB/T 3730.1—2001）推出了新的汽车分类统计标准。新的汽车分类标准将汽车分为乘用车和商用车两大类。

1. 乘用车（Passenger Car）

（1）乘用车的概念。乘用车在其设计和技术特性上主要用于载运乘客及其随身行李或临时物品，包括驾驶员座位在内最多不超过 9 个座位。它也可牵引一辆挂车。

（2）乘用车的分类。乘用车共分为 11 类，其中表 3—7 给出的 1 至 6 乘用车也可俗称轿车。

表 3—7 乘用车分类

序号	类型	特征
1	普通乘用车	车身：封闭式，侧窗中柱有或无 车顶（顶盖）：固定式，硬顶，有的顶盖一部分可以开启 座位：4 个或 4 个以上座位，至少两排。后座椅可折叠或移动 车门：2 个或 4 个侧门，可有一后开启门

续表

序号	类型	特征
2	活顶乘用车	车身：具有固定侧围框架的可开启式车身 车顶（顶盖）：车顶为硬顶或软顶，至少有封闭、开启或拆除两个位置 座位：4个或4个以上座位，至少两排 车门：2个或4个侧门 车窗：4个或4个以上侧窗
3	高级乘用车	车身：封闭式，前后座之间可以设有隔板 车顶（顶盖）：固定式，硬顶。有的顶盖一部分可以开启 座位：4个或4个以上座位，至少两排，后排座椅前可安装折叠式座椅 车门：4个或6个侧门，也可有一个后开启门 车窗：6个或6个以上侧窗
4	小型乘用车	车身：封闭式，通常后部空间较小 车顶（顶盖）：固定式，硬顶，有的顶盖一部分可以开启 座位：2个或2个以上的座位，至少一排 车门：2个侧门，也可有一个后开启门 车窗：2个或2个以上侧窗
5	敞篷车	车身：可开启式 车顶：车顶可为软顶或硬顶，至少有遮覆车身、车顶卷收或可拆除两个位置 座位：2个或2个以上的座位，至少一排 车门：2个或4个侧门 车窗：2个或2个以上侧窗
6	舱背乘用车	车身：封闭式，侧窗中柱可有可无 车顶（顶盖）：固定式，硬顶。有的顶盖一部分可以开启 座位：4个或4个以上座位，至少两排，后座椅可折叠或可移动 车门：2个或4个侧门，车身后部有一舱门
7	旅行车	车身：封闭式，车尾可提供较大的内部空间 车顶（顶盖）：固定式，硬顶，有的顶盖一部分可以开启 座位：4个或4个以上座位，至少两排，座椅的一排或多排可拆除 车门：2个或4个侧门，并有一后开启门 车窗：4个或4个以上侧窗
8	多用途乘用车	上述七种车辆以外的，只有单一车室载运乘客及其行李或物品的乘用车。但是，如果这种车辆同时具有下列两个条件，则不属于乘用车： ①除驾驶员以外的座位数不超过6个 ②$p-(M+N\times 68)>N\times 68$ 式中 p——最大设计总质量； M——整车装备质量与1位驾驶员质量之和； N——除驾驶员以外的座位数
9	短头乘用车	一种乘用车，一半以上的发动机长度位于车辆前风窗玻璃最前点以后，并且方向盘的中心位于车辆总长的前1/4部分内
10	越野乘用车	在其设计上所有车轮同时驱动，或其几何特性（接近角、离去角、纵向通过角、最小离地间隙）、技术特性（驱动轴数、差速锁止机构或其他型式机构）和性能（爬坡度）允许在非道路上行驶的一种乘用车
11	专用乘用车	运载人员或物品并完成特定功能的乘用车，具备完成特定功能所需的特殊车身和装备。例如，旅居车、防弹车、救护车、殡仪车等

注：定义中的车窗指一个玻璃窗口，由一块或几块玻璃组成。

2. 商用车（Commercial Vehicle）

（1）商用车的概念。商用车是指在设计和技术特性上用于运送人员和货物的汽车，并且可以牵引挂车。乘用车不包括在内。

（2）商用车的分类。商用车共分为三大类，详见表3—8。

表3—8 商用车分类

序号	类型	特征
1	客车	在设计和技术特性上用于载运乘客及其随身行李的商用车辆，包括驾驶员座位在内的座位数超过9座
	小型客车	用于载运乘客，除驾驶员座位外，座位数不超过16座
	城市客车	一种为城市内运输而设计和装备的客车，设有座椅及站立乘客的位置
	长途客车	一种为城市间运输而设计和装备的客车，没有专供乘客站立的位置，可载运短途站立的乘客
	旅游客车	一种为旅游而设计和装备的客车。其布置要确保乘客的舒适性，不载运站立的乘客
	铰接客车	一种由两节刚性车厢铰接组成的客车，两节车厢是相通的，乘客可在两节车厢之间自由走动
	无轨电车	一种经架线由电力驱动的客车，这种电车可指定用做多种用途
	越野客车	在其设计上所有车轮同时驱动，或其几何特性（接近角、离去角、纵向通过角、最小离地间隙）、技术特性（驱动轴数、差速锁止机构或其他型式机构）和性能（爬坡度）允许在非道路上行驶
	专用客车	其设计和技术特性上只适用于需经特殊布置后才能载运人员的车辆
2	半挂牵引车	装备有特殊装置用于牵引半挂车的商用车辆
3	货车	一种主要为载运货物而设计和装备的商用车辆
	普通货车	一种在敞开（平板式）或封闭（厢式）载货空间内载运货物的货车
	多用途货车	在其设计和结构上主要用于载运货物，但在驾驶员座椅后带有固定或折叠式座椅，可运载3个以上乘客的货车
	全挂牵引车	一种牵引杆式挂车的货车。它本身可在附属的载运平台上运载货物
	越野货车	在其设计上所有车轮同时驱动或其几何特性（接近角、离去角、纵向通过角、最小离地间隙）、技术特性和性能（爬坡度）允许在坏路上行驶的一种载货车辆
	专用作业车	在其设计和技术特性上用于特殊工作的货车。例如，消防车、救险车、垃圾车、应急车、街道清洗车、扫雪车、清洁车等
	专用货车	在其设计和技术特性上用于运输特殊物品的货车。例如，罐式车、乘用运输车、集装箱运输车等

二、国外轿车分类

1. 德系分类标准

德国车分为A00、A0、A、B、C、D等级别。其中A级（包括A0、A00）车是小型轿车，B级车是中档轿车，C级车是高档轿车，D级车是豪华轿车，其等级划分主要依据表3—9所示的轴距、排量等参数。

表3—9　德系车分类标准

序号	类型	特征
1	A00级轿车	轴距在2～2.2 m之间，发动机排量小于1 L
2	A0级轿车	轴距在2.2～2.3 m之间，排量为1～1.3 L
3	A级轿车	轴距在2.3～2.45 m之间，排量约为1.3～1.6 L
4	B级轿车	轴距约在2.45～2.6 m之间，排量从1.6～2.4 L
5	C级轿车	轴距约在2.6～2.8 m之间，发动机排量为2.3～3.0 L
6	D级豪华轿车	大多外形气派，车内空间极为宽敞，发动机动力也非常强劲，其轴距一般均大于2.8 m，排量基本都在3.0 L以上

2. 美系分类标准

美系以通用汽车公司的分类标准为例。通用公司一般将轿车分为6级，是综合考虑了车型尺寸、排量、装备和售价之后得出的分类（见表3—10）。

表3—10　美系车分类标准

序号	类型	特征
1	Mini级	一般指1 L以下轿车
2	Small级	一般是1.0～1.3 L，处于我国普通轿车级别的低端
3	Low－med级	一般是1.3～1.6 L轿车
4	Interm级	和德国的低端B级轿车基本吻合
5	Upp－med级	涵盖B级轿车的高端和C级轿车的低端
6	Large/Lux级	和国内的高级轿车相对应，涵盖C级车的高端和D级车

三、国内外轿车分类标准对比分析

从上面的分类标准来看，我国的汽车分类标准借鉴了国外汽车的分类标准，其相互对应关系如下。

1. 与欧系分类对比

德国大众的轿车分类法具有代表性，将轿车分为A、B、C、D级，其中A级车又可分为A00、A0和A等三级车，相当于我国微型轿车和普通型轿车；B

级和C级分别相当于我国的中级轿车和中高级轿车；D级车相当于我国大红旗等高级轿车。

2. 与美系分类对比

通用汽车公司的分类比较有代表性，将轿车分为6级。它的Mini相当于我国的微型轿车；我国的普通型轿车在通用分类中可找到两个级别，即Small和Low－med；中级轿车的分类标准比较一致，即中级轿车Interm（B级）；中高级轿车Upp－med，在我国相当于近几年涌现最多、销售最畅的奥迪、别克、雅阁等新型车；高级轿车相对应的是Large/Lux级别。

四、国内外轿车的其他分类名称

1. 溜背式轿车

溜背式轿车国际上简称LS型车，也称为斜尾式或两厢式轿车，这类车一般车身狭小，没有后备箱，通常是中低档轿车的款式。例如，奥拓、吉利和夏利两厢等。

2. 阶背式轿车

阶背式轿车是国外比较流行的车型，也称为三厢式轿车，具有后备箱。它通常是中高档轿车的款式，涵盖的车型最多，从捷达、奥迪一直到凯迪拉克、劳斯莱斯。溜背式轿车和阶背式轿车并不是轿车档次的主要标志。由于中国民众喜欢汽车有个“屁股”，一些厂家就专门将溜背式轿车改装成阶背式轿车，以适应市场需要，如夏利三厢、富康988等。

3. 双门跑车

双门跑车国际上简称CA型车，它与普通轿车最大的区别，就是适合高速行驶，多被设计成发动机马力强大，底盘和悬挂适应高速行驶的要求。双门跑车通常只有两门、两座。

4. 敞篷轿车

敞篷轿车国际上简称S型车，是指没有顶棚的轿车，适合休闲和娱乐。随着技术的发展，国外许多轿车具有活动顶棚功能，即顶棚可以随意开合。

5. 旅行轿车

旅行轿车国际上简称K型车，是指适合旅行用的轿车，其初始的款式，是将三厢式轿车的尾部加上顶棚，以增大储物空间，使之更适合旅行。如桑塔纳旅行轿车等。

6. 厢式轿车

厢式轿车国际上简称V型车，通常是指带有较大车厢的小轿车，包括在我国通常被称为的“面包车”，如松花江、昌河等。

7. 越野车

越野车国际上简称G型车，是指能够适应恶劣道路环境及野外行驶的车辆。适合爬坡、涉水等恶劣环境。越野车通常采用四轮驱动，底盘和悬挂的设计与普通轿车有明显区别。如北京吉普、切诺基等。

8. 小型客货车

小型客货车国际上简称 P 型车，也称为皮卡，由英文 PICK－UP 音译而来。它通常兼有运载人员和货物的双重功能，有两门和四门之分。如郑州日产皮卡、沈阳雪佛兰皮卡等。

9. 其他

随着汽车技术的发展和人们需求的提高，一些车辆的形式开始从单一向多重发展，有时甚至无法简单地将它们划归哪一类。

（1）RV（Recreational Vehicle），即娱乐、休闲汽车。它最早起源于美国，主要是为了适应美国家庭用车追求个性、休闲的需求，多为家庭的第二辆车。在国外，RV 并没有什么明确具体的定义和分类标准，多是指一些轻型、运动型汽车。它是一种范畴较广的概念，可以包括 20 世纪 80 年代流行的 MPV 和 20 世纪 90 年代流行的 SUV，也就是除轿车和跑车之外的各种非主流的乘用车。

（2）MPV（Multi Purpose Vehicle），即多功能乘用车。一般来说，MPV 是指介于轿车和轻型客车之间的一个新兴车种，它既兼备了前两种车的长处，又延伸了前两种车的功能。通俗讲，MPV 既适用于商务、公务活动，也具有休闲娱乐功能，即可公用，也可家用。这类车最早是由法国雷诺公司提出的，它兼具了轿车的舒适性和小型客车的空间，一般为单厢式结构，即俗称的“子弹头”。从源头上讲，MPV 是从旅行轿车逐渐演变而来的，因此，它具有轿车车型的特征。这点在当今汽车生产中广泛采用的平台技术上就可得到证明，世界上许多 MPV 都是在轿车平台上生产出来的。如广州本田投产的奥德赛 MPV，其车型开发完全是在本田雅阁轿车的底盘上进行的，这点也是 MPV 与轻型客车最大的不同。目前，国内市场上 MPV 主要有克莱斯勒的捷龙、上海通用生产的别克 GL8、海南普利马、神龙毕加索、广州本田奥德赛、东风风行和江淮汽车公司引进韩国现代技术生产的“瑞风”汽车等。

（3）SUV（Sports Utility Vehicle），SUV 意为运动型多用途汽车，SUV 多指造型新颖的越野车，SUV 它不仅具有 MPV 的多功能性，而且还有越野车的越野性和 RV 的休闲功能。因此，SUV 有时很难界定，特别是与越野车的区分越来越模糊，大有合二为一的趋势。若按传统越野车的分类方法，只有四轮驱动的车型才可称得上真正的越野车。但是由于城市用户很少会用到四轮驱动，所以许多越野车品牌同时也推出了两轮驱动的车型。

SUV 在美国比较流行，因为它具有越野车的特点，又能满足家庭的需要，适应现代人崇尚运动的作风。根据 2001 年的统计，美国每四辆新车中就有一辆是 SUV。为了迎合市场需要，这类家用越野车被称为运动型多用途车，例如，三菱的帕杰罗、宝马 X5。国产 SUV 有大切诺基、金杯通用生产的雪佛兰开拓者、庆铃竞技者、长峰猎豹、东南富利卡和华泰吉田等。

第三节 汽车的编码常识

一、国外汽车编码方法

现在世界各国汽车公司生产的汽车都使用了 VIN（Vehicle Identification Number）车辆识别代号编码。其主要由一组字母和阿拉伯数字组成，共 17 位，又称 17 位识别代号编码。

VIN 的每位代码代表着汽车的某一方面信息参数。按照识别代号编码顺序，从 VIN 中可以识别出该车的生产国家、制造公司或生产厂家、车的类型、品牌名称、车型系列、车身型式、发动机型号、车型年款（属哪年生产的年款型车）、安全防护装置型号、检验数字、装配工厂名称和出厂顺序号码等。它由三部分组成，即世界制造厂识别代号（WMI）、车辆说明部分（VDS）和车辆指示部分（VIS）。下面对各位字符的含义作详细的说明，如图 3—23 所示。

□ □ □ □□□□□□ □ □ □□ ○○○○
a b c d e f g

图 3—23 车辆识别代号编码

a—地理区域 b—国别 c—制造厂 d—车辆特征代号 e—车辆年款代号
f—装配厂 g—顺序代号 □—字母或数字 ○—数字

1. 世界制造厂识别代号（WMI）

世界制造厂识别代号（WMI）用来标识车辆制造厂的唯一性，表明车辆是由谁生产的。通常占车辆识别代号（VIN）的前三位。WMI 是美国汽车工程师协会（SAE）根据地理区域分配给各个车辆制造厂家世界制造厂识别代号（WMI）代码。该代码由三位字符组成，它包含了以下信息：

第一个字符是标明一个地理区域的字母数字，如非洲、亚洲、欧洲、大洋洲、北美洲和南美洲。

第二个字符是标明一个特定地区内的一个国家的字母或数字。在美国，汽车工程师协会（SAE）负责分配国家代码。

第三个字符是标明某个特定的制造厂的字母或数字，由各国的授权机构负责分配。当制造厂的年产量少于 500 辆的时候，世界制造厂识别代码的第三个字符就是 9。

美国的 WMI 前两位区段为 10～19，1A～1Z；中国的 WMI 前两位区段为

LO~L9，LA~LZ，它规定了所有在中国境内生产的汽车产品的WMI编号必须在该区段内。以下是国内外合资汽车制造厂家的WMI编号，见表3—11。

表3—11　　国内外合资汽车制造厂家的WMI编号

WMI	LSV	LFV	LDC	LEN	LHG	LHB	LKD	LS5	LSG
含义	上海大众	一汽大众	神龙富康	北京吉普	广州本田	北汽福田	哈飞汽车	长安汽车	上海通用

2. 车辆说明部分（VDS）（见表3—12）

表3—12　　车辆特征代码简表

轿车	种类、系列、车身类型、发动机类型及约束系统类型
MPV	种类、系列、车身类型、发动机类型及车辆额定总重
载货车	型号或种类、系列、底盘、驾驶室类型、发动机类型、制动系统及车辆额定总重
客车	型号或种类、系列、车身类型、发动机类型及制动系统

车辆说明部分（VDS）用来说明车辆的一般特性，由车辆识别代号（VIN）的第4位到第9位共六位字符组成。其中第四位到第八位是特征位，第九位是校验位。如果制造厂不用其中的一位或几位字符，应在该位置填入选定的字母或数字占位。

3. 车辆指示部分（VIS）

制造厂为了区别不同车辆而指定的一组字符，车辆指示部分由车辆识别代号（VIN）的后八位字符组成，其最后四位字符应是数字，即：

第10位：车型年份（一般标识为车辆的出厂年份，是识别车辆的重要标识）。

第11位：车辆装配厂。

12~17位：顺序号。一般情况下，汽车召回都是针对某一顺序号范围内的车辆，即某一批次的车辆。

我国一汽—大众生产车型“速腾”的17位编码含义见表3—13。

表3—13　　一汽—大众“速腾”的17位编码含义

17位码	LFV	2	A	I	IK	I	6	3	027560
含义	中国一汽—大众	安全带＋气囊	4门阶背式	汽油发动机手动变速器	速腾	检验工位	2006年生产	中国长春一汽—大众	生产顺序号

可以看出：此车是2006年由中国长春一汽—大众生产的配置汽油发动机、手动挡的“速腾”轿车。

4. 车型VIN码标牌的位置

（1）除挂车和摩托车外，标牌应固定在门铰链柱、门锁柱或与门锁柱接合的门边之一的柱子上，接近于驾驶员座位的地方；如果没有这样的地方可利用，则固定在仪表板的左侧。如果那里也不能利用，则固定在车门内侧靠近驾驶员座位的地方。

（2）标牌的位置应当是除了外面的车门外，不移动车辆的任何零件就可以容易读出的地方。

（3）我国轿车的 VIN 码大多可以在仪表板左侧、风挡玻璃下面找到。

二、国产汽车产品型号编码规则

我国汽车的产品型号由企业名称代号、车辆类别代号、主参数代号、产品序号组成，必要时附加企业自定代号，对于专用汽车及专用半挂车还应增加专用汽车分类代号（见图 3—24）。

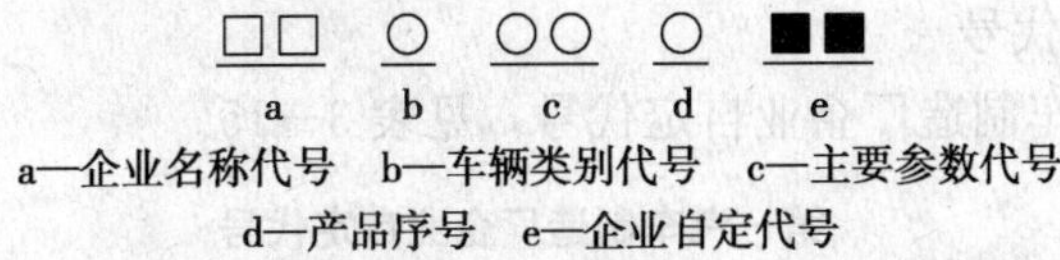

□□ ○ ○○ ○ □□□ ■■

a b c d e f

a—企业名称代号 b—车辆类别代号 c—主要参数代号

d—产品序号 e—专用汽车分类代号 f—企业自定代号

图 3—24 国产汽车编码规则

1. 企业名称代号

企业名称代号用 2 位（或 3 位）汉语拼音字母表示。如 CA 表示一汽、EQ 表示二汽、BJ 表示北京、NJ 表示南京。

2. 车辆类别代号

车辆类别代号用 1 位阿拉伯数字表示，见表 3—14。

表 3—14 **车辆类别代号**

类别代号	车辆种类	类别代号	车辆种类	类别代号	车辆种类
1	载货汽车	2	越野汽车	3	自卸汽车
4	牵引汽车	5	专用汽车	6	客车
7	轿车	8		9	半挂车

3. 主要参数代号

主要参数代号用两位阿拉伯数字表示。

（1）载货汽车、越野汽车、自卸汽车、专用汽车与半挂车用车辆的总质量（车辆自重和载重量之和，单位：t）表示，总质量在 100 t 以上时，允许用三位数字表示。

（2）轿车用发动机排量（单位：L），并以 0.1 L 为单位来表示。

（3）客车用车辆长度（单位：m）来表示，车辆长度小于 10 m，以 0.1 m 为单位来表示。

（4）主要参数不足规定位数时，在参数前以“0”占位。

4. 产品序号

产品序号用 1 位阿拉伯数字表示。用 0、1、2 分别表示车型的改动及改型情况。

5. 专用汽车分类代号

专用汽车分类代号以反映汽车结构和用途特征的三位汉语拼音字母表示。例如，结构特征代号 X——厢式汽车、G——罐式汽车等；用途特征按中国汽车联合会行业管理标准《专用汽车用途代号》（ZB/T50005—1989）规定执行。

6. 企业自定代号

（1）第一汽车制造厂企业自定代号，见表 3—15。

表 3—15　第一汽车制造厂企业自定代号

A	带空调
B	自卸
C	超豪华或牵引车底盘柴油车
D	客车底盘
E	高栏板
K	柴油车（K2—大连柴油机，K1—德国道依茨发动机，K4—无锡柴油机）
P	平头车（P—两个雨刮片平头驾驶室）
Z	出口汽车
H	宽体驾驶室
P_1	三个雨刮片平头驾驶室，比 P 宽近 200 mm
P_2	加宽型三个雨刮片平头驾驶室，比 P_1 宽近 312 mm
R	带卧铺
S	加油车底盘
T	双桥驱动
L	长轴距
Y	右方向

（2）第二汽车制造厂企业自定代号，见表 3—16。

表 3—16　第二汽车制造厂企业自定代号

代码	G	T	N	D	F
含义	平头驾驶室一排半	平头驾驶室单排	平头驾驶室双排	发动机	尖头驾驶室尾部

例如：

CA1091　第一汽车制造厂生产的第二代总质量为 9 310 kg 的载货汽车。

EQ2080　第二汽车制造厂生产的第一代总质量为 7 720 kg 的越野汽车。

JN6481　济南客车厂生产的第二代车长为 4 750 mm 的客车。

TJ7100　天津汽车厂生产的第一代排量为 0.99 L 的夏利轿车。

7. 国产汽车的型号牌及位置

国产汽车的型号牌的位置一般都在仪表台的右侧或驾驶室后门柱上。一汽货车的型号牌的位置一般都在大梁右侧（副驾驶员一侧）；二汽货车型号牌一般在驾驶室里面；底盘号码用钢印打在梁右侧尾部。

三、国产内燃机型号编码规则

国产内燃机型号是由阿拉伯数字和汉语拼音文字的首位字母组成。为避免字母重复，可借用其他汉语拼音字母，但不得用其他文字或代号。内燃机型号应能反映出它的主要结构及性能，内燃机型号的组成由以下四部分组成（见图3—25）。

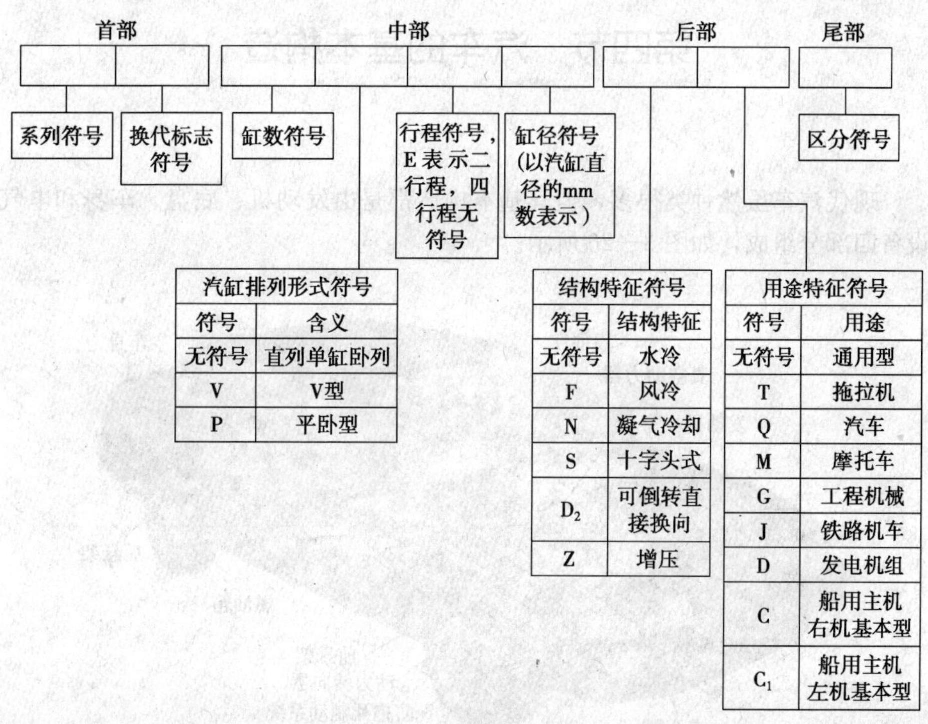

汽缸排列形式符号	
符号	含义
无符号	直列单缸卧列
V	V型
P	平卧型

结构特征符号	
符号	结构特征
无符号	水冷
F	风冷
N	凝气冷却
S	十字头式
D_2	可倒转直接换向
Z	增压

用途特征符号	
符号	用途
无符号	通用型
T	拖拉机
Q	汽车
M	摩托车
G	工程机械
J	铁路机车
D	发电机组
C	船用主机右机基本型
C_1	船用主机左机基本型

图3—25　国产内燃机型号

1. 首部

首部为产品系列符号和换代标志符号，由制造厂根据需要自选相应字母表示，但需主管部门核准。

2. 中部

中部由缸数符号、冲程符号、汽缸排列形式符号和缸径符号等组成。

3. 后部

后部为结构特征和用途特征符号，以字母表示。

4. 尾部

尾部为区分符号。同一系列产品因改进等原因需要区分时，由制造厂选用适当符号表示。

例如：

6102Q 汽油机——六缸、四行程、缸径 102 mm、水冷、汽车用。

492Q 汽油机——四缸、四行程、缸径 92 mm、水冷、汽车用。

6100Q—1 汽油机——六缸、四行程、缸径 100 mm、水冷、汽车用、第一种变型产品。

6135C—1 柴油机——六缸、四行程、缸径 135 mm、水冷、船用。

第四节 汽车的基本构造

现代汽车虽然种类很多，但其基本构造都是由发动机、底盘、车身和电气设备四部分组成，如图 3—26 所示。

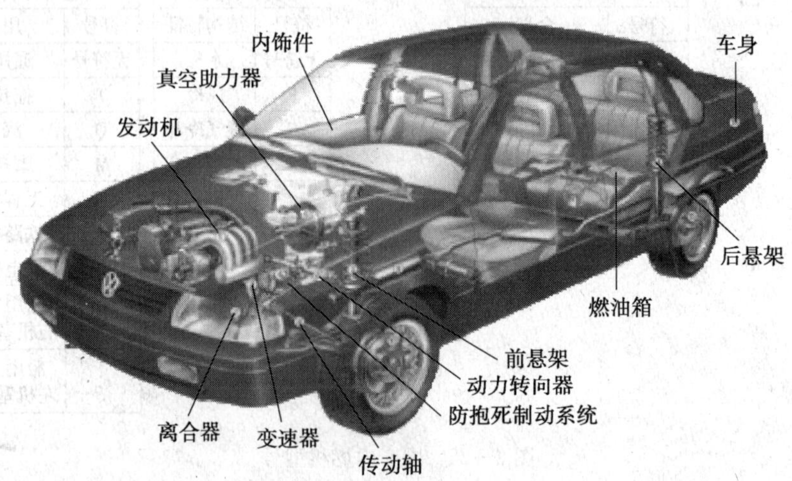

图 3—26 上海桑塔纳 2000 汽车总体构造

一、发动机

发动机是为汽车行驶提供动力的装置。其作用是将燃料燃烧所产生的热能转变为机械能，并通过底盘驱动汽车行驶。现代汽车的动力装置主要选用往复活塞式内燃机，所用燃料以汽油和柴油为主。它是通过可燃气体在汽缸内燃烧膨胀产生压力，推动活塞运动并通过连杆使曲轴旋转来对外输出功率的。

1. 发动机分类

（1）按其使用的燃料进行分类，可分为汽油机和柴油机。

（2）按完成一个工作循环所需活塞的行程数来分类，可分为二冲程发动机和四冲程发动机。

（3）按冷却方式的不同，发动机又分为水冷式发动机和风冷式发动机。

2. 发动机的常用术语（见图 3—27）

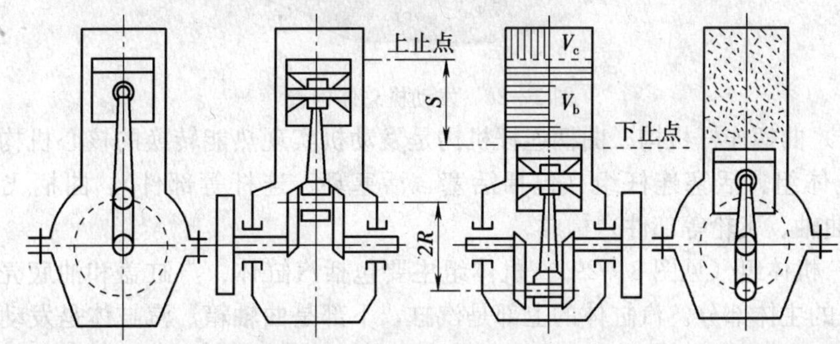

图 3—27　发动机术语图

（1）上止点：上止点指活塞上行到达最高点处的位置。此时，活塞顶部距离曲轴的回转中心最远。

（2）下止点：下止点指活塞下行到达最低点处的位置。此时，活塞顶部距离曲轴的回转中心最近。

（3）活塞行程：活塞在上、下止点间的运行距离（mm）。

（4）燃烧室容积：活塞在上止点时，活塞顶与汽缸盖之间的容积。

（5）汽缸总容积：活塞在下止点时，活塞顶上方整个空间的容积。

（6）排量：汽缸的排量也叫汽缸工作容积，指活塞一个行程所扫过的容积。发动机排量指多缸发动机各汽缸工作容积之和。

（7）压缩比：为了使混合气在最短的时间里充分燃烧，产生最大膨胀压力，必须在做功前对混合气进行压缩。通常用压缩比来反映气体被压缩的程度。汽油机的压缩比一般为 7～10，选用高标号的汽油有利于提高压缩比。柴油机的压缩比一般为 15～22，高于汽油机。

3. 发动机总体构造

汽油发动机主要包括两大机构和五大系统。即：曲柄连杆机构、配气机构、燃料供给系、点火系、冷却系、润滑系、起动系，如图 3—28 所示。柴油发动机没有点火系。

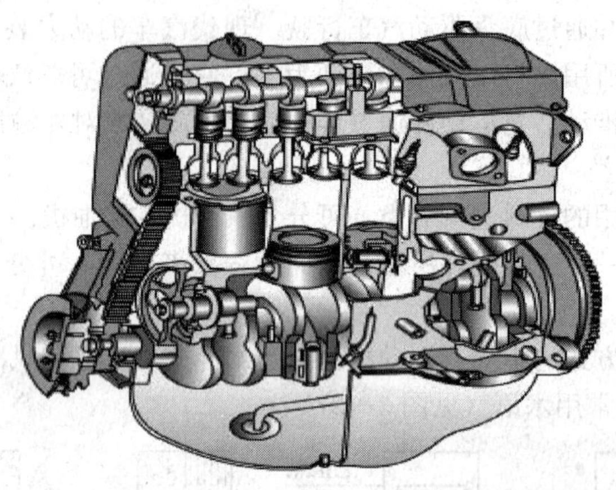

图 3—28　发动机总体构造

（1）曲柄连杆机构。曲柄连杆机构是发动机实现热能转换的核心机构，主要由机体组、活塞连杆组（包括活塞、活塞环、连杆等部件）、曲柄飞轮组（包括曲轴、飞轮等部件）构成。

1）机体组（见图 3—29）。机体组主要包括汽缸体、汽缸盖和油底壳，是发动机的主体部分。汽缸体的上部是汽缸，下部是曲轴箱。汽缸体是发动机各工作机构和附件的装配基体。

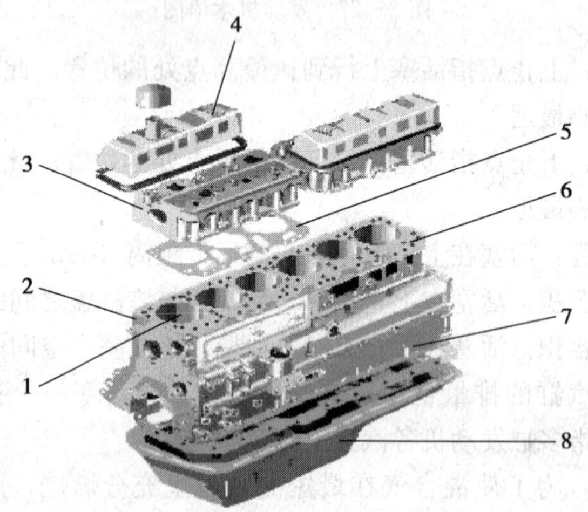

图 3—29　机体组

1—汽缸　2—汽缸体　3—汽缸盖　4—汽缸盖罩

5—汽缸垫　6—油道与水道　7—曲轴箱　8—油底壳

2）活塞连杆组（如图 3—30）。活塞用来封闭汽缸，并与汽缸盖、汽缸壁共同构成燃烧室，承受汽缸中的气体压力，并通过活塞销和连杆驱使曲轴旋转。

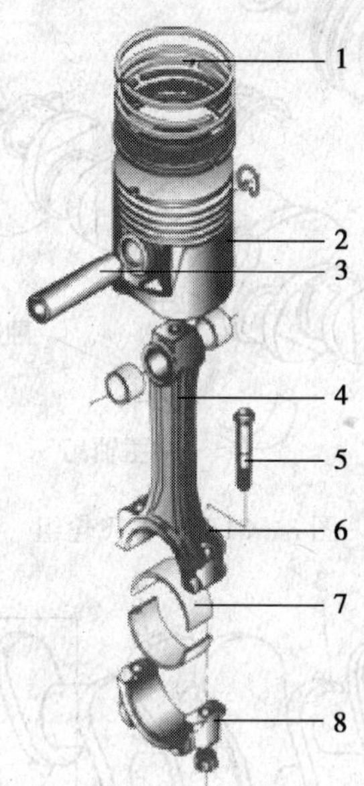

图 3—30 活塞连杆组

1—活塞环 2—活塞 3—活塞销 4—衬套

5—连杆螺栓 6—连杆 7—连杆轴瓦 8—连杆盖

活塞环用来密封活塞与缸壁之间的间隙，防止窜气，同时使活塞往复运动更圆滑。一般可分为气环与油环两种。

连杆将活塞的力传给曲轴，变活塞的往复运动为曲轴的旋转运动。通常由连杆体、连杆盖、连杆螺栓和连杆轴瓦等组成。连杆小头用来安装活塞销，连接活塞；杆身常做成“工”字形断面；大头与曲轴的连杆轴颈相连。

活塞销用来连接活塞和连杆，并传递活塞的力给连杆，一般是用低碳钢或低碳合金钢制成的厚壁管状体。

3）曲轴飞轮组（见图 3—31）。曲轴飞轮组由曲轴、飞轮、皮带轮、正时齿轮（或链轮）等组成。

①曲轴

功用：把活塞连杆组传来的气体压力转变为扭矩对外输出，同时驱动配气机构及其他附属装置。

材料：优质中碳钢、中碳合金钢、球墨铸铁。

结构：如图 3—32 所示。

②飞轮

功用：通过储存和释放能量来提高发动机运转的均匀性和改善发动机短暂

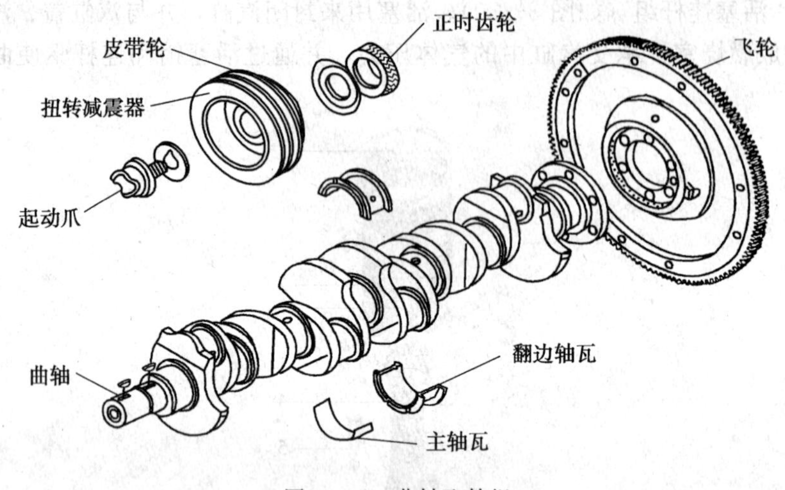

图 3—31　曲轴飞轮组

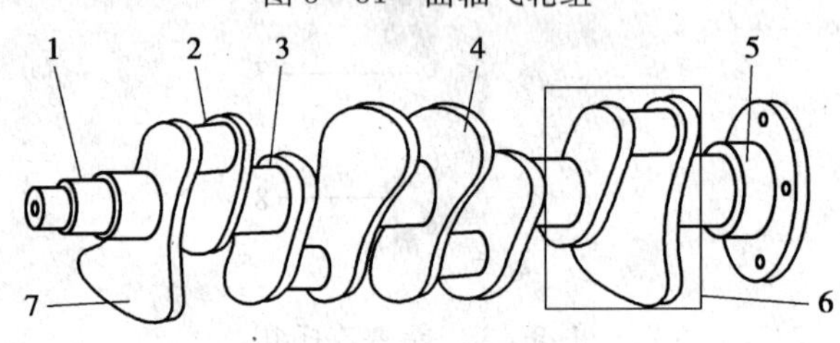

图 3—32　曲轴构造

1—前端轴　2—连杆轴颈　3—主轴颈　4—平衡重
5—后端轴　6—曲拐　7—曲柄

的超负荷能力，同时又将发动机动力传递给离合器。

材料：灰铸铁、球墨铸铁、铸钢。

结构：如图 3—33 所示。

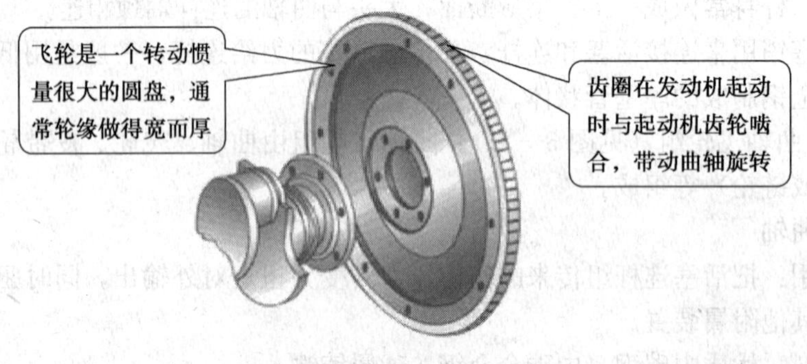

图 3—33　飞轮

（2）配气机构（见图 3—34）。配气机构是控制发动机进气和排气的装置，其作用是按照发动机的工作次序和各缸工作循环的要求，定时开启和关闭进、排气门，以便在进气行程使尽可能多的可燃混合气（汽油机）或空气（柴油机）进入汽缸，在排气行程时将废气快速排出汽缸。配气机构是发动机的两大核心机构之一，其结构和性能的优劣直接影响到发动机的总体性能。

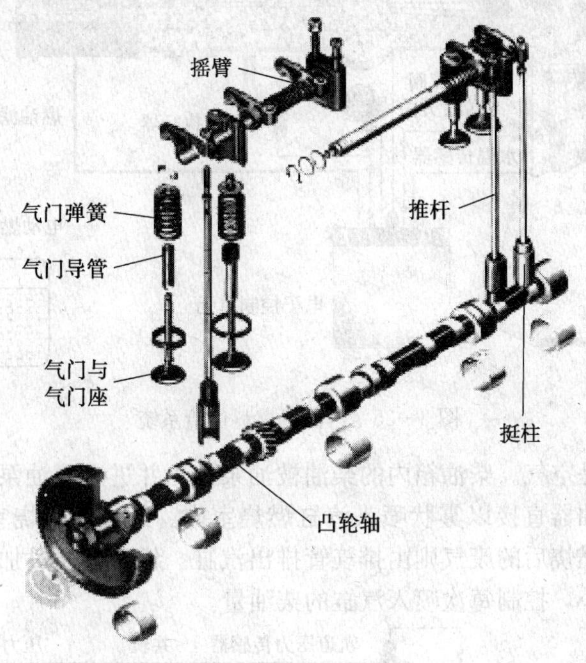

图 3—34 配气机构

该机构主要由气门组及气门传动件组成。每一个汽缸都有至少一个进气门和排气门，分别位于进、排气道口，负责封闭和开放进、排气道。凸轮轴通过正时齿轮或者齿型皮带由曲轴驱动而转动，通过气门传动组件定时将气门打开，将新鲜液体充入汽缸或将燃烧后的废气排出汽缸。

四冲程发动机采用气门式配气机构。其结构多种多样，一般按照凸轮轴布置形式的不同，又可分为下置式、中置式和顶置式凸轮；按照发动机每缸气门数量的不同，可分为：二气门、三气门、四气门、五气门配气机构，每缸超过两个气门的发动机称为多气门发动机。

（3）燃料供给系

1）汽油机燃料供给系统（见图 3—35）。主要由空气滤清器、燃油喷射装置、燃油压力调节器、进气管、排气管、消声器、汽油泵和汽油箱组成。主要功用是将汽油雾化、蒸发后，与空气混合成不同浓度的可燃混合气充入汽缸，供燃烧使用。同时，将燃烧后的废气排出汽缸。进入汽缸内的混合气量由驾驶员通过加速踏板控制，以满足发动机不同负荷的需要。

2）柴油机燃料供给系统（见图 3—36）。主要由空气滤清器、进气管、排气管、消声器、柴油箱、输油泵、喷油器等组成。通过空气滤清器和进气管进

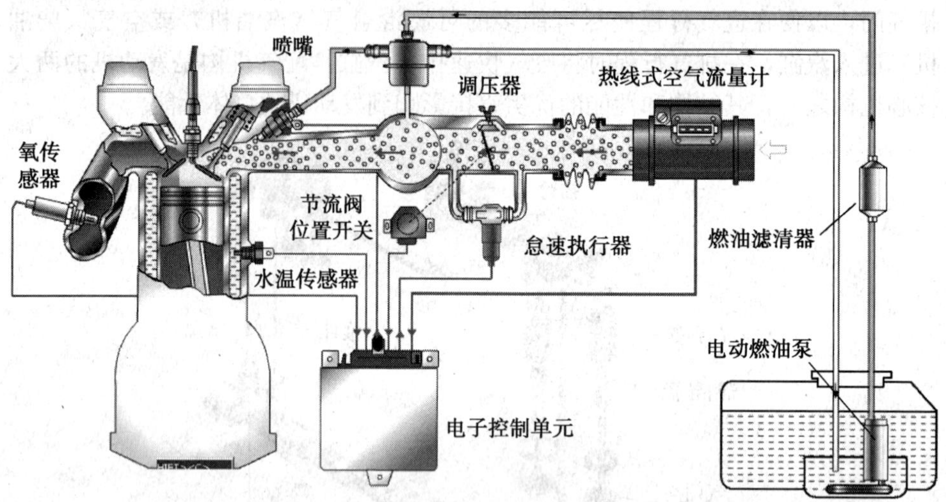

图 3—35　汽油机燃料供给系统

入汽缸内部的是空气。柴油箱内的柴油被油泵抽出并进入喷油泵，经喷油泵加压后，通过喷油器直接以雾状喷入汽缸燃烧室内。柴油在燃烧室内完成蒸发、混合后自燃。燃烧后的废气则由排气管排出汽缸。驾驶员通过加速踏板根据发动机负荷的大小，控制每次喷入汽缸的柴油量。

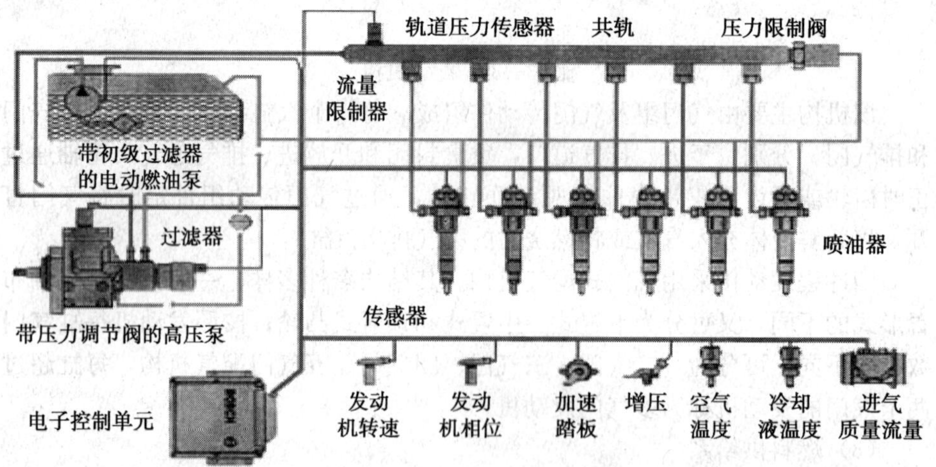

图 3—36　柴油机燃料供给系统

（4）点火系。点火系为汽油机独有，传统的点火系由蓄电池、点火开关、分电器总成、点火线圈、高压线和火花塞等组成。火花塞位于汽缸燃烧室。该系统的主要作用是使火花塞按时产生电火花，将汽缸内的可燃混合气点燃而做功，如图 3—37 所示。

现代汽车绝大部分都采用电子控制装置取代了分电器，利用电子分火控制

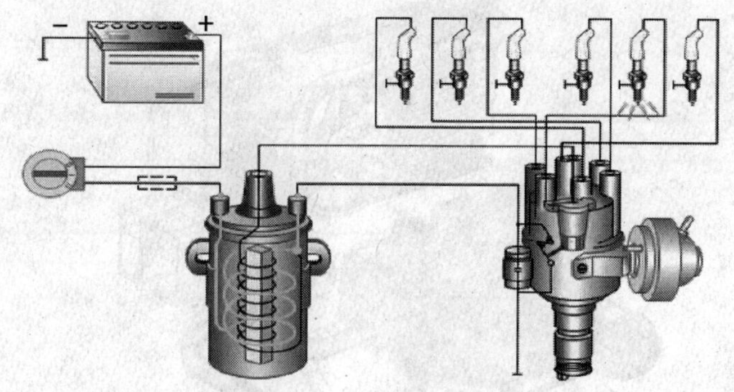

图 3—37 传统点火系

技术将点火线圈产生的高压电直接送给火花塞进行点火，点火线圈的数量比有分电器的电控点火系统多，如图 3—38 所示。

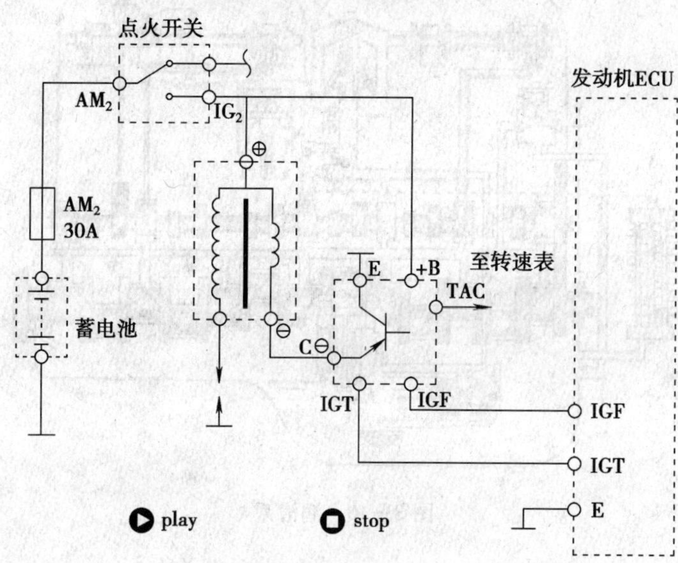

图 3—38 微机控制电子点火系

(5) 冷却系与润滑系。冷却系与润滑系负责保护发动机正常工作，使发动机有一个较长的使用寿命。冷却系主要由水泵、散热器、风扇、水套和节温器等组成，负责使发动机有一个合适的工作温度，如图 3—39 所示。润滑系由机油泵、机油滤清器、主油道和油底壳组成，在发动机上起润滑、冷却、清洁和密封等作用，如图 3—40 所示。

(6) 起动系。起动系主要由蓄电池、起动控制与传动机构和起动机（马达）等组成，用来起动发动机，使其投入运转，如图 3—41 所示。

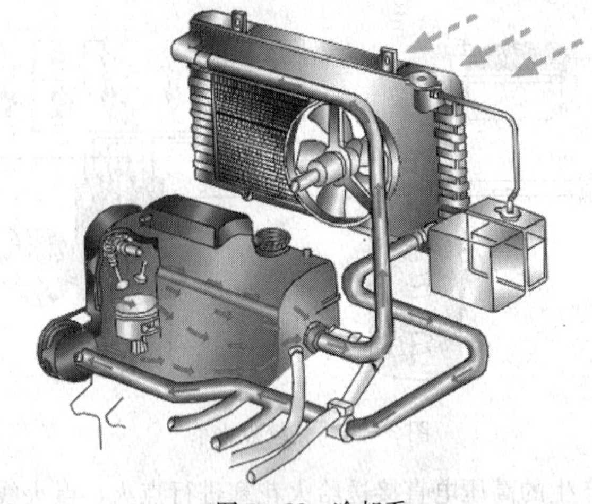
图 3—39 冷却系

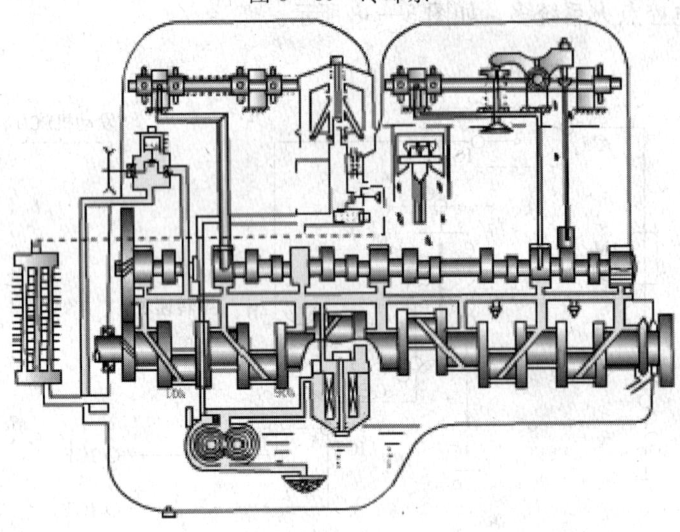
图 3—40 润滑系

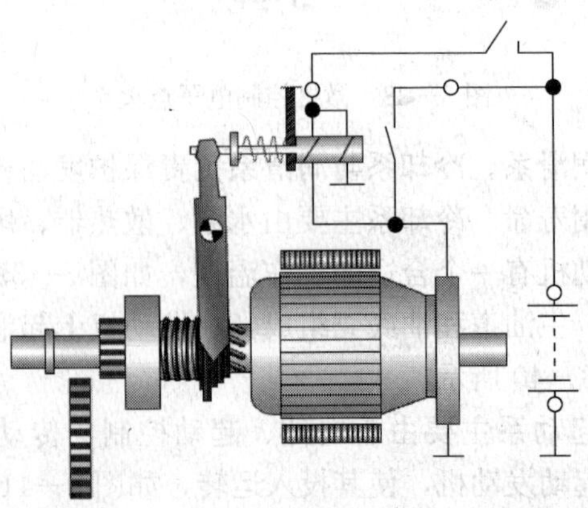
图 3—41 起动系

二、汽车底盘

底盘是汽车装配与行驶的主体，其作用是支撑、安装发动机、车身等其他总成与部件，形成汽车的整体造型，并接受发动机输出的动力，使汽车产生运动且保证汽车正常行驶。底盘由传动系、行驶系、转向系、制动系四个部分组成，如图3—42所示。

图3—42 汽车底盘

1. 传动系

传动系由离合器、变速器、万向传动装置和驱动桥组成，用来将发动机输出的动力传给驱动轮，并使之适合与汽车行驶的需要。

(1) 离合器。离合器是汽车传动系中直接与发动机相联系的部件，安装在发动机与变速器之间，其作用就是使其主动部分和从动部分可在驾驶员操纵下彻底分离，随后再柔和接合，用来分离或接合发动机与变速器之间动力联系。

功用：保证汽车平稳起步；中断给传动系的动力，便于换挡；防止传动系过载。

结构及工作原理：由主动部分（包括飞轮、压盘、离合器盖等机件）、从动部分、压紧装置、分离机构和操纵机构五部分组成，如图3—43所示。发动机飞轮即为离合器的主动件，带有摩擦片的从动盘和毂通过花键与从动轴（即变速器的输入轴）相连。离合器接合时，依靠弹簧力使从动盘摩擦片与飞轮后端面压紧，通过两者表面的摩擦作用来传递发动机动力。当需要分离时，驾驶员只需踩下踏板，通过分离叉，使从动盘摩擦片与飞轮脱离接触，以达到切断传动力的目的。

(2) 变速器（见图3—44）。功用：改变传动比，扩大汽车牵引力和速度的变化范围，以适应汽车不同条件的需要；在发动机曲轴旋转方向不变的条件下，使汽车能够倒向行驶；利用空挡中断发动机向驱动轮的动力传递，以使发动机能够启动和怠速运转，并满足汽车暂时停车和滑行的需要；利用变速器作为动力输出装置驱动其他机构。

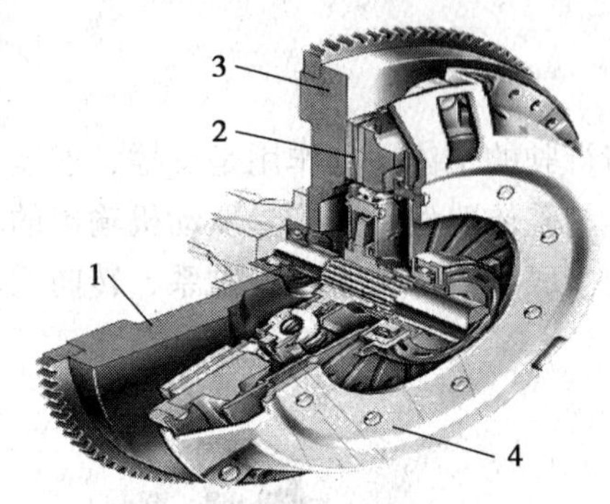

图 3—43　离合器

1—压盘　2—从动盘　3—飞轮　4—离合器壳

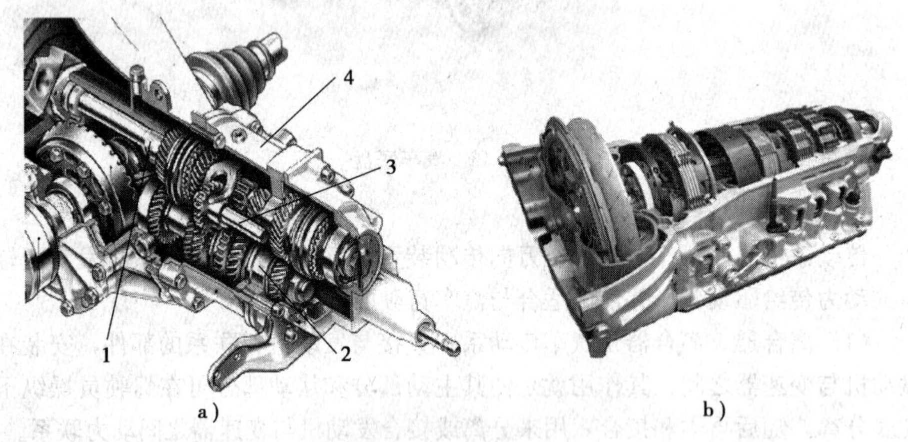

图 3—44　变速器

a) 手动变速器　b) 自动变速器

1—一轴　2—二轴　3—倒挡轴　4—变速器壳

变速器根据操纵控制可分为手动变速器、自动变速器两类。

手动变速器有若干个前进挡和一个倒挡，各挡传动比都不相同，可以满足汽车在不同行驶阻力和不同车速下的需要。倒挡可以使汽车实现倒驶。“空挡”可以将动力传递中断。

(3) 万向传动装置。万向传动装置位于变速器和驱动桥之间。其功用是在轴间夹角和轴的相互位置经常发生变化的转轴之间继续传递动力。一般由万向节叉、伸缩套、滑动花键、传动轴管等组成，如图 3—45 所示。

(4) 驱动桥。驱动桥的功用是将万向传动装置输入的发动机动力经过降速增扭，改变动力传递方向后分配到驱动车轮，使汽车行驶，并允许左右驱动轮以不同的转速旋转。一般由主减速器、差速器、半轴和桥壳组成，如图 3—46 所示。其中有一个桥（多半是后桥）是驱动桥，用来驱动汽车；而另一个桥为

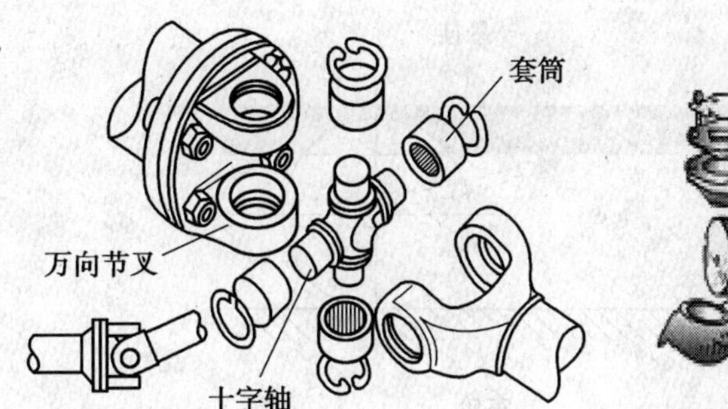

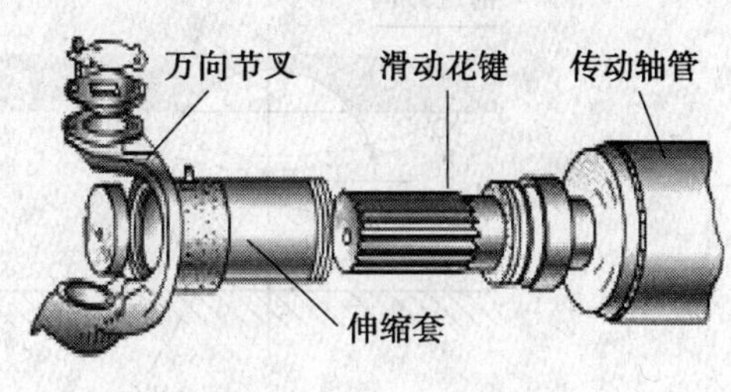

图 3—45 万向传动装置

从动桥，不起驱动作用。但越野汽车所有的车桥都是驱动桥，因此，在变速器后面设有分动器，负责向各桥分配动力。

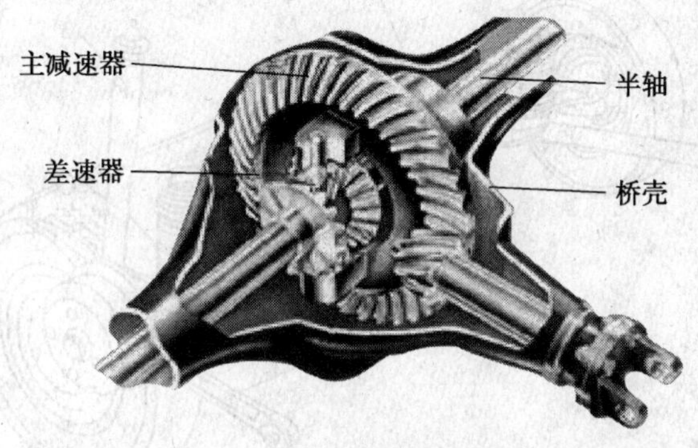

图 3—46 驱动桥

2. 行驶系

行驶系是汽车的基础，由车架、车桥、车轮与轮胎以及位于车桥和车架之间的悬挂装置组成，如图 3—47 所示。车架是汽车的装配基体，将整个汽车装成一体。车桥与车轮负责汽车的行驶，悬挂装置将车桥安装于车架，起到传力、导向和缓冲减震的作用。行驶系除影响汽车的操纵稳定性外，还对汽车的乘坐舒适性起重要影响。它的基本功用是支撑全车质量并保证汽车的行驶。

悬挂是车架与车桥之间的一切传力装置的总称。汽车悬挂包括弹性元件、减震器和传力装置等三部分（图 3—48），分别起缓冲、减震和受力传递的作用。钢板弹簧与减震器：钢板弹簧的作用是使车架和车身与车轮或车桥之间保持弹性联系；减震器的作用是当汽车受到震动冲击时使震动得到缓和。减震器与钢板弹簧并联使用。

悬挂根据结构可分为：非独立悬挂和独立悬挂。

非独立悬挂的车轮装在一根整体车轴的两端，这样当一边车轮运转跳动时，就会影响另一侧车轮也做出相应的跳动，使整个车身振动或倾斜。采取这

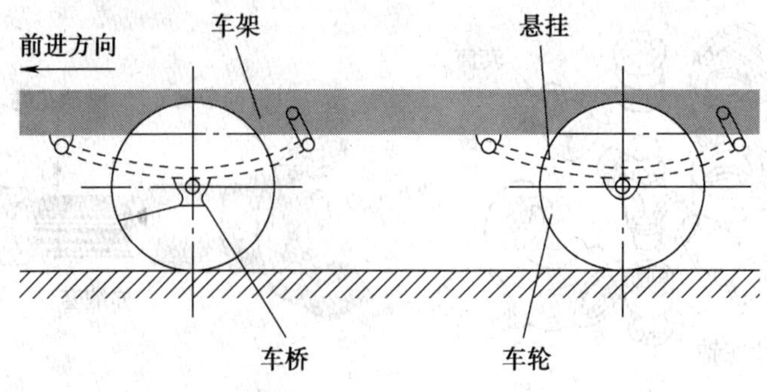

图 3—47　行驶系

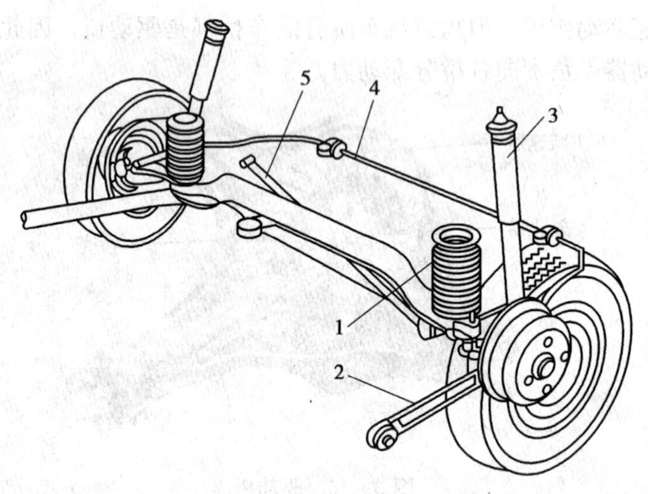

图 3—48　汽车悬挂系统组成

1—弹性元件　2—纵向推力杆　3—减震器　4—横向稳定器　5—横向推力杆

种悬挂系统的汽车一般平稳性和舒适性较差，但由于其构造较简单，承载力大，该悬挂多用于载重汽车、普通客车和一些其他特种车辆上。

独立悬挂的车轴分成两段，每只车轮用螺旋弹簧独立地安装在车架下面，这样当一边车轮发生跳动时，另一边车轮不受波及，车身的震动大为减少，汽车舒适性也得以很大的提升，尤其在高速路面行驶时，它还可提高汽车的行驶稳定性。不过，这种悬挂构造较复杂，承载力小，还会连带使汽车的驱动系统、转向系统变得复杂起来。目前大多数轿车的前后悬挂都采用了独立悬挂的形式，并已成为一种发展趋势。独立悬挂按照结构形式又可分为横臂式、纵臂式和麦弗逊式等。

我们常见的轿车前悬挂一般为麦弗逊式（Macphersan）悬挂。麦弗逊式是当今最为流行的独立悬挂之一，一般用于轿车的前轮。简单地说，麦弗逊式悬挂的主要结构即是由螺旋弹簧加上减震器组成，减震器可以避免螺旋弹簧受力时向前、后、左、右发生偏移，限制弹簧只能做上下方向的振动，并可以利用减震器的行程长短及松紧，来设定悬挂的软硬及性能。虽然麦弗逊式悬挂在行车舒适性上的表现令人满意，其结构体积不大，可有效扩大车内乘坐空间，但也由于其构造为直筒式，对左右方向的冲击缺乏阻挡力，抗刹车点头作用较差。

3. 转向系

转向系用来改变或恢复汽车的行驶方向。它是通过使前轮相对于汽车纵向平面偏转一定的角度来实现转向的。转向系主要由方向盘、转向器、转向节、转向节臂、横拉杆、直拉杆等组成，如图 3—49 所示。

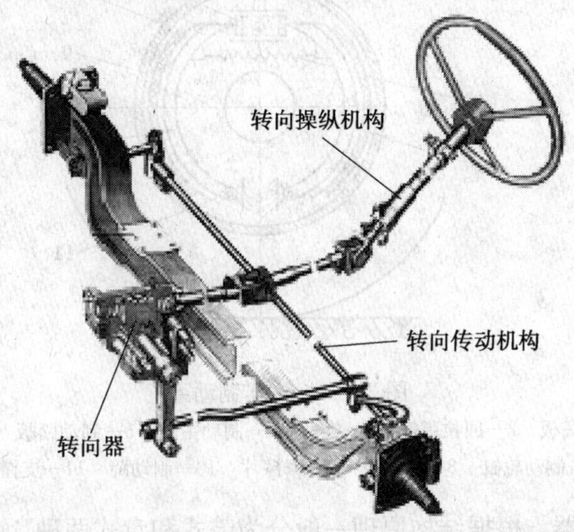

图 3—49 汽车转向系

前轮定位：为了使汽车保持稳定直线行驶，转向轻便，减少汽车在行驶中轮胎和转向机件的磨损，前轮、转向主销、前轴三者之间的安装具有一定的相对位置，称做“前轮定位”。它包括主销后倾、主销内倾、前轮外倾和前轮前束。前束值是指两前轮的前边缘距离小于后边缘距离的差值。

4. 制动系

制动系的作用是按照需要使行进中的汽车迅速减速直至停车，使停放的汽车可靠地驻留原地不动。制动器安装在车轮上，利用旋转元件和固定元件之间的摩擦，产生一个与牵引力矩方向相反的制动力矩作用在车轮和地面上，使地面对车轮产生一个与牵引力方向相反的制动力，从而导致汽车减速以至停车。

制动装置根据制动动力源的不同分为液压制动与气压制动。液压制动装置由制动踏板、制动总泵、分泵、鼓式（车轮）制动器和油管等机件组成；气压制动装置由制动踏板、空气压缩机、气压表、制动阀、制动气室、鼓式（车轮）制动器和气管等机件组成。

制动装置根据功用不同分为行车制动和驻车制动。行车制动装置由设在每个车轮上的制动器和制动操纵机构组成，由驾驶员通过制动踏板来操纵；驻车制动装置的制动器有装在变速器第二轴上的，但大多数是与后桥制动器合一的，驻车制动器由手操纵杆来操纵，如图 3—50 所示。

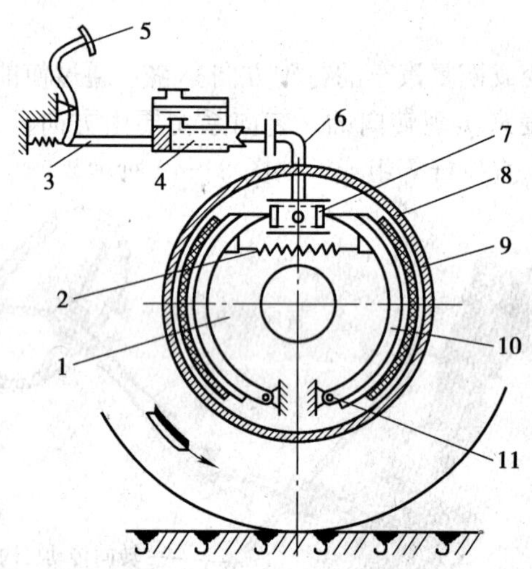

图 3—50　汽车制动系

1—制动底板　2—回位弹簧　3—推杆　4—制动主缸　5—制动踏板　6—油管　7—制动轮缸　8—制动鼓　9—摩擦片　10—制动蹄　11—支撑销

汽车的制动器，根据结构原理一般分为鼓式和盘式两种。

鼓式制动器是汽车上最常见的车轮制动器（见图 3—51）。它的摩擦副中的旋转元件为鼓状的制动鼓，工作表面为圆柱面，固定元件为圆弧形的带摩擦片的制动蹄。制动时，两个制动蹄靠油缸（液压制动）或凸轮（气压制动）的力量向外张开，挤压在制动鼓的内圆表面上，从而产生摩擦力矩。鼓式制动器的优点是成本低，防尘，便于同时作为驻车制动器。缺点是尺寸大，质量大，制动热量不易散发出去，制动稳定性不好。

盘式制动器是目前轿车前轮常用的制动器（见图 3—52）。盘式制动器摩擦副中的旋转元件为安装在车轮上的圆盘状的制动盘，工作表面为两端面。固定元件为块状的带摩擦片的制动钳。制动钳是其两股跨夹着制动盘的夹钳形部件，其内部加工出圆筒形的油缸，其中装有活塞。制动时，活塞推动带摩擦片的制动块挤压制动盘，从而产生制动力矩。盘式制动器与传统的鼓式制动器相比，具有散热条件好、尺寸和质量小等优点。在轿车上普遍采用，并已在货车上开始推广。

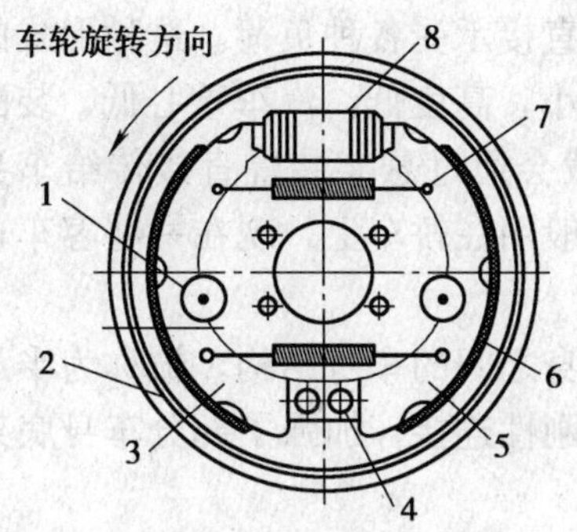

图 3—51 鼓式制动器内部结构示意图

1—定位销 2—制动鼓 3—领蹄 4—定位销

5—从蹄 6—摩擦衬片 7—回位弹簧 8—轮缸

图 3—52 盘式制动器结构图

三、车身

车身安装在底盘的车架上，车身容纳驾驶员、乘客和货物，并构成汽车的外壳。车身包括车身壳体、车门、车窗、车锁、内外饰件、附件、座椅及车前各钣金件等。载重汽车车身由驾驶室和货厢组成，客车与轿车的车身由统一的外壳构成。其他专用车辆还包括其他特殊装备等。

汽车车身结构从形式上说，主要分为非承载式和承载式两种。

非承载式车身（见图 3—53）的汽车有刚性车架，又称底盘大梁架。车身本体悬置于车架上，用弹性元件连接。车架的振动通过弹性元件传到车身上，大部分振动被减弱或消除，发生碰撞时车架能吸收大部分冲击力，在坏路行驶时对车身起到保护作用，因此，车厢变形小，平稳性和安全性好，厢内噪音低。但这种非承载式车身比较笨重，质量大，汽车重心高，高速行驶稳定性较差，一般用在货车、客车和越野车上。

承载式车身的汽车没有刚性车架，只是加强了车头、侧围、车尾、底板等部位，车身和底架共同组成了车身本体的刚性空间结构（见图 3—54），这种

图 3—53 非承载式车身

图 3—54 承载式车身

承载式车身除了其固有的乘载功能外，还要直接承受各种负荷。这种形式的车身具有较大的抗弯曲和抗扭转的刚度，质量小，高度低，汽车重心低，装配简单，高速行驶稳定性较好。但由于道路负载会通过悬架装置直接传给车身本体，因此，噪声和振动较大。承载式车身一般用在轿车上，现在一些客车也采用这种形式。

还有一种介于非承载式车身和承载式车身之间的车身结构，被称为半承载式车身。它的车身本体与底架用焊接或螺栓刚性连接，加强了部分车身底架而起到一部分车架的作用。

四、汽车电气设备

电气设备是指汽车上的用电设备和电源，由电源、用电设备（主要包括发动机点火系、起动系以及照明、信号、辅助电器）、电子控制装置、仪表及报警装置四部分组成。

1. 电源系统

汽车电源系由蓄电池、发电机、调节器和充电状态指示装置组成。

(1) 蓄电池（见图 3—55）

1) 蓄电池的功用

①发动机启动时，向起动机和点火系供电。

②发动机低速运转时，向用电设备和发电机磁场绕组供电。

③发动机中、高速运转时，将发电机剩余电能转化为化学能储存起来。

④发电机过载时，协助发电机向用电设备供电。

⑤蓄电池相当于一个大电容器，能吸收电路中出现的瞬时过电压，保护电子元件，保持汽车电气系统的电压稳定。

2) 蓄电池的结构。蓄电池由 3 只或 6 只单格电池串联而成，每只单格电池电压约为 2 V，串联成 6 V 或 12 V 以供汽车选用。蓄电池主要由极板、隔板、电解液和外壳组成。

(2) 发电机（见图 3—56）

图 3—55 蓄电池

图 3—56 交流发电机

功用：在发动机正常运转时（怠速以上），向所有用电设备（起动机除外）供电，同时向蓄电池充电。

结构：交流发电机一般由转子、定子、整流器、端盖四部分组成，如图3—57所示。

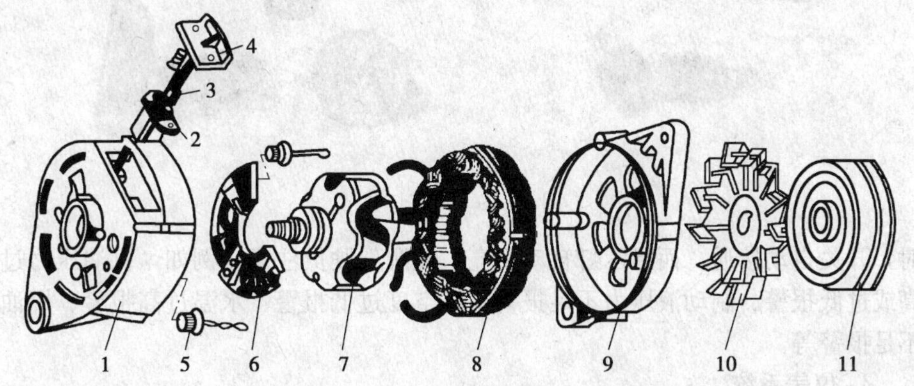

图3—57 JF132型交流发电机结构图

1—后端盖 2—碳刷 3—弹簧 4—碳刷架 5—二极管 6—元件板 7—转子 8—定子 9—前端盖 10—风扇 11—带轮

（3）调节器

功用：通过调节发电机的励磁电流，保持发电机在转速和负荷变化时输出电压稳定。

结构：如图3—58所示。

图3—58 调节器

2. 起动系、点火系

起动系、点火系内容已经在“发动机”部分中阐述，这里不再讲解。

3. 照明与信号系统

汽车的照明与信号系统主要由灯具、电源和电路（包括控制开关）三大部分组成。而灯具大体分为照明用的灯具和信号及标志用的灯具。照明用的灯具有前照灯、防雾灯、后照灯、牌照灯、顶灯、仪表灯和工作灯等。信号及标志用灯具有转向信号灯、制动灯、小灯、尾灯、指示灯和警报灯等。汽车灯具如图3—59所示。

汽车报警装置通常由报警灯和报警自动开关组成，当被监测的系统不正常

图 3—59　汽车灯具

时，开关自动接通，而指示灯自动发亮，提醒驾驶员注意，例如，机油压力过高或过低报警、制动液压力不足报警、真空度过低报警、水温过高报警、燃油不足报警等。

4. 仪表系统

汽车常见仪表有燃油表、水温表、机油压力表、车速里程表、发动机转速表、电流表、电压表等。

不同汽车装用的仪表个数和结构类型有所不同。如图 3—60 所示为桑塔纳 3000 仪表盘。

图 3—60　桑塔纳 3000 仪表盘

5. 汽车辅助电器

为了提高汽车行驶的安全性、可靠性和舒适性，减轻驾驶员的劳动强度，现代汽车安装有一些辅助电器，如电动刮水器、电动洗涤器、电动门窗、电动后视镜、电动座椅、中央门锁等。

第五节 汽车的主要参数

汽车的主要参数可以分为性能参数与技术参数。

一、汽车产品的主要性能参数

1. 汽车动力性

汽车是一种高效率的交通工具，其运输效率的高低在很大程度上取决于汽车的动力性能。汽车的动力性是指汽车在良好路面上行驶时所能达到的平均行驶速度。汽车动力性指标主要由最高车速、加速能力和最大爬坡度来表示，是汽车使用性能中最基本和最重要的性能。在我国，这些指标是汽车制造厂根据国家规定的试验标准，通过样车测试得出来的。

(1) 最高车速。最高车速指在无风条件下，在水平、良好的沥青或水泥路面上，汽车所能达到的最大行驶速度。数值越大，动力性越好。按我国的规定，以1.6 km长的试验路段的最后500 m作为最高车速的测试区，共往返四次，取平均值。

(2) 加速能力。加速能力指汽车在行驶中迅速增加行驶速度的能力，通常用加速时间和加速距离来表示。加速能力包括两个方面，即原地起步加速性和超车加速性。现多介绍原地起步加速性的参数。因为起步加速性与超车加速性的性能是同步的，起步加速性良好的汽车，超车加速性也一样良好。

原地起步加速性是指汽车由静止状态起步后，以最大加速强度连续换挡至最高挡，加速到一定距离或车速所需要的时间，它是真实反映汽车动力性能最重要的参数。它有两种表示方式：车速从0加速到1 000 m（或400 m，或1/4 mile）需要的秒数；车速从0加速到100 km/h（或80 km/h，或60 km/h）所需要的秒数，时间越短越好。

超车加速性是指汽车以最高挡或次高挡的最低稳定车速或预定车速全力加速到一定高速度所需要的时间。

(3) 最大爬坡度。最大爬坡度指汽车在良好的路面上，以1挡行驶所能爬行的最大坡度。对越野汽车来说，爬坡能力是一个相当重要的指标，一般要求能够爬不小于60%（或30°）的坡路；对载货汽车要求有30%左右的爬坡能力；轿车的车速较高，且经常在状况较好的道路上行驶，所以不强调轿车的爬坡能力，一般爬坡能力在20%左右。

2. 汽车的制动性能

汽车的制动性能是指汽车行驶时能在短距离内停车并且维持行驶方向稳定性和在下长坡时能维持一定车速的能力，以及汽车在一定坡道上能长时间停车不动的驻车制动器性能。汽车制动性能直接关系到汽车的行车安全，重大交通事故往往与制动距离太长、紧急制动时发生侧滑等情况有关，汽车制动性能是汽车行驶的重要保障。汽车的制动性能主要由制动效能、制动效能的恒定性和制动时汽车的方向稳定性三方面来评价。

(1) 制动效能。汽车制动效能是指汽车迅速降低车速直至停车的能力。汽车制动效能的评价指标是制动距离 S（单位：m）和制动减速度（单位：m/s^2）。

制动距离与汽车的行驶安全有直接的关系，它指的是汽车空挡时以一定初速，从驾驶员踩着制动踏板开始到汽车停止为止所驶过的距离。制动距离与制动踏板力以及路面附着条件有关，也与制动器的热工况有关。

制动减速度反映了地面制动力，它与制动器制动力（车轮滚动时）及附着力（车轮抱死拖滑时）有关。由于各种汽车动力性不同，对制动效能的要求也就不同：一般轿车、轻型货车的行驶速度高，所以要求其制动效能也高；而重型货车行驶速度相对较低，对其制动效能的要求也就稍低一些。

(2) 制动效能的恒定性。制动过程实际上是把汽车行驶的动能通过制动器吸收转化为热能，汽车在繁重的工作条件下制动时（例如下长坡长时间、连续制动）或高速制动时，制动器温度常在300℃以上，有时甚至达到600～700℃，制动器温度上升后，摩擦力矩将显著下降，这种现象就称为制动器的热衰退。

汽车在高速行驶或下长坡连续制动时制动效能保持的程度，称为抗热衰退性能。制动器抗热衰退性能一般用一系列连续制动时制动效能的保持程度来衡量。制动器抗热衰退性能与制动器材料和制动器的结构型式有关。

此外，汽车在涉水行驶后，制动器还存在水衰退的问题。当汽车涉水时，水进入制动器，短时间内制动效能的降低称为水衰退。汽车应该在短时间内迅速恢复原有的制动效能。

(3) 制动时汽车的方向稳定性。制动时汽车的方向稳定性是指在制动过程中维持直线行驶或按预定弯道行驶的能力。汽车在制动过程中，有时会出现制动跑偏、后轴侧滑或前轮失去转向能力，导致汽车失去控制，离开原来的行驶方向，甚至发生撞入对方车辆行驶轨道、下沟、滑下山坡等危险情况，是造成交通事故的主要原因。

1) 制动跑偏。制动跑偏是指制动时汽车自动向左或向右偏驶。造成汽车制动时跑偏的原因有两个：一是汽车左、右车轮，特别是前轴左、右车轮（转向轮）制动器制动力不相等；二是制动时悬挂导向杆系与转向系拉杆在运动学上的不协调（互相干涉）。其中第一个原因是制造、调整误差造成的，汽车究竟向左还是向右跑偏，要根据具体的情况而定；而第二个原因是设计造成的，制动时汽车总是向左（或向右）一方跑偏。

2）侧滑。侧滑是指制动时汽车的某一轴或两轴发生横向移动。其中最危险的情况是在高速制动时发生后轴侧滑，此时汽车常发生不规则的急剧回转运动而失去控制，严重时甚至可使汽车调头。

3）前轮失去转向能力。前轮失去转向能力是指汽车在弯道制动时，汽车不再按原来弯道行驶而是沿弯道切线方向驶出，或者直线行驶制动时转动方向盘汽车仍按直线方向行驶的现象。

侧滑和跑偏是有联系的，严重的跑偏会引起后轴侧滑，而易于发生侧滑的汽车也有加剧跑偏的趋势。前轮失去转向能力和后轴侧滑也是有联系的，一般汽车如果后轴不会侧滑，前轮就可能失去转向能力；后轴侧滑，则前轮常仍有转向能力。由实验和理论分析得出一个结论，制动时若后轴车轮比前轴车轮先抱死拖滑，就可能出现后轴侧滑；若能使前、后轴车轮同时抱死或前轴车轮先抱死、后轴车轮后抱死或不抱死，则能防止后轴侧滑。不过若前轴车轮抱死，汽车将失去转向能力。

制动跑偏、侧滑和前轮失去转向能力是造成交通事故的重要原因。一些国家对交通事故的统计表明，发生人身伤亡的交通事故中，在潮湿路面上约有1/3与侧滑有关；在冰雪路面上有70％～80％与侧滑有关。而根据对侧滑事故的分析，发现有50％是由制动引起的。

3. 汽车的操纵性和稳定性

汽车的操纵性是指汽车对驾驶员转向指令的响应能力，直接影响到行车安全。轮胎的气压和弹性、悬挂装置的刚度以及汽车重心的位置都对该性能有重要影响。

汽车的稳定性是汽车在受到外界扰动后恢复原来运动状态的能力，以及抵御发生倾覆和侧滑的能力。

对于汽车来说，侧向稳定性尤为重要。当汽车在横向坡道上行驶、转弯以及受其他侧向力时，容易发生侧滑或者侧翻。汽车重心的高度越低，稳定性越好。合适的前轮定位角度使汽车具有自动回正和保持直线行驶的能力，提高了汽车直线行驶的稳定性。如果装载超高、超载，转弯时车速过快，横向坡道角过大以及偏载等，容易造成汽车侧滑及侧翻。

4. 汽车的行驶平顺性

汽车的行驶平顺性是指汽车在行驶中对路面不平的减震程度。汽车在行驶过程中由于路面不平的冲击，会造成汽车的振动，使乘客感到疲劳和不舒适，使货物损坏。为防止上述现象的发生，不得不降低车速。同时振动还会影响汽车的使用寿命。

汽车行驶平顺性的物理量评价指标，客车和轿车采用“舒适降低界限”车速特性，货车采用“疲劳—降低工效界限”车速特性。当汽车速度超过此界限时，就会降低乘坐舒适性，使人感到疲劳不舒服。该界限值越高，说明平顺性越好。汽车车身的固有频率也可作为平顺性的评价指标。从舒适性出发，车身的固有频率在600～850 Hz的范围内较好。

高速汽车尤其是轿车要求具有优良的行驶平顺性。轮胎的弹性、性能优越的悬挂装置、座椅的降震性能以及尽量小的非悬挂质量，都可以提高汽车的行驶平顺性。

5. 汽车的经济性

汽车的经济性指标主要由耗油量来表示，是汽车使用性能中重要的性能。耗油量参数是指汽车行驶百公里消耗的燃油量，以“升”（L）为计量单位。在我国，这些指标是汽车制造厂根据国家规定的试验标准，通过样车测试得出来的。它包括等速百公里油耗和循环油耗。

（1）等速百公里油耗。等速百公里油耗是指在平坦硬实的路面上，汽车以最高挡分别以不同车速（可每隔10 km/h的车速取一个点）等速行驶这段路程，往返一次取平均值，记录下油耗量，即可获得不同车速下汽车的百公里耗油量。将每个车速段的耗油量用点连起来，就发现是一条开口向上的抛物线，最凹点就是耗油量最低的车速段，也就是“经济车速”。

一些厂家以这个经济车速作为耗油量参数，实际上也是作为参考值而已，因为一般用户是很难做得到的。

（2）循环油耗。循环油耗是指在一段指定的典型路段内汽车以等速、加速和减速三种工况行驶时的耗油量，有时还要计入起动和怠速等工况的耗油量，然后折算成百公里耗油量。一般而言，循环油耗与等速百公里油耗（指定车速）加权平均取得综合油耗值，就比较客观地反映了汽车的耗油量。一些汽车技术性能表上将循环油耗标注为“城市油耗”，而将等速百公里油耗标注为“等速油耗”。耗油量的表示数值越小，燃油经济性越好。

6. 汽车的通过性

汽车的通过性是指汽车在一定的载重量下能以较高的平均速度通过各种坏路及无路地带和克服各种障碍物的能力。各种汽车的通过能力要求是不一样的。轿车和客车由于经常在市内行驶，通过性要求较低。而越野汽车、军用车辆、自卸汽车和载货汽车，就必须有较强的通过性。

采用宽断面胎、多胎可以减小滚动阻力；较深的轮胎花纹可以增加附着系数而不容易打滑，全轮驱动的方式可使汽车的动力性得以充分的发挥；结构参数的合理选择，可以使汽车具有优良的克服障碍的能力，如较大的最小离地间隙、接近角、离去角、车轮半径和较小的转弯半径、横向和纵向通过半径等，都和汽车的通过性相关联。

7. 其他使用性能

（1）操纵轻便性。操纵轻便性用驾驶汽车时操作的次数、操作时所需要的力、操作时的方便情况以及视野、照明、信号等来评价。汽车具有良好的操纵轻便性，不但可以减轻驾驶员劳动强度和紧张程度，也是安全行驶的保证。采用动力转向、制动增加装置、自动变速器以及膜片离合器等，使操纵轻便性得以明显改善。

（2）机动性。市区内行驶的汽车，经常行驶于狭窄多弯的道路，机动性显得尤为重要。机动性主要用最小转弯半径来评价。转弯半径越小，机动性越好。

（3）装卸方便性。与车厢的高度、可翻倒的栏板数目以及车门的数目和尺寸有关。

（4）容量。容量表示汽车能同时运输的货物数量或者乘客人数。货车用载重量和载货容积来表示。客车用载客数来表示。容量利用系数反映出汽车结构的合理程度。

二、汽车产品的主要技术参数

1. 车身尺寸：长×宽×高

车身长（mm）：汽车长度方向两极端点间的距离。

车身宽（mm）：汽车宽度方向两极端点间的距离。

车身高（mm）：汽车最高点至地面的距离。

2. 轴距（mm）

汽车前轴（桥）中心至后轴（桥）中心的距离。三轴汽车的轴距通常以前轴到中轴与后轴的中心点之间的距离表示，或由各轴间距分别表示。

3. 轮距（mm）

同一车桥左右轮胎胎面中心线间的距离。双轮胎时，则为同一车桥两端两轮胎中心之间的距离。

4. 最小离地间隙（mm）

汽车满载时，最低点至地面的距离。

5. 最小转弯半径（m）

汽车转向时，汽车外侧转向轮的中心平面在车辆支撑平面上的轨迹圆半径。转向盘转到极限位置时的转弯半径为最小转弯半径。

6. 接近角

车体前部突出点向前轮引的切线与地面间的夹角。

7. 离去角

车体后端突出点向后轮引的切线与地面间的夹角。

8. 行李箱容积（L）

行李箱也称后备箱，行李箱容积的大小衡量一款车携带行李或其他备用物品的能力。

9. 悬挂

悬挂根据结构可分为非独立悬挂和独立悬挂，目前大多数轿车的前后悬挂都采用了独立悬挂的形式。采用独立悬挂，汽车舒适性高，尤其在高速路面上行驶时，可提高汽车的行驶稳定性。独立悬挂按照结构形式又可分为横臂式、纵臂式和麦弗逊式等。

10. 转向系统

现在几乎所有的轿车上都使用了助力转向，但是助力转向有很多种，一般经济型轿车使用机械液压助力转向系统；另外一种是随发动机转速变化的可变化助力转向系统，通常国内市场上十几万元的中级轿车乃至二十几万元的中高档车上比较常见。这种动力转向系统相比于前者，能使转向操纵更灵活、轻便。现在比较先进的，尤其是在高档车上普遍装备的叫做随速助力转向，这种助力转向相较于前两种的优点是：在低速行驶时助力大，例如，在停车入位时，方向盘比较轻，操作灵活；而在高速行驶时助力小，方向盘感觉比较重，会觉得车辆很稳，好掌握，不发飘。

11. 轮胎型号

顾名思义是汽车轮胎的规格尺寸。大部分轿车的前后轮胎规格是一样的，在少数跑车、后轮驱动等高性能特殊用途车辆上前、后轮胎的规格会有所不同。

轿车的车轮一般使用子午线轮胎。子午线轮胎的规格包括宽度、高宽比、内径和速度极限符号。有些轮胎的速度极限符号，分别用 P、R、S、T、H、V、Z 等字母代表各速度极限值。例如，丰田 CROWN3.0 轿车：其轮胎规格是 195/65R15，表示轮胎两边侧面之间的宽度是 195 mm，65 表示高宽比，“R”代表单词子午轮胎（Radial），15 是轮胎的内径，以英寸计。

12. 整备质量

汽车整备质量是指汽车的干质量加上冷却液和燃料（不少于油箱容量的 90%）及备用车轮和随车附件的总质量。汽车的整备质量是影响汽车油耗的一个重要参数。因为车辆的耗油量与整备质量成正比关系，即整备质量越大的汽车越耗油。当然，汽车的整备质量也不是小就好、大就不好。大也有大的好处，整备质量大的汽车稳定性好，特别是急转弯和急刹车的时候，优势很明显。

13. 发动机形式

汽车发动机的汽缸排列形式主要分有直列、V 型、水平对置。

（1）直列。直列是指所有汽缸排成一列进行上下的往复运动，一般 6 缸以下的发动机多采用这种方式，它的特点是工艺简单、制造成本低、便于维修。这种形式是经济型轿车的首选，但是发动机运转时的振动较大。

(2) V型。所有汽缸分成两排，相当于两个直列汽缸发动机以一定的角度连接起来，是比较理想的发动机形式，特点是运转平稳，振动及噪声都要小于直列发动机。V型发动机的构造相对复杂，制造成本及维修费用都比较高，多应用于中高档汽车。

(3) 水平对置。两列汽缸以水平方式对向连接，所有活塞都做水平的往复运动，特点是发动机的平衡性比较好，而且重心相对比较低，有利于汽车的稳定性。

14. 最大扭矩

扭矩是发动机性能的一个重要参数，是指发动机运转时从曲轴端输出的平均力矩，俗称为发动机的“转劲”。扭矩越大，发动机输出的“劲”越大，曲轴转速的变化也越快，汽车的爬坡能力、起步速度和加速性也越好。扭矩的单位是牛·米（N·m）或千克·米（kg·m）。

15. 排放标准

汽车排放是指从废气中排出的CO（一氧化碳）、HC+NO_x（碳氢化合物和氮氧化物）、PM（微粒，碳烟）等有害气体。国际上普遍采用政策鼓励采用先进技术控制排气污染。我国已采用国Ⅱ标准，北京甚至已采用更严的国Ⅳ标准。

16. 加速时间

汽车加速时间，象征着汽车的加速性能，即迅速增加行驶速度的能力。它包括汽车的原地起步加速时间和超车加速时间。加速时间越短，汽车的加速性就越好，整车的动力性随即提高。该参数在前面的章节中已经详细阐述，这里不在赘述。

17. 最高车速（km/h）

汽车的最高速度，是在水平良好的路面上（混凝土或沥青路面）汽车所能达到的最高行驶速度。

18. 油耗

指汽车行驶完100 km的耗油量。

三、汽车产品的配置

汽车产品的配置大致包括以下几方面的内容。

1. 视野配置

主要包括灯光、后遮阳帘、雨刮器、大灯清洗器等。

2. 灯光配置

汽车的前照灯一般有白炽、卤素、氙气等类型。随着汽车技术的不断发展，过去那种白炽真空灯已被淘汰。现在汽车的前照灯以卤素灯、氙气灯为主。

(1) 卤素灯。卤素灯就是在灯泡内渗入少量的惰性气碘，从灯丝蒸发出来的钨原子与碘原子相遇反应，生成碘化钨化合物，当碘化钨化合物一接触白热化的灯丝（温度超过 1 450℃），又会分解还原为钨和碘，钨又重新归队回到灯丝中去，碘则重新进入气体中。如此循环不已，灯丝几乎不会烧断，灯泡也不会发黑，所以它要比传统的白炽前照灯寿命更长，亮度更大。现在的汽车普遍采用的都是这种前照灯。

(2) 氙气灯。英文简称是 HID。它所发出的光照亮度是普通卤素灯的两倍，而能耗仅为其三分之二，使用寿命可达普通卤素灯的十倍。氙气灯极大地增加了驾驶的安全性与舒适性，还有助于缓解人们夜间行驶的紧张与疲劳。驾车者可在第一时间内发现危险，从而获得足够的反应时间，很大程度上减少了夜间事故的发生率。目前，国内推出的全新奥迪、帕萨特、别克君威、马自达等豪华款均配备了氙气前照灯。从市场上看，氙气前照灯将会成为市场的主流。

3. 内饰配置

主要包括座椅、仪表面板、门内侧装潢材料等。

内饰材料指车身内部覆饰件的材料，一般分为织物复合结构、蒙皮发泡复合成型、结构发泡成型、注塑成型以及真空成型薄壳内饰，高档车中也有真皮材料。

内饰贴面材料指内部贴面属于内部覆饰件的一部分，它的存在主要是从美观和驾乘感出发，通常就是为了改变内饰单调颜色格局而装饰于内饰上的小面积贴覆件，它的材料有桃木、合金等，内饰贴面颜色各异。

4. 外观配置

主要包括车身上安装的附件的颜色、特点、用途。包括后视镜等设备。

5. 安全装备配置

包括安全气囊、安全带、ABS+EBD、超级防盗锁、防盗报警器、倒车雷达等。

6. 舒适性配置

主要包括动力转向、方向盘高度角度可调、定速巡航、中控锁、遥控钥匙、电动车窗、行驶电脑、多功能显示屏、防夹电动窗、冷藏保温两用储物箱、AUDIO 音响、空调等系统。

第六节 汽车新技术简介

随着计算机控制技术在汽车上的广泛应用，汽车已成为集机械、电子、液压于一体的高科技复杂集成物。现代汽车技术主要包括以计算机为核心的电子控制技术；以质轻、高强度为代表的新材料技术；应用现代设计理论和设计方法，以CAD（计算机辅助设计）为核心的整车及零部件新设计；融合当代制造技术的汽车制造新工艺；以减少石油燃料消耗、降低大气环境污染为目的的新型能源动力汽车技术。其中，电子控制技术的应用尤为突出。

一、现代汽车电子控制技术

1. 发动机的电子控制

发动机采用电子控制，不仅能提高发动机的动力性，改善发动机的经济性，还能减轻排气污染程度。

计算机控制的发动机，分为电控汽油机和电控柴油机两种。对于电控柴油发动机，主要有各种泵油喷射系统、燃油喷射量以及高压共轨喷射、进气节流和电热塞电流等的控制，目前，国内电控柴油机在一汽大众的捷达、宝来等轿车上均有应用，在欧洲轿车上电控柴油机已占汽车市场的50%以上。电子控制汽油发动机目前应用极为普遍，国内轿车发动机多为电控汽油机。典型电子控制汽油机是用电子计算机作为控制单元，综合各种不同传感器送来的信息并做出判断，控制送往喷油器的喷油量，并使喷油器以一定的油压准确、迅速地把燃油喷到发动机进气管或燃烧室，与吸入的空气混合。

2. 底盘的电子控制

底盘控制的内容目前发展迅速，主要有电子动力转向系统、电控悬架悬挂系统、电控自动变速器、自动巡航控制系统、制动防抱死控制、驱动防滑控制、轮胎压力的监测。底盘电子控制的主要目的是提高驾驶的轻便性、行驶的稳定性、安全性和司乘人员的舒适性。

（1）电动助力转向系统。电动助力转向系统是由电子控制器控制助力驱动装置来实现助力的转向系统，助力驱动装置是电动机。工作原理如图3—61所示。第一，装有电动助力转向系统车型的方向盘转向特性、转向手感和汽车稳定特性，可以通过软件来进行调节和优化，所以其功能优于传统的液压助力转向系统；第二，在低速时，电动助力转向系统提供较大的助力，助力程度随车速而逐渐降低，而传统的液压助力转向系统往往在高速时会趋于产生过度的助力；第三，系统的质量比液压系统轻，结构更紧凑，因而安装弹性较大；第四，电动助力转向系统是一体式模块系统，便于总装厂装配，降低装配成本；第五，提高燃油经济性约 3%～5%。车辆 90%以上的行驶过程不需要助力。

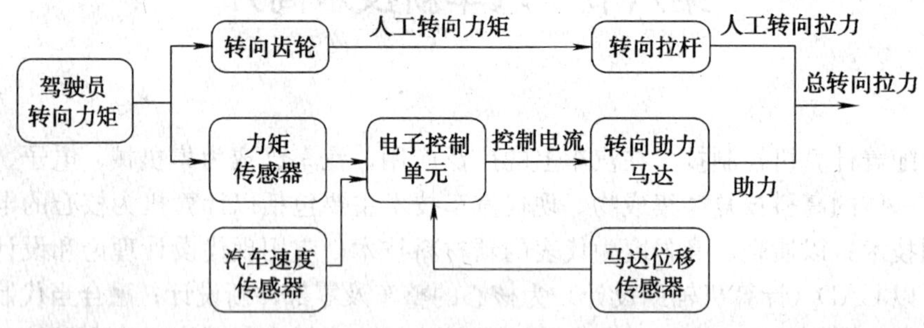

图 3—61 电动助力转向系统

（2）电子稳定控制系统（ESP）。ESP 是以 ABS 系统（防抱死刹车系统）为基础，通过传感器收集方向盘的转动角度、侧向加速等信息。这些信息通过控制单元处理，再由液压调节器向车轮制动器发出制动指令，通过对单一车轮施加制动避免车辆侧滑或旋转，提高车辆横向和纵向的稳定性。ESP 系统能够实时监控车辆的行驶状况，识别危机情况，并能通过对单个车轮分别制动或降低发动机输出来保证车辆稳定，帮助驾驶者使车辆按照正确的路线行驶。ABS 是在普通制动系的基础上加装车轮速度传感器、ABS 电控单元、制动压力调节装置及制动控制电路等组成，其工作原理如图 3—62 所示。

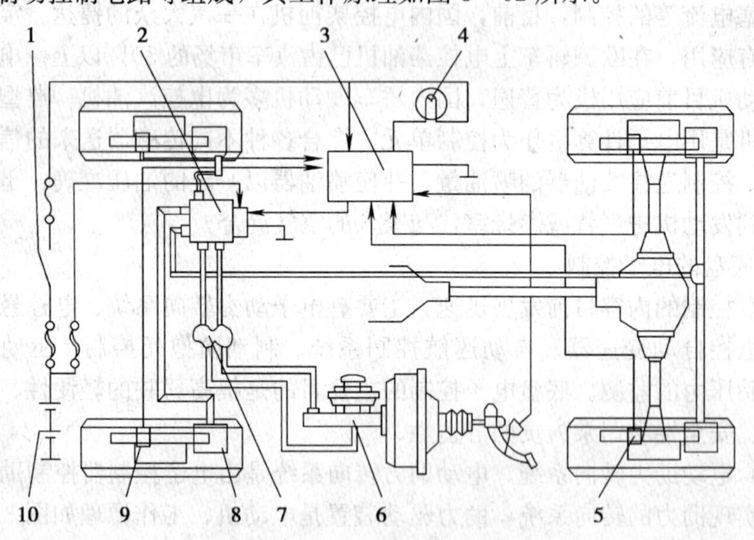

图 3—62 ABS 工作原理示意图

1—点火开关 2—制动压力调节装置 3—电控单元 4—警告灯 5—后轮速传感器 6—主缸 7—比例阀 8—轮缸 9—前轮速传感器 10—蓄电池

（3）电子控制悬挂系统。现代汽车开始采用电子控制悬挂系统，电子控制悬挂系统可以根据悬挂位移（车身高度）、车速、转向、制动器信号等，由电子控制器控制电磁式或步进式电动机执行元件，调整空气悬挂中的压缩空气，改变其刚度和汽车车身的高度，以抑制车辆倾斜、制动时前部“点头”和高速行驶时后部“下坐”而使车身姿态发生的变化。因此，它能够较好保持汽车的乘坐舒适性和操纵稳定性。

（4）电控液动自动变速器。电控液动自动变速器能够根据发动机负荷和车速等情况自动变换传动比，使汽车获得良好的动力性和燃料经济性，并减少发动机排放污染。电控液动自动变速器操纵容易，在车辆拥挤时，可大大提高车辆行驶的安全性及可靠性。电控液动自动变速器的组成主要包括液力变矩器、机械变速器、液压控制系统、电子控制系统、油冷却系统等几个部分。电控液动自动变速器由于安装了液力变矩器而取消了离合器踏板，提高了汽车行驶安全性。同时由于液力变矩器是液体传力，可实现无级变速，使汽车起步、加速更加平稳，还能避免因负荷过大而造成发动机熄火。但电控液动自动变速器结构复杂，零部件较多，而且零件比较精密，造价比较昂贵，因此，在维修中要针对性地先确定故障的大致部位，避免因盲目拆装而造成人为故障。

3. 车身安全的控制

车身方面的控制主要是为司乘人员提供更为安全、更为方便和更为舒适的环境，并能够提高整车的市场竞争力。车身方面的控制内容很多，主要包括：安全气囊控制、安全带控制、防撞系统控制、灯光控制、门锁控制、防盗系统控制、自动空调控制、音响及音像系统控制。

4. 信息与通讯系统及其控制

该系统可让司乘人员更多、更快地获取有关汽车各方面的信息；同时通过与车外通讯实现社会联结，以获取各种信息资料。主要包括：数字化仪表、汽车定位导航系统、移动电话系统等。

二、新型能源动力汽车技术

新型能源是相对于汽车使用的汽油和柴油等传统能源而言的。目前研究应用的汽车动力新型能源，主要有各种代用燃料、天然气和液化石油气、太阳能以及燃料电池等。由此形成了代用燃料汽车、天然气汽车、液化石油气汽车、太阳能汽车、燃料电池汽车及其他各类电动汽车和混合动力汽车。

开发新型能源动力汽车的目的是为了降低乃至取代有限的石油燃料资源，减少并最终消除汽车对大气环境的污染。

三、其他汽车新技术简介

1. 新一代全球定位系统

新系统能够实时跟踪路面交通堵塞状况，并为用户提供更换行驶线路的建议。该系统还将能为用户提供个性化的服务，如当用户车的燃油余量不多时，系统会将此情况传递给行进道路上最近的加油站，用户车来加油时可享受一定比例的优惠。

2. 自动停车系统

目前某些豪华轿车上已装有自动停车系统，该系统采用激光装置帮助车主将车自动停进车位。日本丰田公司出品的停车系统只需要用户按一下按钮，进行平行停车的任务便可自动完成。

3. 夜视系统

2000年凯抽拉克引入了红外线夜视系统，但它并没能流行开来。现在，日本本田公司推出的夜视系统专门用来探测车道上的人或动物，预计将有较好的销售前景。

4. 车外安全气囊

美国每年大约有7万行人与车相撞后碰到汽车挡风玻璃，致使脑部受伤。车外安全气囊将改变这种状况，当汽车正面撞上行人时，安装在发动机盖下的车外安全气囊将在挡风玻璃前自动打开，保护行人的安全。

5. 瞌睡眼睛监视系统

2008年开始，美国集装箱车将安装眼睛扫描系统，它能监视司机眨眼睛频率和眼瞳孔的状况，并判断司机是否出现睡意或醉意。在该技术用于轿车时，设计人员希望它能自动控制车窗的开关，让新鲜空气进入车内驱散驾驶员的困意，同时还能让方向盘发出低沉的响声引起驾驶员的注意。

6. 盲区警示系统

该系统的主要部件为安装在汽车侧后视镜中的小型摄像机，其拍摄速度为每秒25幅图像。当一个物体连续出现在3幅以上的图像中时，盲区警示系统将发出警告，提醒驾驶员注意旁边的车。

7. 前大灯自动调整系统

凌志和宝马轿车目前已开始采用前大灯自动调整系统，车转向时，前大灯会自动跟随车轮转向偏转。将来，同全球定位系统相连的前大灯调整系统能在汽车转向前自动将灯光照射到前方道路上。

8. 车道偏离警告系统

安装有该系统的汽车在偏离车道轧上白线时，闭合栅格雷达系统或后视镜中安装的摄像头将提醒驾驶员注意行驶线路。如果驾驶员没有采取行动，本田和丰田新开发的另一项技术能引导汽车自动回到原来的车道。

9. 防撞雷达系统和自动调整巡航系统

目前，奔驰S级轿车上安装的激光雷达系统在预感到要发生碰撞时，会自动做一些必要的准备，如提前（预）拉紧安全带、准备打开安全气囊、升高护头靠垫，甚至可以关闭天窗。该技术还能发现前方的慢车，并自动调整汽车巡航时速。

四、现代汽车新技术的发展趋势

汽车电子化被认为是汽车技术发展进程中的一次革命，汽车电子化的程度被看做是衡量现代汽车水平的重要标志，是用来开发新车型，改进汽车性能最重要的技术措施。汽车制造商以增加汽车电子设备的数量、促进汽车电子化作为夺取未来汽车市场的重要有效手段。

按照对汽车行驶性能作用的影响划分，可以把汽车电子产品归纳为两类：一类是汽车电子控制装置。汽车电子控制装置要和车上机械系统进行配合使用，即所谓“机电结合”的汽车电子装置，包括发动机、底盘、车身电子控制。例如，电子燃油喷射系统、制动防抱死控制、防滑控制、牵引力控制、电子控制悬架、电子控制自动变速器、电子动力转向等。另一类是车载汽车电子装置。车载汽车电子装置是在汽车环境下能够独立使用的电子装置，它和汽车本身的性能并无直接关系，包括汽车信息系统（行车电脑）、导航系统、汽车音响及电视娱乐系统、车载通信系统、上网设备等。

由于汽车上的电子电器装置数量的急剧增多，为了减少连接导线的数量和质量，网络、总线技术在此期间有了很大的发展。通讯线将各种汽车电子装置连接成为一个网络，通过数据总线发送和接收信息。电子装置除了具有独立完成各自的控制功能外，还可以为其他控制装置提供数据服务。由于使用了网络化的设计，简化了布线，减少了电气节点的数量和导线的用量，使装配工作更为简化，同时也增加了信息传送的可靠性。通过数据总线可以访问任何一个电子控制装置，读取故障码对其进行故障诊断，使整车维修工作变得更为简单。

汽车电子技术的应用将使汽车发生以下主要变化：

（1）汽车的机械结构还将发生重大的变化，汽车的各种操纵系统向电子化和电动化发展，实现“线操控”。用导线代替原来的机械传动机构，例如，“导线制动”“导线转向”“电子油门”等。

（2）汽车 12 V 供电系统向 42 V 转化。随着汽车电子装置越来越多，消耗的电能正在大幅度地增加。现有的 12 V 动力电源，已满足不了汽车上所有电气系统的需要。今后将采用集成起动机—发电机 42 V 供电系统，发电机最大输出功率将会由目前的 1 kW 提高到 8 kW 左右，发电效率将会达到 80%以上。42 V 汽车电气系统新标准的实施，将会使汽车电气零部件的设计和结构发生重大的变革，机械式的继电器、熔丝式保护电路将被淘汰。

2000 年美国汽车工程师协会得出的结论是：21 世纪的汽车将是架在四个轮子上的计算机。可见以计算机为核心的汽车电子控制技术将在未来汽车技术中发挥主导作用。如图 3—63、图 3—64 所示展示了未来汽车包括电子控制技术在内的发展趋势。

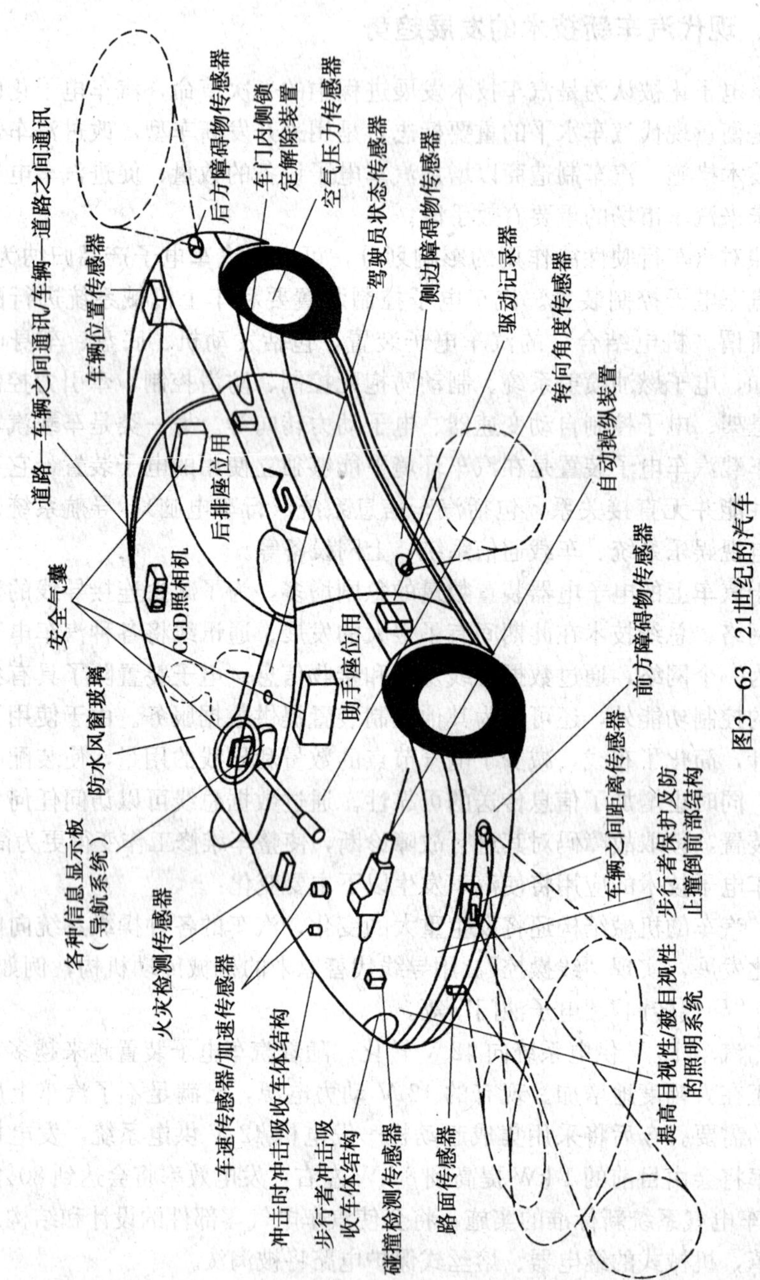

图3—63　21世纪的汽车

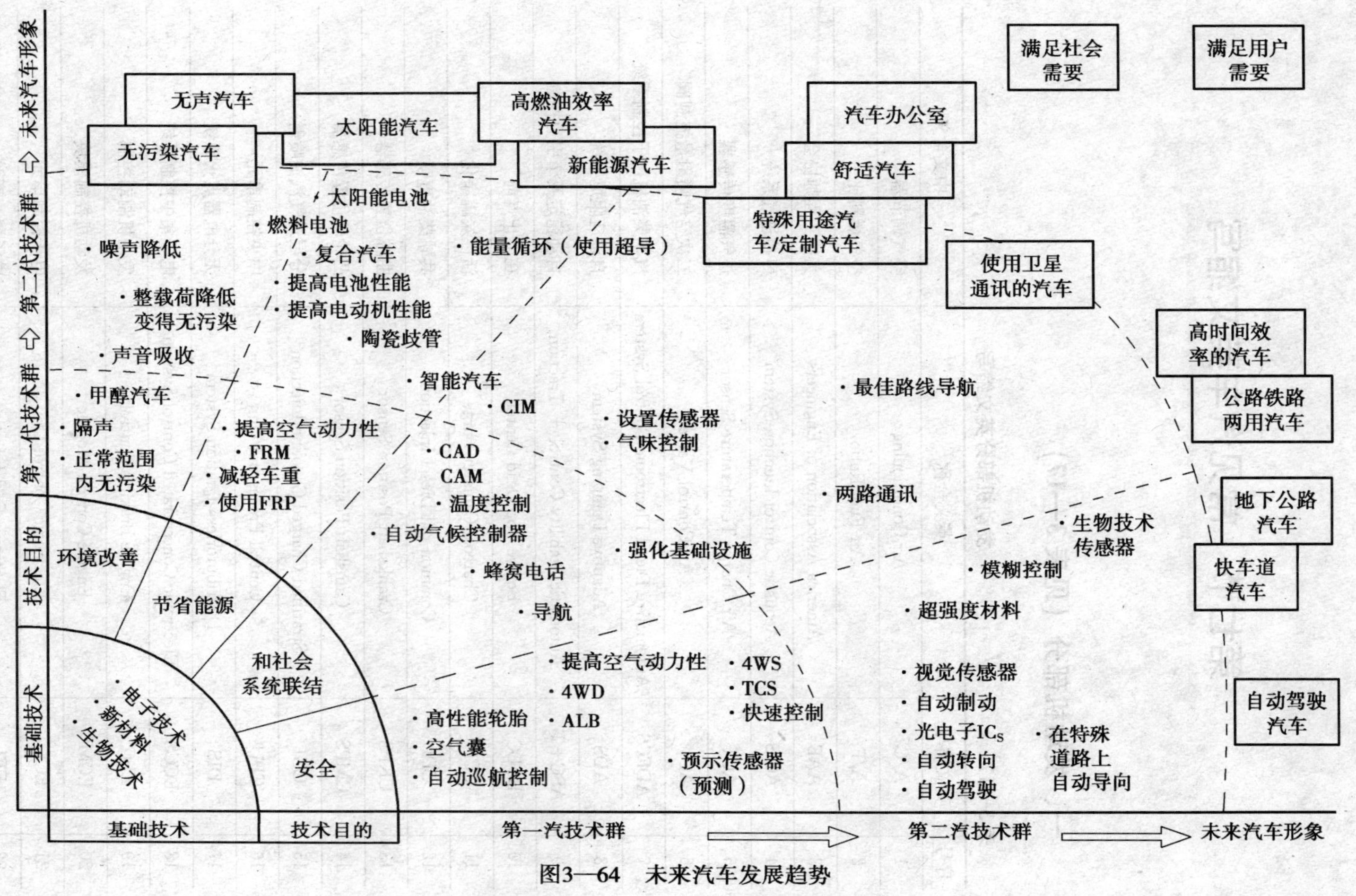

图3—64 未来汽车发展趋势

第七节　常见汽车英文缩写

一、发动机部分（见表 3—17）

表 3—17　　发动机部分英文缩写

序号	英文缩写	英文全称	中文含义
1	A/C	Air Conditioning	空气调节器
2	A/F	Air-Fuel Ratio	空气燃料比
3	AAE	America Association of Engineers	美国工程师协会
4	ACIS	Acoustic Control Iduction System	声控进气系统
5	ACT	Air Charge Temperature Sensor	进气温度传感器
6	ACV	Air Control Valve	二次空气喷射量控制阀
7	ADECS	Automotive Diesel Electronic Control System	汽车柴油机电子控制系统
8	ADS	Adaptive Damping System	自适应阻尼系统
9	ASC+T	Automatic Stability Control + Traction	自动稳定及牵引力控制
10	BTDC	Before Top Dead Center	在上止点前
11	CCP	Charcoal Canister Purge	活性炭罐净化
12	CDI	Common-rail Diesel Injection	共轨柴油直喷
13	CKPS	Crankshaft Position Sensor	曲轴位置传感器
14	CMPS	Camshaft Position Sensor	凸轮轴位置传感器
15	CGI	Stratified Charged Gasoline Injection	分层进气汽油喷射
16	CPU	Central Processing Unit	中央控制单元
17	DIS	Distributorless Ignition System	无分电器点火系统
18	ECCS	Electronic Concentrated Control System	电子集中控制系统
19	EBC	Engine Braking Control	发动机制动控制
20	ECM	Engine Control Module	发动机控制模块
21	ECU	Electronic Control Unit	电子控制单元
22	EFI	Electronic Fuel Injection	电子燃油喷射
23	EGR	Exhaust Gas Recirculation	废气再循环系统

续表

序号	英文缩写	英文全称	中文含义
24	ETC	Electronic Traction Control	电子牵引力控制系统
25	ECTS	Engine Coolant Temperature Sensor	发动机冷却液温度传感器
26	ESA	Electronic Spark Aduance	电子点火提前（装置）
27	EVAP	Evaporative Emission Control System	燃油蒸发排放控制系统
28	FPR	Fuel Pump Relay	燃油泵继电器
29	GDI	Gasoline Direct Injection	汽油直喷
30	ISC	Idle Speed Control	怠速控制
31	IAC	Idle Air Control	怠速空气控制
32	IDL	Idle Throttle Position Sensor	怠速节气门位置传感器
33	KS	Knock Sensor	爆震传感器
34	HOS	Heated Oxygen Sensor	加热型氧传感器
35	TCS	Traction Control System	牵引力控制系统
36	VCT	Variable Cam Timing	可变气门正时系统
37	MSR	Engine Drag Torque Control	发动机拖曳扭矩控制（BMW 宝马缩略词）
38	VGIS	Variable Geometric Intake System	可变几何进气系统
39	DSC	Dynamic Stability Control	动力稳定控制
40	MPV	Multi-Purpose Vehicle	多用途厢体车
41	RV	Recreational Vehicle	休闲车
42	SUV	Sport Utility Vehicle	运动型多用途车
43	CNG	Compressed Natural Gas	压缩天然气
44	NGV	Natural Gas for Vehicle	车用天然气
45	MPI	Multi-point Fuel Injection	多点燃油喷射
46	MAF	Mass Air Flow	空气流量计
47	MAP	Manifold Aabsolute Pressure Sensor	进气歧管压力传感器
48	SPI	Single Point Injection	单点喷射
49	RPM	Revolutions Per Minute	每分钟转速
50	CAN	Controller Area Network	控制器局域网
51	PCV	Positive Crankcase Ventilation	曲轴箱强制通风
52	Turbo	Turbocharger	涡轮增压
53	OP-KARMAN	Optical Karman Voltices Air Flow Meter	光学式卡门涡流式空气流量计

续表

序号	英文缩写	英文全称	中文含义
54	TCCS	Toyota Computer Controlled System	丰田计算机控制系统
55	TCS	Traction Control System	牵引力控制系统
56	TDC	Top Dead Center	上止点
57	TP (S)	Throttle Position (Sensor)	节气门位置（传感器）
58	THA	intake air temperature sensor	进气温度传感器
59	THW	coolant temperature sensor	冷却水温度传感器
60	TWC	three way catalyst converter	三元催化转换器
61	TBI	throttle body fuel injection	节气门体燃油喷射
62	TDI	Turbo-DI	涡轮增压柴油机
63	T－VIS	Toyota Variable Induction System	丰田可变进气系统
64	VSV	Vacuum Solenoid Valve	真空电磁阀
65	VCV	Vaccum Control Valve	真空控制阀
66	VTA	throttle position sensor	节气门位置传感器
67	VVT－i	Variable Valve Timing-intelligent	智能正时可变气门控制系统
68	VIVT	Variable Inlet-Valve Timing	可变进气门正时
69	V-TCS	Viscous Traction Control System	黏性牵引力控制系统

二、汽车底盘部分（见表 3—18）

表 3—18　　汽车底盘部分英文缩写

序号	英文缩写	英文全称	中文含义
1	A/T	Automatic Transaxle Or Transmission	自动变速箱
2	AAS	Auto Adjust Suspension	自动调节悬挂
3	ASC	Anti-Slip Control	驱动防滑控制系统
4	CC (S)	Cruise Controltch (System)	巡航控制开关（系统）
5	ESCS	Electronic Suspension Control System	电子悬挂控制系统
6	D	Drive	驱动，驾驶，行驶，行车
7	N	Neutral Position	空挡
8	P	Park Position	P 挡，停车挡
9	2WD	Two-Wheel Drive	两轮驱动
10	4WD	Four-Wheel Drive	四轮驱动

续表

序号	英文缩写	英文全称	中文含义
11	4WS	Four-Wheel Steering	四轮转向
12	ABS	Anti-lock Brake System	刹车防抱死系统
13	ADS	Advanced Disc System	双刹车碟系统
14	ASR	Acceleration Slip Regulation	驱动防滑系统，即 TCS
15	BAS	Brake Assist System	制动辅助系统
16	CBC	Cornering Brake Control	转弯制动控制
17	CVT	Continuously Variable Transmission	无级变速器
18	DDC	Driving Dynamic Control	动态驾驶控制程序
19	DSE	Dynamic Safety Engineering	全面安全防护
20	DSP	Dynamic Shift Program	动态换挡程序
21	EBA	Electronic Brake Assist	电子刹车辅助系统
22	EBD EBV（德）	Electric Brakeforce Distribution	电子制动力分配
23	EDL	Electronic Differential Locking Traction Control	电子差速锁牵引控制
24	EDS	Electronic Differential System	电子差速锁系统
	EDL	Electronic Differential Lock	
25	EPB	Electric Parking Brake	电子停车制动
26	ESP	Electronic Stability Program	电子稳定程序
27	GPS	Global Positioning System	全球卫星定位系统
28	M/T	Manual Transmission	手动变速器
29	O/D	Overdrive	超速
30	P/S	Power Steering	动力转向
31	PDC	Park Distance Control	停车距离控制装置
32	SBC	Sensotronic Brake Control	传感器制动控制
33	SPD	Vehicle Speed Sensor	车速传感器
34	SRD	Spin Resistant Differential	防滑差速器
35	STC	Stability and Traction Control	稳定循迹防侧滑控制系统
36	FWD	Front Wheel Drive	前轮驱动
37	RWD	Rear Wheel Drive	后轮驱动
38	NWD	Full-time Four Wheel Drive	全轮驱动
39	LSD	Limited Slip Differential	防滑差速器
40	VSS	Vehicle Speed Sensor	车速传感器

三、车身及汽车电气部分（见表 3—19）

表 3—19　　车身及汽车电气部分英文缩写

序号	英文缩写	英文全称	中文含义
1	ARS	Air Bag Restraint System	安全气囊
2	B+	Battery Positive Voltage	电瓶正电压
3	C	Degrees Celsius	摄氏度
4	F	Degrees Fahrenheit	华氏度
5	ABC	Active Body Control	主动车身控制
6	DRL	Daytime Running Lights	白昼行驶灯
7	GOA	Global Outstanding Assessment	全方位车体吸撞结构
8	HDC	Hill Descent Control	陡坡缓降控制系统
9	HUD	Heads Up Display	前风挡电子显示
10	ROPS	Roll Over Protection System	防翻滚保护系统
11	SAHR	Saab Active Head Restraints	主动式安全头枕
12	SRS	Supplemental Restraint System	辅助约束装置（又称安全气囊）
13	VTSS	Vehicle Theft Security System	车辆防盗安全系统

专业技能篇

单元 4　汽车市场调查

培训目标

本单元主要讲述进行汽车行业市场调查的相关内容，通过本单元的学习，读者应：

☒ 掌握进行市场调查的方法。

☒ 能够编写调查问卷。

☒ 熟悉进行市场调查、获取信息资料的工作方法及操作程序。

☒ 能够编写市场调查报告。

营销人员不能只靠猜测来了解不断变化的市场，没有好的营销信息系统，就不能保证在瞬息万变的市场中趋利避害，取得竞争的优势。进行市场调查的目的就是降低企业的经营风险。众所周知，在进行一项企业的营销决策时，资讯扮演着极其重要的角色，它可以让营销人员试验顾客对某种观念的接受程度，也可以引导营销人员选择最恰当的行动方案。正如《孙子兵法》中所说："知己知彼，百战不殆。"

第一节　汽车市场调查概述

在市场经济的环境下，市场竞争无处不在，要发现市场、占有市场、开辟市场，制定有效的营销策略，使企业处于不败之地，源于企业对市场信息的准确了解和把握。因此，掌握市场调查的方法，以获得准确的信息，是每一位营销人员不可或缺的基本技能之一。

一、营销信息

企业营销活动的有效运行，依赖于信息的收集、处理、运用和对环境的适应，营销人员通过采取科学的调查方法，以获得企业所需的信息。

营销信息指的是在一定时间和条件下，同企业营销活动以及与之相联系的多功能服务有关的各种信息、情报、数据、资料等的总称，是对市场各种经济关系和营销活动的客观描述与真实反映。例如，汽车行业变化发展趋势、企业业务额变化、促销效果等。

1. 营销信息的特征

营销信息除了具有一般社会信息所具有的普遍性、可感知性、可处理性、可转换性、可传递性、有效性等一般属性外，还具有以下特征：

（1）营销信息是多种信息来源、多种信息渠道、多个信息层次、多种信息表达方式的综合。汽车行业的社会性使得企业的营销活动与社会再生产紧密联系在一起。社会再生产的各个环节在市场上表现出多买方、多卖方、多渠道、多功能的特点，决定了营销信息的这一特征。

（2）营销信息具有双向流动性。营销信息不仅有国家、企业、消费者等方面的信息源，而且有市场反馈到国家、企业、消费者的各环节的反馈信息。营销信息的多层次、多信息渠道等系统性决定了营销信息的双向多级信息输入和反馈，这种信息流动是以市场为核心进行的。

（3）营销信息具有时效性、活跃性。市场是瞬息万变的，以市场为核心的营销信息也是千变万化的。当前的社会是信息极大丰富的社会，信息生成的速度快、数量多、运动频繁、时效短，具有流动性、随机性和不规则性。因此，企业要获得营销的主动权，必须对信息高度敏感，及时收集、加工、运用营销信息，以取得竞争优势。

2. 营销信息的主要内容

汽车企业的营销信息是丰富多彩且瞬息万变的。与汽车企业营销活动密切相关的信息主要包括以下几个方面：

（1）汽车产品供求及其变化的信息。供求信息是市场的一种先导性预测信息，集中预示潜在市场供应与需求双方未来的发展动态。包括产品供应信息和需求信息。例如，供应信息包括汽车厂家机构变动、供应地点、供应车型品种搭配、供应方式等；商品需求信息包括总需求量、目标群体对各款车型的需求情况、售后服务反映汽车整体品质情况、顾客和汽车产品有关的情况等。市场对企业营销商品的需求及其变化情况，直接关系到企业营销计划的制定与执行。

（2）汽车产品的价格及其变化信息。产品价格直接影响到公司的业务量和企业获利的大小，关注汽车产品价格及其变化，依据价格变化预测市场供求发展趋势，是取得市场营销成功的秘诀之一。商品价格及其变化信息包括价格水平高低情况、影响价格变化因素、竞争对手的价格水平和定价策略、替代产品价格及发展趋势、国际市场上同类车型的价格信息等。

（3）汽车行业市场竞争情况及其发展趋势信息。市场竞争是商品经济社会必然存在的最普遍的经济现象。企业开展市场营销活动必须积极参与市场竞争，立足于在竞争中求得生存和发展，因此，必须掌握市场竞争情况及其发展趋势信息，包括竞争企业的情况信息、当前市场总的形势及竞争发展的趋势等，以便采取相应的对策。

（4）技术进步及新产品开发信息。科学技术进步必然影响到产品的更新换代，影响到企业产品的市场生命周期和营销决策。企业了解和掌握的技术进步信息主要包括市场上新科学技术的发展动向和趋势，现在、未来可用于企业经营活动的科技成果情况，企业准备经营什么及其相应规模。新产品开发信息包括试验开展新的服务项目，市场上是否有人开始运作，从内容、项目上改进服务流程的信息，新产品发展趋势及消费者对其态度，国内外新产品上市情况信息等。

（5）国际市场及其变化信息。全球经济一体化趋势伴随着科技日新月异的步伐而加快。任何一个国家、一个企业的经济都直接或间接地受到国际市场的影响。

（6）与市场营销有关的其他信息。与营销有关的市场营销信息还有很多，如政治环境及其变化情况、国民经济发展情况、人口发展情况以及企业生产经营要素、成果、财务等管理情况等，这些信息都与企业营销活动、营销成果有着密切的联系，并产生深刻的影响作用。

上述营销信息的内容相互联系、相互影响、相互渗透、相互作用，共同构成了市场信息的内容体系。

二、市场调查的作用

市场调查是一项用于收集企业所需各类资料的工具，它是采取科学的方法把消费者、客户、公众和企业用信息的纽带联系起来，通过对市场信息的收集、整理和分析，为企业制定营销战略提供依据的过程。市场调查的作用，大致有以下几方面。

1. 市场调查可以帮助企业设定经营目标

企业的决策人员需要准确的信息平台以确定企业的经营方向和目标，它的准确与否关系着企业的成败。例如，企业决策人员可以通过市场调查协助企业制定如下目标：

(1) 市场调查可以用来评估市场大小。市场大小是指在某一特定地区的消费，包括新增汽车总量、当地汽车保有量、年维修总业务额等内容。市场大小的概念为企业的绩效及目标提供了一个基准。企业可以根据目前所占的市场份额来考虑发展空间和目标。只占市场5%份额的企业相对于占30%份额的企业有更大的发展空间。

(2) 市场调查可以确认潜在顾客，提高工作效率。企业的目标必须转换成可执行的销售计划，销售计划针对目前的客户和潜在顾客，规划出未来期间应该达成的销售业绩。这就要求企业的营销人员要按顾客的社会等级、经济状况等来分类，来区别潜在顾客。对顾客收集的资料包括：目标消费群体的人口总量、顾客的详细个人资料、顾客享受汽车服务的频次及金额等。

(3) 市场调查为汽车服务制定价格。汽车服务的业务额和车型及售后服务的总体价格有关。中国汽车市场的复杂性使得一般的经销车型很难执行全国统一价，汽车营销人员必须了解自己所售车型的市场竞争情况，既不能价格过低而降低公司的利润，也不能价格过高而损害公司长期的市场份额。企业要不定期地对目标市场做调查，以确定适当的产品价格，确保企业的利益。

(4) 市场调查可以确定广告与业务额之间的关系。通过市场调查，企业可以获得市场对本企业广告效果的评价，从而提高广告的效率，为企业下一步的促销活动提供依据。

2. 市场调查可以帮助企业解决问题

市场调查是进行企业营销活动分析的工具，营销人员可以根据市场调查报告分析企业经营现状，为企业所面临的各类问题谋求最佳的解决方案，例如，企业所遇到的如下问题：

(1) 分析某一车型品牌专卖店业务额下降的原因。导致企业业务额下降的原因很多，通过市场调查，营销人员能够找出业务额下降的原因及下降的态势是否将持续下去，以及如何纠正不利因素提高绩效等。

(2) 分析利润率不足的原因。导致企业利润率不足的原因很多，通过调查可以诊断利润率不高的原因，也能提出改善的建议，从而使企业进行经营策略的调整。

(3) 调查如何满足市场需求。通过调查顾客的满意度，使企业能够及时纠正自己存在的问题，增加顾客的忠诚度。

3. 市场调查可以促进企业的成长

企业可以通过市场调查获得顾客购买汽车和选择服务的真正原因，从而使企业能够制定正确的经营策略击败竞争对手。

(1) 显示出谁是决定购买的人。汽车购买决策进程十分复杂，如果不进行调查和分析，我们很难判断出在一个家庭里谁是有决定权的人。通过市场调查，可以从相关的信息中获得谁是决定购买的人，他们的着眼点是什么，通过分析市场调查得来的信息，就可以制定出更符合实际情况的广告，从而提高实际成交率。

(2) 显示人们选择某些品牌的原因。了解目标消费群体购买习惯和真正的购买原因是企业提高业务额的重要手段。企业通过对客户的访谈和小组讨论可以获得相关的信息，从而制定出更有效的营销策略，以获得竞争优势。

(3) 显示消费者在何时及何处购买、消费。消费者购买的时机与地点不同会产生不同的效果。通过市场调查，营销人员可以针对不同的情况采取不同的销售手段。如我们可以从市场调查的成果中获得哪些地区需求最强烈，不同的购买时间对购买行为的影响程度，不同的地理位置顾客的集中程度等，通过分析可以制定出针对性的处理方式，从而达到提高业务额的目的。

(4) 经常性地进行市场调查能够促进营销人员的成长。通过调查营销人员能够了解市场环境，掌握市场动态，提高成交率。

三、市场调查的分类

市场调查是一个分阶段、分层次、由浅入深的过程。市场调查可有多种分类方法，其中按调研目的进行分类在营销中最常用。按市场调查的目的可分为探索性调查、描述性调查、因果分析调查和预测性调查。

1. 探索性调查

指企业对需要调查的问题尚不清楚，无法确定应调查哪些内容，因此，只能搜集一些有关资料进行分析，帮助确定要调查的问题，提出假设，然后再做进一步调研。所要回答的问题主要是“是什么”。

2. 描述性调查

指通过调研，对诸如某种车型的市场潜量、顾客态度和偏好等方面的问题如实地记录并描述，所要回答的问题主要是“何时”或“如何”。

3. 因果分析调查

指通过调研，检验假设的因果关系的正确性，如降价 10%能否使销售额上升 10%。所要回答的问题主要是“为什么”。

4. 预测性调查

指通过调研，运用数学方法估计未来时期对某种产品的需求量及其未来发展趋势。预测性调研主要用于销售预测，回答的问题是“将来如何”。

四、营销信息的管理

信息反馈是汽车品牌专卖店的一项长期的、连续性的工作，市场调查正是企业和个人获取信息资料的重要手段。现代社会提供的信息量无比庞大，我们需要从庞大的信息中甄别出有效和无效的信息，并通过一定的方式确认、收集、传达、分析有效的信息，以获得竞争的优势。因此，企业要建立专门的信息管理部门，以提高信息处理的效率和水平，以下列出某汽车经销企业的信息管理系统（见图 4—1）提供参考。

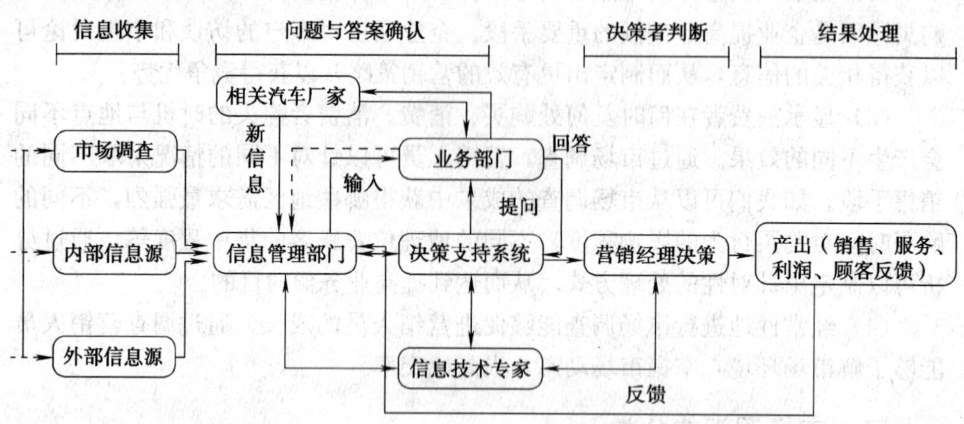

图 4—1　某汽车经销企业的信息管理系统

由上图可以看出，该公司的营销信息系统大致可以分为四个环节，分别为信息收集环节、问题与答案确认环节、决策者判断环节和结果处理环节。

（1）设立专门的信息管理部门，系统地收集各个渠道的信息。信息的来源包括：内部信息源，如各业务部门的营销活动信息和各类文件等；外部信息源，如媒体相关信息、顾客意见反馈、竞争对手情况和当地市场经济状况等；专门针对某项经营活动开展的市场信息收集活动。

（2）信息管理部门对所收集到的信息，通过分类、分析和评估，及时地向相关部门反馈，如上游的汽车厂家、各业务部门等；对于对公司决策影响重大的信息也可以考虑向信息技术专家咨询，并将问题的处理意见及时提供给决策者。

（3）决策者要充分重视信息部门提出的各种建议或意见，综合分析和判断调查结果的可行性，并提出决策意见，付诸于行动。

（4）信息管理部门要追踪每一条意见和建议的处理结果，并进行评价，将结果及时反馈到有关部门，以进一步提高各部门的信息处理水平。

第二节 汽车市场调查的方法

信息资料来源一般有两种途径：通过实际市场调查，对企业及顾客的观察、询问、调查或实验得到的信息资料，称为第一手资料；通过收集一些公开的出版物、报纸、杂志、电视、网络、其他各部门及有关行业等方面提供的统计资料，了解有关产品及市场信息的资料称为第二手资料。如图 4—2 所示。

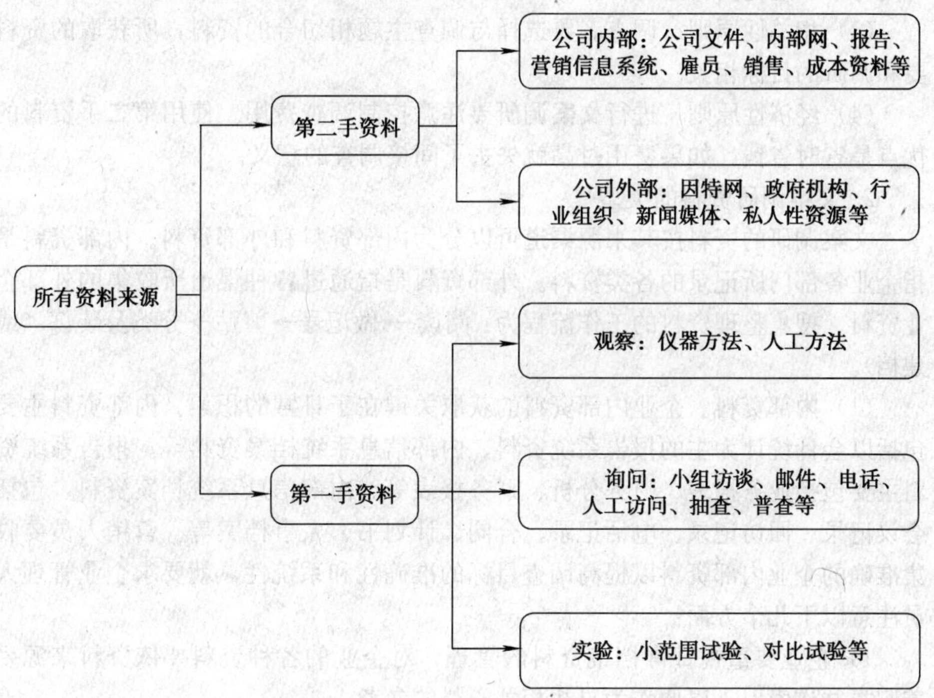

图 4—2 第一手资料和第二手资料的来源

进行市场调查的主要目的是对大量的营销信息进行系统地搜集、分析和报告，以便为企业的经营决策提供依据。根据不同的资料来源，我们把获取第二手资料的调查方法称为文案调研；获取第一手资料的调查方法称为实地调研。

一、文案调研

文案调研是市场调查的执行人员充分了解企业实行市场调查目的之后，搜集企业内部既有档案资料和企业外部各种相关文书档案、研究报告及公布的报告资料，加以整理及融会之后，以归纳或演绎等方法予以分析，进而提出相关市场调查报告及市场营销建议，作为企业相关人士决策的参考信息。

1. 文案调研的资料选用原则

进行文案调研主要是搜集第二手资料，在资料的选用过程中要注意把握以下原则：

(1) 系统性原则。在进行文案调研时，很多情况下因资料不全而不能深入了解，调查者要设法寻找资料来源出处以保证资料的完整、系统和准确。

(2) 时效性原则。一般情况下，第二手资料有时间限制，使用时必须考虑时间背景，避免资料过时。

(3) 相关性原则。调查者要选择与调查主题相切合的资料，所获取的资料要和调研的目标相关。

(4) 经济性原则。进行文案调研要注意控制调查费用。使用第二手资料的优点是省时省钱，如果费用过高就失去了间接调查的意义。

2. 文案调研资料的类型

文案调研的资料按其来源渠道可以分为内部资料和外部资料。内部资料是指企业各部门所记录的各类资料。外部资料是指通过各种渠道所收集的外部企业资料。搜集整理资料的工作流程为：阅读 →做记号→剪贴→分类及装订（或建档）。

(1) 内部资料。企业内部资料的获取关键在于日常的积累。内部资料主要包括以会计统计为主的报告系统资料、内部信息系统档案资料等。报告系统资料主要包括业务报表、财务分析、财务报表等。内部信息系统档案资料，包括会议记录、回访记录、电话记录、合同、计划书、人事档案等。营销人员要收集准确的企业内部资料以提高调查目标的准确性和系统性，就要求企业管理人员注意以下几个方面：

1) 企业要重视日常档案资料的管理，对企业的各种资料要依资料来源妥善归类并作索引，以便作为寻找相关资料的参考。

2) 资料的保存应根据资料性质选择适当的保存工具妥善加以储存归档。

3) 应力求档案安全及档案使用人妥善保管，保证档案完整无缺。

4) 任何资料均有时效性，对于丧失效用的信息，要定期销毁。

(2) 外部资料。外部资料的来源途径很多，主要可以通过因特网、政府机构、相关的报刊杂志、行业协会等渠道获得。

1) 网络信息资料。外部资料的收集首选是因特网。一种方法是通过网上的搜索引擎，通过单击资料的中英文名称，等待链接名单显示后，对感兴趣的链接进行单击即可。还可以登陆专业性的网站来获得相关资料，如中国汽车网、中国汽车培训网、中国汽车营销网、中华汽车网、中国汽车销售网、网易—汽车频道、搜狐—汽车频道等。

2）政府资料。通常获取资料的方式有两种，一种是通过拜访索取有关资料；一种是通过登陆该机构的网站来索取。例如，我们需要目标市场经济状况的资料可以通过当地统计局、财政局来获得；当地维修企业的总量及车辆运营情况等数据可以通过运管部门来获得；汽车保有量、各品牌汽车年总销量等数据可以通过交警队车管部门或养路费征稽部门获得；驾驶人员总量等可以通过交警队来获得。

3）行业组织资料。有条件的营销人员还可以从行业组织中获取资料，如汽车维修协会、汽车工业协会、汽车工程学会等，可以获得国内外汽车制造商的各品牌汽车的详细资料，包括价格、性能、市场占有率、未来发展趋势等。

4）新闻媒体信息。专业性报刊、杂志、电视报道等也会有一些有用的资料，使用时要特别注意实效性和新闻的适用范围。如《中国汽车报》《汽车之友》《中国汽车维护》等。

5）私人性资源。在较发达的城市有不少经营性信息公司，如信息公司、调查公司等，调查人员只要付一定的费用就可以寻找到一些有用的资料。

二、实地调研

第一手资料由于是原始资料，所以它的收集要比第二手资料复杂得多，为了调查的方便，一般都会制定详细的调查计划来协调各阶段的工作。实地调研是市场调查的执行人员在充分了解企业实行市场调查的目的之后，通过询问、观察、实验等方法获取第一手资料，并对其进行分析、整理之后，进而提出相关市场调查报告及市场营销建议，作为企业相关人士决策的参考信息。

1. 实地调研资料的类型

（1）实地调研所获取的第一手资料按其性质可以分为事实、所知信息、意见、打算和动机等类型。

1）事实。事实是最重要的原始资料，包括对所有实际存在或已经存在的现象所做的测量资料，这类资料可能是所有信息资料中最明确的资料。一般调查者关心的事实有人口统计方面，如购买某品牌轿车的消费者，购买者有2 000人，平均年龄是41岁，有较好的社会经济地位；精神状态方面，如不同层次消费者的居住水平、车辆配置等有何不同；社会学方面，如竞争企业如何开展车型展示会等。

2）所知信息。这类资料主要是指有关人员知道什么。人们知道的信息往往是其行为的决定因素，例如，潜在顾客对产品的品牌和商标的了解程度和认知程度会影响他们将来的购买决策。

3）意见。意见会影响顾客的购买行为，包括人们的某种倾向性想法，人们对事物的看法、态度和信念。例如，过去曾有一段时间，很多中国人有这样的看法，认为三厢车才够气派，这一看法会影响他们的购买行为。

4）打算。打算是对消费者行为的预测，是指人们内心计划要采取的行动。例如，由于工资上浮，某城市 8%的家庭打算延缓购车。

5）动机。动机是人们采取行动的理由，是最有价值的营销信息资料。往往人们不愿意说出自己真正的想法，遇到这种情况，就需要调查者有较好的职业素质，通过交流来推断出消费者的购买动机。

（2）实地调研的资料还可以按资料在分析过程中的作用分为以下几种：一是探索性资料，主要收集可能存在的问题和如何变化一类的资料；二是描述性资料，主要收集何时何地发生，如何发生及其过程一类的资料；三是因果性资料，主要收集发生的原因和为什么发生一类的资料。

2. 收集资料的方法

营销决策所需的重要资料，多数是通过实地调查得到的，以第一手资料为主。实地调研常用的方法有三种（见表 4—1）。

表 4—1 实地调研方法分类表

<table>
<tr><th>方法</th><th colspan="2">分类</th><th>内容</th><th colspan="2">优缺点</th><th>备注</th></tr>
<tr><td rowspan="6">询问法</td><td rowspan="6">定性访谈</td><td rowspan="2">个人访谈</td><td rowspan="2">调查人员同被调查人员面对面接触，通过有目的的谈话取得所需资料</td><td>优点</td><td>可直接听取调查者的意见；调查人员可及时、灵活地改变提问题的角度和方法，引导被调查者全面、真实地发表自己的意见；可与任何形式的问卷结合使用</td><td rowspan="2">适用于收集因果性资料，如满意程度调查</td></tr>
<tr><td>缺点</td><td>成本高，访问者对被访者的倾向性影响较大</td></tr>
<tr><td rowspan="2">电话调查</td><td rowspan="2">通过电话向被调查者对所调查的内容征求意见</td><td>优点</td><td>能迅速得到所需要信息的最好方法，灵活性高，回收率也高</td><td rowspan="2">适用于较长期的连续性调查，如跟踪回访</td></tr>
<tr><td>缺点</td><td>电话交谈时间短促，很难全面提问；成本比邮寄调查高；被访者不愿意回答私人问题，调查的深度有限</td></tr>
<tr><td rowspan="2">小组讨论</td><td rowspan="2">调查人员组织与主题有关的人员针对所有调查的问题进行讨论</td><td>优点</td><td>主题鲜明，针对性强，可以较深层次地了解顾客的真实想法</td><td rowspan="2">适用于收集探索性资料</td></tr>
<tr><td>缺点</td><td>主观性强，样本少，不易形成数量化资料</td></tr>
</table>

续表

方法	分类		内容	优缺点		备注
询问法	定量访谈	日记调查	对进行连续调查的固定样本单位，发给其登记簿或账本，由被调查者逐日逐项进行记录，并由调查人员定期加以整理汇总	优点	如实反映被调查单位的经济活动情况，所搜集的资料比较系统可靠，便于对不同时期不同单位之间的情况进行对比分析	适用于收集事实类资料
				缺点	调查的持续时间长，样本代表性有限	
		留置问卷调查	调查人员将调查表或调查提纲通过邮局或者当面交给被调查者，并详细说明调查的目的、要求，由被调查者自行填写答案，再由调查人员按约定日期收回	优点	调查人员可当面消除被调查者的思想顾虑和填写调查表的某些疑问，被调查者有充分时间独立思考回答问题，并可避免受调查人员倾向意见的影响	适用于高端客户小范围内的针对性调查
				缺点	样本面窄，成本高	
		计算机网络统计调查	调查者将所要询问的问题输入网络中，请求网络作答。愿意回答问题的网络成员就是被调查者	优点	调查的范围可覆盖整个网络，花费的人力、经费较少，且调查的时效性强，成本低	适用于针对车型喜好、公司形象类的大范围调查
				缺点	准确率低，针对性差	
		邮寄调查	将设计好的询问表寄给被调查者，由被调查者根据调查表的要求填妥后寄还调查者	优点	询问对象比较广泛；答卷人有充分的时间考虑，较之电话调查和面谈，对某些私人问题能得到更真实的回答，而且调研成本较低	适用于车型喜好、公司形象类的范围调查
				缺点	不够灵活，要求所有答卷人按既定顺序回答问题，缺乏针对性；问卷的回收率较低，需要的时间也较长	
观察法	人工观察	神秘顾客拜访	调查者聘请观察员以顾客的身份对被调查者进行访问	优点	直接，概括性强，被调查者处于自然状态，调查内容真实	适用于了解企业的实际业务流程等描述性资料
				缺点	和观察员的能力有关，本身说服力有限，无法了解内在信息，样本代表性较差	

续表

<table>
<tr><th>方法</th><th colspan="2">分类</th><th>内容</th><th colspan="2">优缺点</th><th>备注</th></tr>
<tr><td rowspan="6">观察法</td><td rowspan="2">人工观察</td><td rowspan="2">直接观察</td><td rowspan="2">调查者或观察者本身对工作或业务流程进行观察，并做好记录</td><td>优点</td><td>真实、直接</td><td rowspan="2">适用于收集销售实务、操作程序、购买习惯、确定价格等问题的资料</td></tr>
<tr><td>缺点</td><td>无法了解内在信息，受调查者的工作素质影响</td></tr>
<tr><td rowspan="4">仪器观察</td><td rowspan="2">实际痕迹测量法</td><td rowspan="2">通过对被调查者某种行为留下的实际痕迹来观察调查情况</td><td>优点</td><td>自然状态，真实直接</td><td rowspan="2">适用于因果类资料收集</td></tr>
<tr><td>缺点</td><td>对观察者的工作素质要求较高</td></tr>
<tr><td rowspan="2">行为记录法</td><td rowspan="2">一般将录音机、录像机、照相机等电子仪器装在现场，如实记录被调查对象的行为</td><td>优点</td><td>处于自然状态，真实、直接</td><td rowspan="2">适用于收集事实、意见类资料</td></tr>
<tr><td>缺点</td><td>投入较大，灵活性差，无法确认被调查者的真实感受</td></tr>
<tr><td rowspan="6">实验法</td><td colspan="2" rowspan="2">小批量对比法</td><td rowspan="2">先小规模试验待成功后再大规模投入</td><td>优点</td><td>投入小、见效快</td><td rowspan="2">适用于进行较大投入时使用</td></tr>
<tr><td>缺点</td><td>代表性差</td></tr>
<tr><td colspan="2" rowspan="2">事前事后对比法</td><td rowspan="2">先选定实验品，以选定前后的不同之处进行对比</td><td>优点</td><td>直接</td><td rowspan="2">适用于单一服务项目且增加时使用</td></tr>
<tr><td>缺点</td><td>受时间影响较大</td></tr>
<tr><td colspan="2" rowspan="2">分组对比法</td><td rowspan="2">选定不同的方案分组进行实验</td><td>优点</td><td>直接、有效</td><td rowspan="2">适用于决策效果对比类调研</td></tr>
<tr><td>缺点</td><td>投入大，涉及面较广</td></tr>
</table>

（1）询问法。询问法是指对将要调研的问题，通过一定方式向被调查者提出询问，以获得所需资料的方法。它适用于意见、所知信息、动机、打算类信息。按照具体询问方式的不同，询问法可分为定性访谈和定量访谈。定性访谈是一种深度的、开放式应答，调查者引导参与对象就某一个话题提供他们的思维，而不是给他们提供该说些什么的指导。如调查者问顾客："在您决定购买汽车前，您主要会考虑哪些问题?"或"您对我们的服务满意吗?"等。定性访谈采用的方法有个人访谈法、电话调查法、小组讨论法等。定量访谈是一种覆盖面广、代表性强、可以用结构性答案对访谈者进行定量分析的方法。如调查者通过设计调查问卷的方式量化顾客对本公司服务的满意程度。可以选用的方法有日记调查、留置问卷调查、计算机网络统计调查、邮寄调查等。

（2）观察法。观察法是由调查人员在现场对调查对象的情况直接进行观察记录的调查方法，适用于收集事实类信息。这种方法的特点是调查人员不直接向被调查者提出调查内容，而是凭借自己的感觉或利用照相机、录音机、录像机或其他仪器，对调查对象的活动和现场的事实加以考察记录。观察法有人工观察和仪器观察两种方法。人工观察法适宜于调查行为过程，具有准确、直接的特点，如企业对服务质量进行的调查。可以选用的方法有神秘顾客拜访和直接观察两种方法。仪器观察法适用于调查流程细节，具有连贯、全面的特点。可以采用的方法有实际痕迹测量法、行为记录法。

（3）实验法。实验法是对需要调查的问题，选用合适的方式，进行实际市场实验，从而根据实验结果取得市场信息。这种市场实验包括新产品销售实验、价格对比实验等。实验法是收集因果关系方面信息最适合的方法。实验法一般有三种：小批量对比法、事前事后对比法和分组对比法。

1）小批量对比法。它是一种先小规模购进，待试验成功后再进行大批量投入的方法。如售后服务部门拟引进某种新型汽车燃油系统清洁护理用品，但不了解效果如何，是否值得推广。这时可以采用小批量的方法，先在试验车上观察其效果，小批量购进，待有试验结果后，再做出是否投入的决定。如图4—3所示。

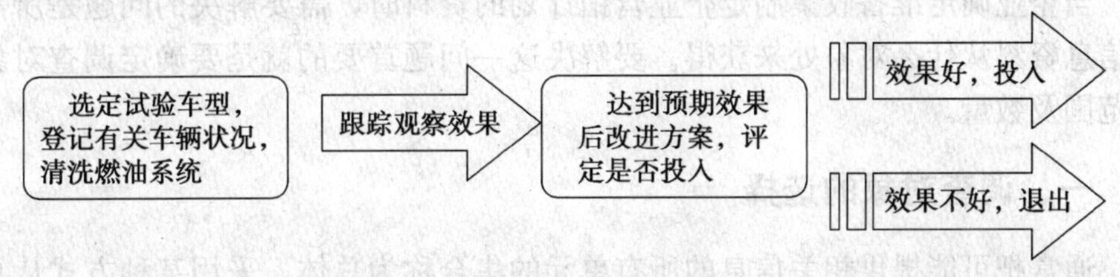

图4—3　小批量实验法

2）事前事后对比法。它是对选定试验品，认选定前后的不同之处进行对比的实验方法。如售后服务部门拟引进某种新型汽车燃油系统清洁护理用品，但不了解效果如何，可采用事前事后对比法。如图4—4所示。

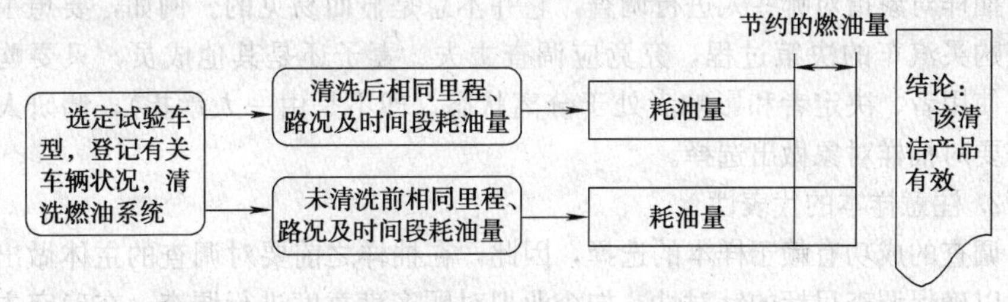

图4—4　事前事后对比法

3）分组对比法。它是对不同的方案采用分组对比的方式进行实验的方法。如某公司选定两套广告方案，但不知哪一套更好，可以选一个实验组，通过分组对比得出结果。如图4—5所示。

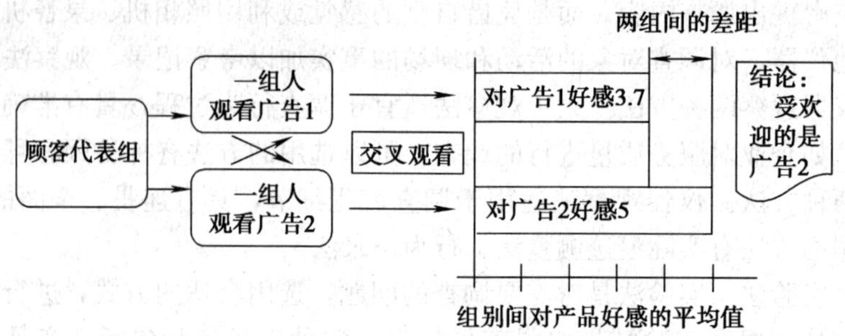

图 4—5　分组对比法

第三节　汽车市场调查的样本选择

当企业确定准备收集制定企业营销计划的资料时，需要解决的问题是所需的信息资料从什么对象处来获得。要解决这一问题首要的就是要确定调查对象的范围及数量。

一、调查对象的选择

通常把可能提供相关信息的所有单元的集合称为总体。采用某种方式从总体中抽取出一部分单元为样本来进行调查，这种方法称为抽样。对总体进行调查往往花费较多的人力、物力和财力，在很多情况下一般只对抽取的样本进行调查。在进行抽样时要注意以下几点：

1. 定义恰当的总体

抽样对象指对哪些人进行调查，它并不总是显而易见的。例如，要想了解家庭购买汽车的决策过程，究竟应调查丈夫、妻子还是其他成员，只要购买者、使用者、决定者和影响者处于分离状态（即不是由一人承担），调研人员就需要对抽样对象做出选择。

2. 注意样本的代表性

调查的成功有赖于样本的选择，因此，在抽样之前要对调查的主体做出说明，以确保调查目标的针对性。如企业拟对顾客满意度进行调查，在确定主体时要把所有的来店顾客、电话咨询顾客、主动拜访顾客都包含在内，再开始选取样本；又如企业拟对营业时间的问题进行调查，如果全部在白天打电话，样本就没有代表性，因为这使得整天在外工作的目标顾客失去了调查的机会。

3. 确定合适的样本数

调查所获得资料的可信度与样本选取的大小有直接关系。一般大样本要比小样本提供的结果更可靠，但大样本的调查成本高，而且往往没有必要。只要抽样程序正确，即使样本不足总体的 1%，也同样能提供可靠的调查结果。当样本的选取是按照一定的规律进行时，可以按照统计学的方法来选取；当样本选取比较随意时，就只能按经验来选取，但是要注意选取的比例。

二、抽样的方法

营销人员收集资料进行市场调研，首要的任务就是要选取有代表性的单元为样本。在日常的抽样工作中，按照总体中每个单元被抽取的概率是否相等，可将抽样分为随机抽样和非随机抽样。如图 4—6 所示。

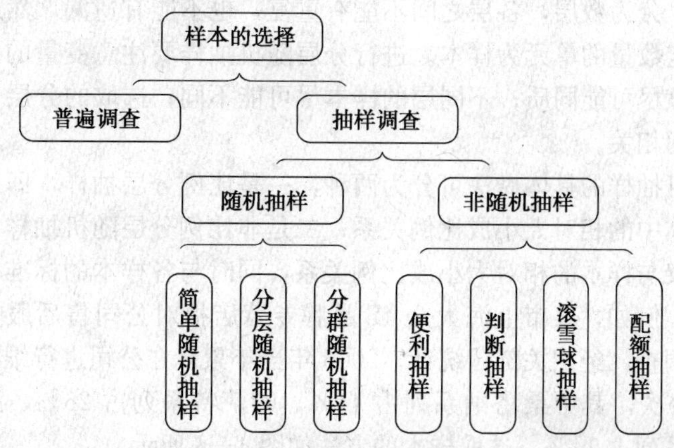

图 4—6　调查对象的选择方法

对总体逐一进行调查的信息收集可以获得较准确的信息资料，这种方法称为普遍调查。一般情况下，普遍调查适用于使用范围和用户有限、总体较小的调查，如汽车经销企业对内部员工的满意度进行调查，试营业阶段的汽车专营店对已购车用户满意度的调查等。

当总体较大时，需要从总体中选取一部分有代表性的单元进行调查。抽样调查是指从调查总体的全部构成单位中，按照一定的抽样方法，抽取一部分单元为样本进行调查，然后，根据样本的调查结果，来推断总体的情况。由于这种调查对象集中在少数样本上，能取得与全面调查相近似的结果，比全面调查要经济得多，因此，在市场调研中这种方法得到广泛应用。抽样方法主要有两类：

1. 随机抽样

随机抽样指在调查对象总体中按随机原则抽取一定数目的单元作为样本进行调查，以其结果推断总体的一种抽样调查方式。这种调查总体中每一个单位都有被选作样本的机会。随机抽样常用于因果性资料和描述性资料的收集。随机抽样的方式一般有以下几种：

（1）简单随机抽样。简单随机抽样是对调查总体单位不进行分组、排队，编号之后完全按偶然的机会从中抽取单元作为样本。通常按抽签法或随机数字表抽取样本。这种方法简单易行，便于操作，但精确度低，代表性也差。如进行客户满意度调查，可按如图 4—7 所示的方式抽取样本。

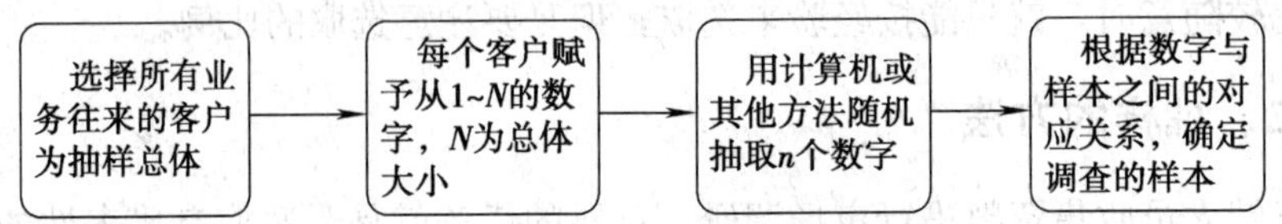

图 4—7　简单随机抽样示意图

（2）分层随机抽样。分层随机抽样是指对总体按某种特征（如年龄、性别、职业等）分为数层，各层之间不能有重复，也不能有遗漏，然后在各层中随机抽取一定数量的单元为样本。进行分层随机抽样要注意变量的选择，同一层的样本应该尽可能同质；不同层的样本尽可能不同；选取的分层变量要与所需的特征密切相关。

分层随机抽样的具体做法可分为两种，一是比例分层抽样，即每层的样本大小与在总体中的相对大小成比例关系；二是非比例分层随机抽样，即每层的样本大小不仅与样本的相对大小成比例关系，同时与各样本的标准偏差分布也成比例关系。例如，某市上海大众 4S 品牌专营店拟对公司售后服务的顾客满意程度进行调查，经相关部门统计，2006 年当年累计在公司进行维护保养的车辆有 8 800 台次，其中桑塔纳系列占 44%，帕萨特系列占 26%，波罗系列占 16%，途安系列占 14%，选取样本的方法如图 4—8 所示。

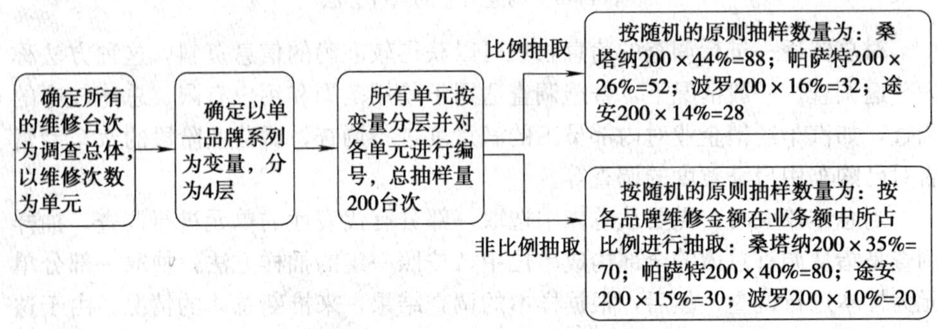

图 4—8　分层随机抽样示意图

（3）分群随机抽样。即将总体分成若干部分，随机抽取其中一部分作为样本，并对该部分的全部单位进行调查。进行分组时要注意各组之间所含单元要相似，组内各元素之间要有各自的代表性。例如，某市上海大众 4S 品牌专营店拟对公司售后服务的顾客满意程度进行调查，经相关部门统计，2006 年当年累计在公司进行维护保养的车辆有 8 800 台次，则抽取样本的方法如图 4—9 所示。

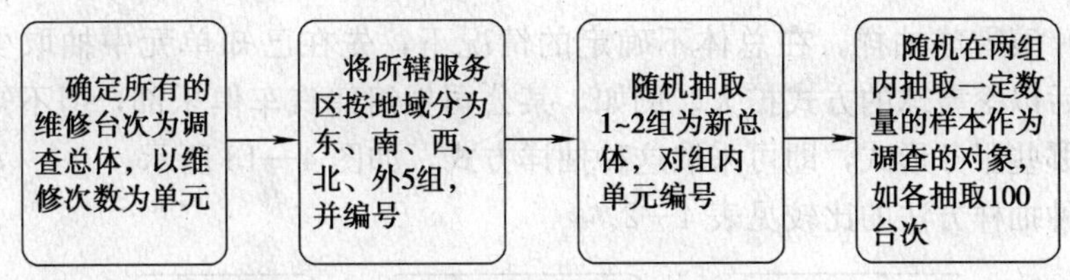

图 4—9　分群随机抽样示意图

2. 非随机抽样

非随机抽样指按照调查者主观设定的某个标准抽取一定数目的单位进行调查，并不是每一个单位都有机会被选为样本。非随机抽样因其代表性差，一般只用于探索性资料的收集。非随机抽样有四种具体方法：

（1）便利抽样。即没有严格的抽样标准，根据调查者的方便与否任意选择样本。例如，企业的知名度调查，可根据调查者的经验预先在选定的街上，任意找寻过往车辆，询问驾驶者对指定公司的认知程度和印象，然后对调查结果进行分析。抽样的方法如图 4—10 所示。

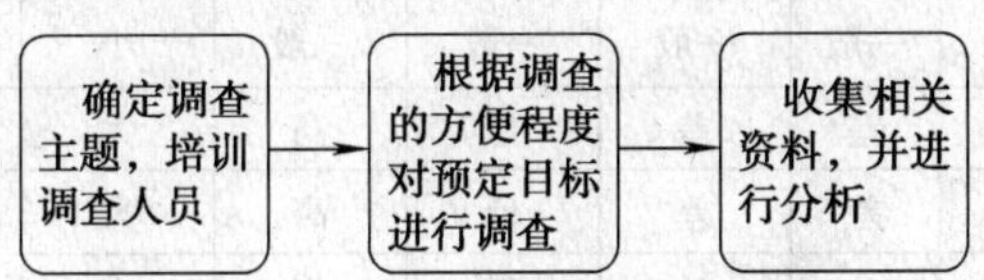

图 4—10　便利抽样示意图

（2）典型抽样。即调查人员根据自己的经验判断出有代表性的个体作为样本。如某公司拟对近期的广告效果进行调查，抽样的方法如图 4—11 所示。

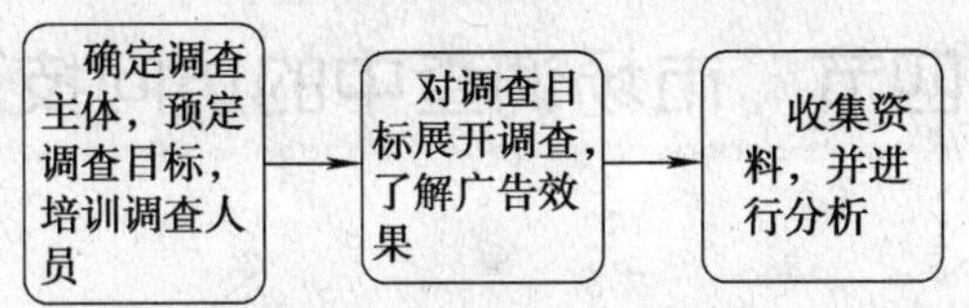

图 4—11　典型抽样示意图

（3）配额抽样。即在不确定总体大小的情况下，首先对总体进行分组，并确定每组应抽取的样本量，然后由调查人员从各组中任意抽取样本。如某公司拟对售后服务满意程度进行调查，抽样的方法如图 4—12 所示。

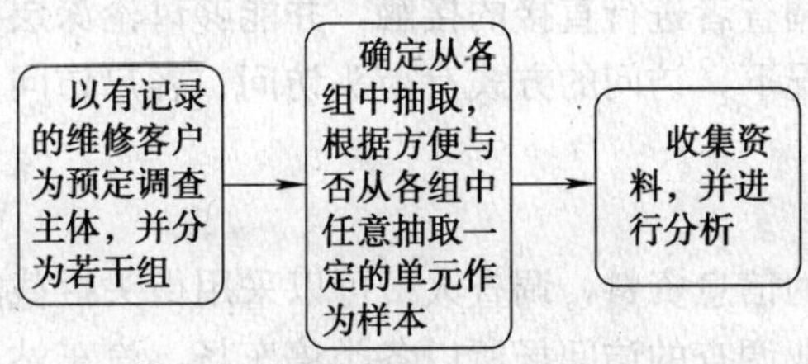

图 4—12　配额抽样示意图

（4）滚雪球抽样。在总体不确定的情况下，先在已知单元中抽取少量样本，然后以滚雪球的方式扩大。例如，某公司拟组建汽车俱乐部，但不知道客户喜欢哪些服务形式，即可采取这种抽样方式，如图 4—13 所示。

各种抽样方法的比较见表 4—2。

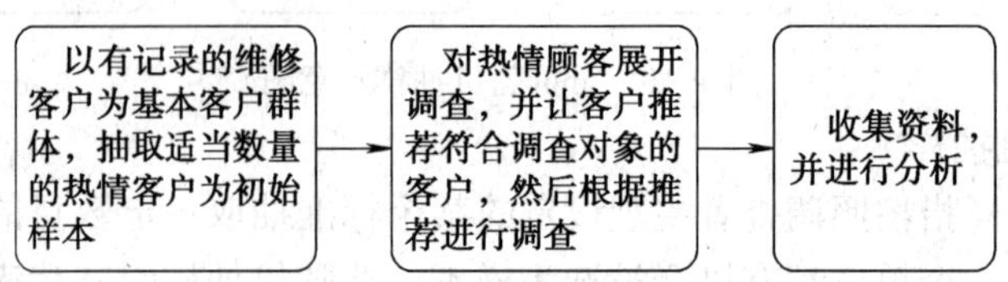

图 4—13　滚雪球抽样示意图

表 4—2　　各种抽样方法的比较

抽样方法		代表性	准确程度	技术含量	收集效率	主观影响	成本	适用范围
随机抽样	简单随机	一般	一般	一般	差	一般	一般	因果、描述
	分层随机	好	好	高	差	小	高	因果、描述
	分群随机	一般	一般	一般	一般	小	一般	因果、描述
非随机抽样	便利抽样	差	差	低	高	大	低	探索性
	典型抽样	差	差	低	高	大	低	探索性
	配额抽样	差	差	低	高	大	低	探索性
	滚雪球抽样	差	好	低	差	大	高	探索、因果

第四节　市场调查中的访问技巧

访问面谈是市场调查的常用手段之一，在访问调查中，调查人员的服饰穿着、语气表情、询问方式都会影响到调查能否成功进行。

一、访问的工作流程

访问可以和被调查者进行直接的接触，并能够讨论深层次的问题，所以经常被采用。一般情况下，访问的方式有街头访问、客户访问、拜访访问和小组访问等几种方式。

1. 街头访问

为获得第一手的信息资料，调查人员可以采用街头拦截的方式进行访问调查。汽车销售类企业调查的访问场所以各类停车场、汽车站、火车站的有车族集聚地为宜，时间也应控制在 10 min 以内，工作流程如图 4—14 所示。

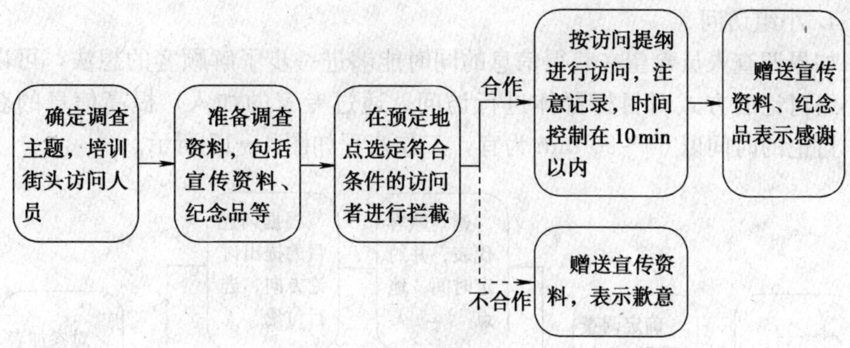

图 4—14　街头访问流程图

2. 客户访问

调查人员希望访问获取较多的深层次信息时，可以针对已有的客户进行访问，访问的时间以 30～45 min 为佳，工作流程如图 4—15 所示。

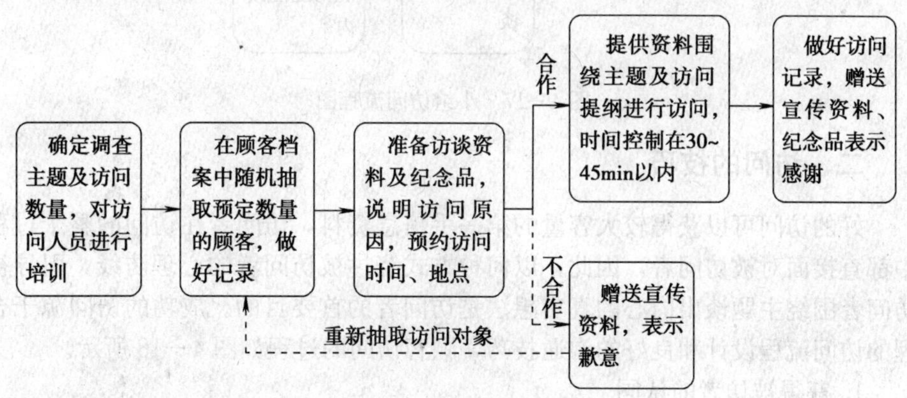

图 4—15　客户访问流程图

3. 拜访访问

如果调查人员希望获得更多的信息资料，可以采用对目标消费人群进行登门拜访的方式进行资料收集，访问的时间以 30～60 min 为佳，工作流程如图 4—16 所示。

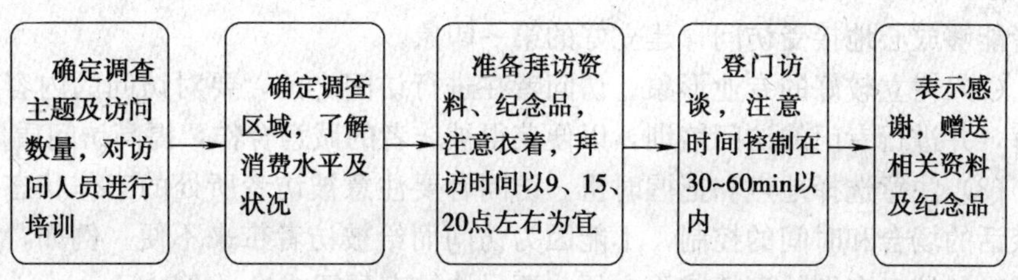

图 4—16　拜访访问流程图

4. 小组访问

如果调查人员希望在获得信息的同时能够进一步了解顾客的想法，可以采用小组讨论的方式对目标群体进行访问，通过专家的加入，提高信息的获得量，讨论的时间以 60～90 min 为宜，工作流程如图 4—17 所示。

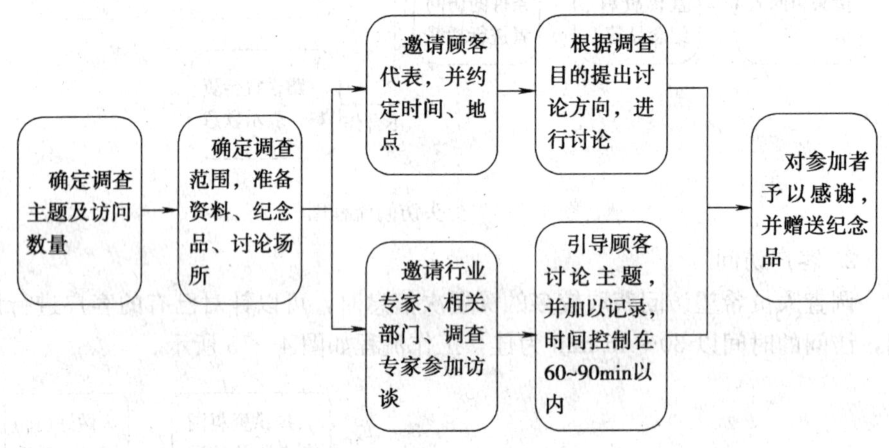

图 4—17　小组访问流程图

二、访问的技巧

好的访问可以获得较大容量的第一手信息资料，访问者在访问的整个过程中都直接面对被访问者，因此，以何种方式绕过被访问者的心理防线，引导被访问者围绕主题谈出内心的真实想法是访问者的首要目的。成功的访问源于合理的访问流程设计和良好的沟通技巧，顾客访问的过程如图 4—18 所示。

1. 获得被访者的认同

进行访问的首要任务是访问者获得被访者的认同，而访问者面对的是不同阶层、不同年龄的被访者，他们一般并不认识访问者，他们往往根据访问者的服饰、发型、性格、年龄、声调、口音等来决定是否采取合作态度。好的访问要做好以下几个方面：

（1）访问者要注意好的仪态。访问的成功首先是访问者要赢得被访者的好感，必须保持本身仪容端正、用语得体、态度谦和礼貌，给人以亲切感，使被访者能够放心地接受访问，建立好的第一印象。

（2）树立较好的专业形象。访问者在进行访问之前，要对访问的内容充分了解，并进行专门的访问培训，以便获得被访者的诚意合作，提高访问质量。

（3）注意选择地点和把握时机。访问者要注意被访者所处的工作状态，注意谈话的场合和时间的控制，不能因为访问而给被访者带来不便。例如，如果访问时被访者有别的事情或不方便，要尽快结束访问或换一个时间。

（4）注意语言技巧，谈吐诚恳有礼，做好自我介绍。访问者要注意周围的

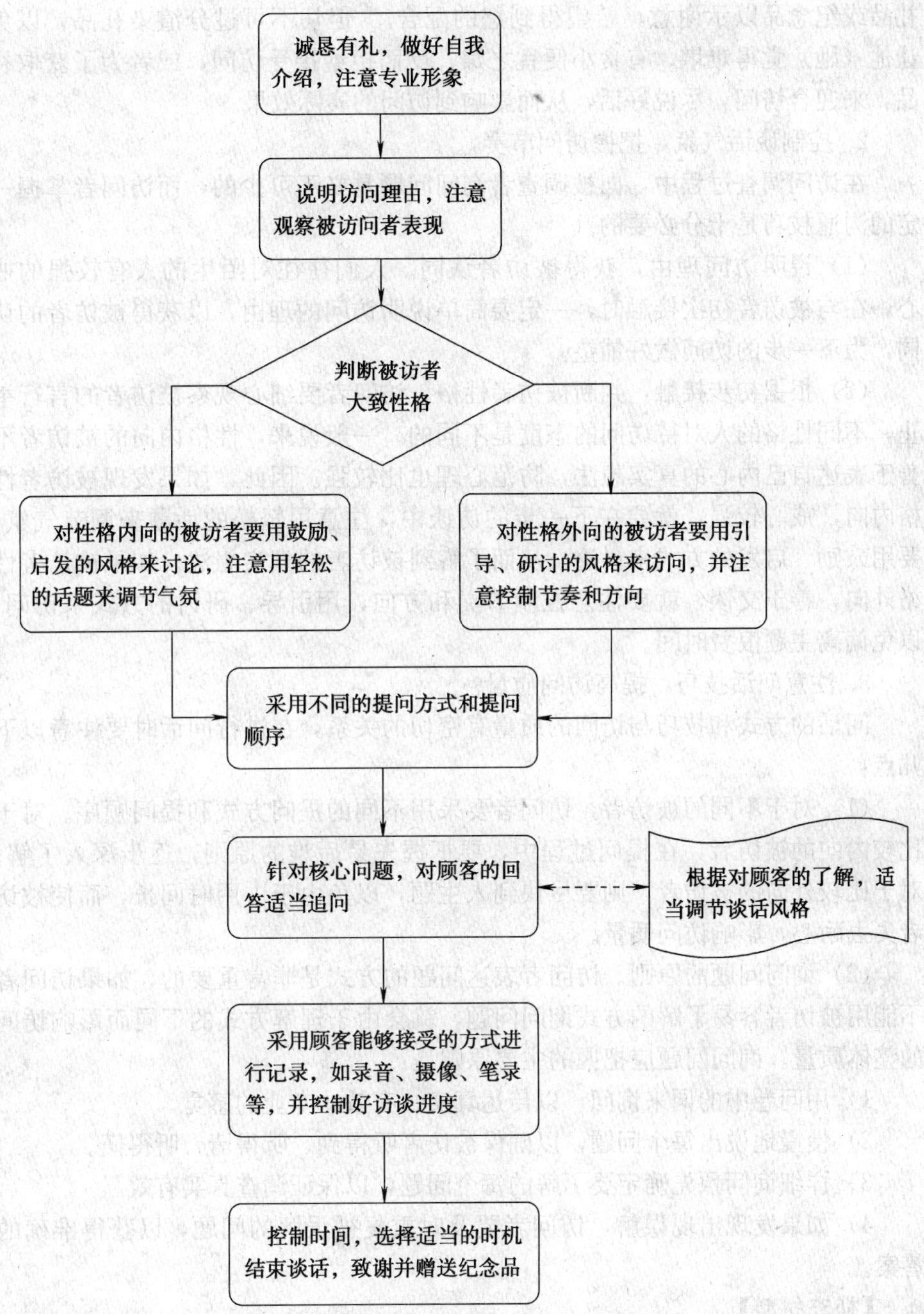

图 4—18 顾客访问过程

环境，营造好的谈话气氛，注意语言技巧。例如，访问者如果备有礼品，在访问开始时，访问人员可以委婉地暗示："我们将耽误您一点时间，届时备有小礼品或纪念品以示谢意，希望得到您的配合。”但切不可过分渲染礼品，以免让他（她）觉得难堪，有贪小便宜之嫌，反而拒绝接受访问，或者为了获取礼品，来迎合访问，尽说好话，从而影响到访问的实际效果。

2. 控制谈话气氛，把握访问节奏

在访问调查过程中，向被调查者询问问题是必不可少的，而访问者掌握一定的沟通技巧是十分必要的。

（1）说明访问理由，获得被访者认同。人们往往对陌生的人有较强的戒心，在与被访者初次接触时，一定要简单说明访问的理由，以获得被访者的认同，为下一步的访问做好铺垫。

（2）根据初步接触，判断被访者性格。访问者要细心观察被访者的言行举止，不同性格的人对待访问的态度是不同的。一般说来，性格内向的被访者不善于表达自己内心的真实想法，防范心理也比较强。因此，如果发现被访者性格内向，戒心较强，就要在下一步的访谈中，注意用轻松的话题来调节气氛，要用鼓励、启发的方式来讨论，从而了解到被访者的真实想法。如果被访者性格外向，善于交谈，就要注意控制节奏和方向，用引导、研讨的方式来访问，以免偏离主题浪费时间。

3. 注意问话技巧，提高访问质量

问话的方式和技巧与访问的质量有密切的关系，在进行问话时要注意以下几点：

（1）对于不同的被访者，访问者要采用不同的提问方式和提问顺序。对于比较内向的被访者，在提问过程中，要把握先易后难的原则，逐步深入了解；对于比较外向的被访者，则要尽快到入主题，以免由于占用时间长，而使被访者失去耐心，影响访问质量。

（2）询问问题的原则。访问者表达问题的方式是非常重要的，如果访问者不能用被访者容易了解的方式询问问题，就会由于理解方式的不同而影响访问的整体质量。询问问题应把握的主要原则是：

1）用问卷中的词来询问，以传达真实、有效、专业的感觉。

2）慢慢地说出每个问题，以确保被访者听得到、听得清、听得懂。

3）详细询问预先确定要了解的每个问题，以保证调查真实有效。

4）如果发现出现误解，访问者要及时重复被误解的问题，以获得准确的答案。

【补充材料】

被访者有时会不理解问题中的一些概念，他们通常会要求做出澄清，如果访问指导上没有要求做出特别的解释，访问者不得随意解释。但访问者经常用他（她）自己的定义或随便做出解释，这是访问偏差的来源之一。因为每个访问者的解释可能并不一样，并且有些解释可能是错误的，建议的方法是重复问题或回答“正如您想的那样好了”。

又如在许多场合，被访者会自愿提供一些与下面估计要问的问题相关的信息，在这种情况下，访问者不能不按顺序而去回答那个问题，而是要调整应答者的思路，使其不要离题太远，但又不能影响应答者的情绪。访问者可以这样说：“关于这个问题，我们等一下再讨论，让我们先讨论……”通过按序询问每个问题，就不会有漏问问题的现象发生。

（3）访问的问话技巧。问话的技巧是实现调查的重要手段，一般常用的方法有：

1）重复问题。当应答者保持完全沉默时，被访者也许没有理解问题，或还没有决定怎样来回答，重复问题有助于被访者理解问题，并会鼓励其应答。

2）观望性停顿。访问者认为被访者有更多的内容要说，可采用沉默性追问，伴随着观望性注视，也许会鼓励被访者收集思想并给出完整的回答。当然访问者对被访者必须是敏感的，以避免沉默性追问成为逼迫他（她）也保持沉默的原因。

3）重复被访者的回答。对一些核心话题访问者可以逐字重复被访者的回答，以刺激被访者扩展他回答问题的深度和广度。

4）中性的问题。适当地问一个中性的问题，向被访者指明要寻找的信息类型。

如果访问者认为被访者的动机应当澄清，他（她）也许会问：“为什么您这样认为呢?”如果访问者感到需要澄清一个词或短语，他（她）也许会说：“您的意思是……”

（4）访问的追问技巧。追问是进行开放性问题调查的一种常用技术。开放性问题对访问者来讲具有更大的难度，但开放性问题可以让被访者充分发表意见，使调查获取更多的信息。追问的目的是鼓励被访者积极回答，这些追问应当是中性的，不应当有任何提示或诱导。

错误的做法：您不喜欢这一款式？您是指款式太保守了吗？

正确的做法：您不喜欢这一款式，那么不喜欢这一款式的什么方面呢？

追问可以分为两类，一类是勘探性追问，另一类是明确性追问即澄清。

1）勘探性追问。在被访者已经回答的基础上，进一步挖掘、询问问题，目的在于引出被访者对有关问题的进一步阐述。

问：您喜欢这款车型什么呢？

第一次回答：外观漂亮。

追问：您还喜欢什么呢？

第二次回答：驾乘舒适。

追问：您还有没有喜欢的呢？

第三次回答：没有了。

2）明确性追问，即澄清。让被访者对已回答的内容做进一步详细的解释，目的在于进一步明确被访者给出的答案。

问题：您喜欢这款车型什么呢？

第一次回答：很好，不错。

追问：你所谓的“很好，不错”是指什么呢？

第二次回答：舒适。

追问：怎么个舒适法呢？

第三次回答：坐在驾驶位置，操作方便，感觉很好。

是否具有使用中性的刺激来鼓励被访者给出澄清或扩展他们回答的能力是判断访问者是否有经验的标志。访问者可根据情况选择不同的追问技巧。

4. 记录回答

记录回答是进行信息转换的关键环节，后期的分析人员要根据访问记录来判断信息的有效性。通常可以采用的记录方式有录音、摄像、笔录等。

（1）录音、摄像。录音、摄像是对访问进行记录的最好方式，但会对有些被访者带来很大的心理压力，从而影响问题的整体回答质量。

（2）笔录。笔录是一种方便有效的记录方式，给被访者带来的心理压力也很小，但访问者要注意记录技巧。例如，对访问者来说使用钢笔还是铅笔这似乎没有多大意义，但对必须擦去并重写模糊的字的研究人员而言，用铅笔就非常重要。

1）封闭式问题的记录。封闭式问题的应答规则随着具体问卷变化而变化，一般是在反映应答者回答的代码前打勾或画圈。访问者不能省略记录过滤性问题的答案，要记录应答者对问题的实际回答。

2）开放式问题的记录。开放式问题要在访问期间使用被访者的语言记录，而不要摘录或释义应答者的回答；记录要包括与问题目标有关的一切事物以及访问者的追问问题。

5. 结束访问

访问者需准确把握访问的结束时间，检查核实调查问题的记录情况，致谢并赠送纪念品后再离开。

第五节　市场调查的问卷设计

问卷是收集资料的重要工具，它由调查者设计，可用来了解各种事实、行为、观念、态度方面的表现。利用问卷进行调查是现代社会最常用的方法之一，具有广泛的用途，发挥着重要的作用。

问卷调查的优点是具有匿名性，同时不受空间的限制，可以节省费用、时间、人力，减少意外情况的干扰，更有利于调研人员对所调查的对象进行分析和研究。问卷调查的缺点是对被调查者有文化要求，被调查者必须有能力能准确获知问卷的信息；二是被调查者有很大的自由度，因此，问卷的回收率、有效率等不好控制；三是调查问卷所获得的资料必须全面分析后才能够应用，而不能机械地盲目使用。

一、问卷的结构与设计步骤

1. 问卷的结构

问卷一般由封面信、指导语、问题与答案、结束语等部分组成。

（1）封面信。封面信是一份致被调查者的短信，用来向被调查者说明调查的组织和个人的身份、调查的目的和意义、调查的内容、对调查者的要求以及对调查者的参与表示感谢等。封面信的篇幅不易过大，文字要简洁、准确，语气要谦虚、诚恳。

（2）指导语。指导语是指导被调查者正确填写问卷的说明。指导语一般既可以放在封面信后，集中对问卷的填写方法、要求、注意事项等加以总的说明；也可以放在某类或某个需要专门说明的问题之前，用括号括起来，对该类问题的填写加以说明。如果是集中说明可用“填写说明”为标题给出。

（3）问题与答案。问题与答案是设计者将需要获得的信息转变成一系列特定的问题，这些问题是被调查对象能够并且愿意回答的。

（4）结束语。一般放在问卷的最后，主要是对被调查者的配合表示感谢，以及征求被调查者对问卷涉及内容的意见和看法。

2. 设计调查问卷的步骤

设计问卷的步骤如图4—19所示。注意事项如下：

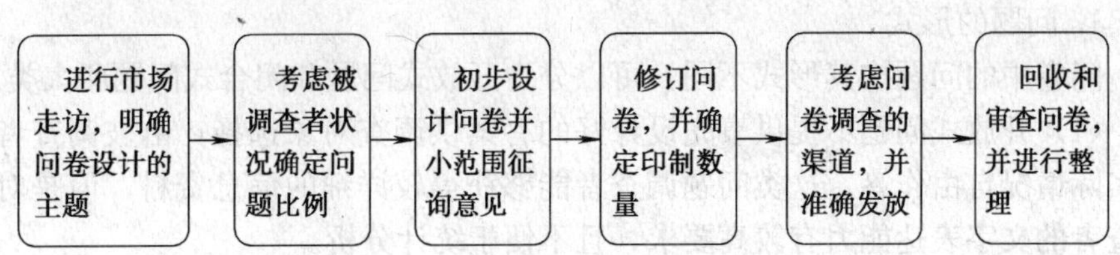

图4—19　设计问卷的操作流程图

（1）要明确主题。在接受一个调查项目以后，委托人通常只给调查单位一个大致的范围，如销售问题、消费者对产品的需求情况等。在这种情况下，调查者需清楚委托人的调查目的和调查结果的用途，以便确定对各种资料信息的取舍、调查问卷中应侧重的方面及调查对象。

（2）要搞好初期的市场分析。好的调查问卷源于对实际情况的了解和熟悉，因此，在设计问卷之前，设计人员一定要到实际工作之中去，和一线的人员交流沟通，从而掌握第一手的信息资料。同时，问卷的设计一定要考虑被调查者的答题能力，他们的文化程度、社会经验、从事的职业等都与问卷的可行性有密切的关系。

（3）可以用框图法进行问卷的整体设计。框图法是根据调查的问题设计出问卷的整体框图，然后根据各个组成部分的情况设计出具体的问题与答案，再按一定顺序排列好并组合到一起。具体操作过程如图 4—20 所示。

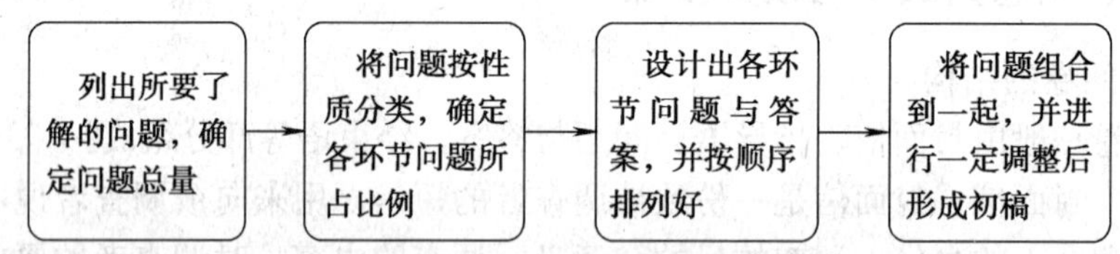

图 4—20　框图法操作流程图

（4）问卷的初稿要进行试用和修改。问卷的初稿要修改和征求有关人员的意见，以便使调查的结果更加符合实际情况。

（5）回收和审查调查问卷。回收的调查问卷并不是每一份都能够应用，所以应对回收的问卷进行审查。在回收的问卷中，对于遗漏项太多或漏选关键项的资料，予以作废处理；如果还可用时，一般要将漏项用空白表示或以其他代号表示；对含义模糊的答复，根据情况，要么作废，要么参考前后几个问题的回答来判断等。

二、问题的设计

问题是问卷的核心部分，在设计问题时，通常要考虑问题的内容、类别、格式、措辞和顺序。

1. 问题的形式

问卷中的问题按其形式不同，可以分为开放式问题和闭合式问题两大类。

（1）开放式问题不提供事先设计好的答案供调查对象选择，由被调查者根据实际情况自由作答。这类问题调查者能够获得较详细的信息资料，但是对被调查者的文字表达能力有较高要求，且不便于统计分析。

例如：您对私人购车有何看法？

（　　　　　　　　　　　　　　　　　　　）

（2）封闭式问题有一组事先设计好的答案供被调查者选择。这类问题比较容易提问、回答、处理和分析。但是，对于这类问题的回答受到设计者的思维定式的影响和限制。

例如：对于购买私人汽车您认为是否应有适当限制？

A. 是　B. 否　C. 看情况而定

封闭式问题按其表现形式，可以分为以下几类：

1）填空法。多用于几个字或一个数字就能回答的简单问题。

例如：您现有的轿车用了（　　）年。

2）二项选择法。它的回答项目非此即彼，简单明了。

例如：您是否已购买家用轿车？

A. 是　B. 否

3）多项选择法。有些问题为了使被调查者完全表达要求、意愿，还需采用多项选择法，根据多项选择答案的统计结果，得到各项重要性的差异。

例如：您买家用轿车是因为：

A. 经济条件允许　B. 自己开着玩，个人喜好　C. 上下班代步工具

D. 气派，赶时髦　E. 周围邻居或熟人都有　F. 为了旅游，出行方便

G. 其他（具体写出）

4）等距离量法。研究同一问题间的不同程度差别，通常用“很好”“较好”“一般”“较差”“差”一类的回答来表述。

例如：您是否想买一辆轿车？

A. 很想买　B. 想买　C. 不一定　D. 不想买　E. 不会买

5）顺位法。这种方法就是列举出若干项目，以决定其中较重要的顺序方案。

例如：您所知道的家用轿车品牌有哪些？

A. 桑塔纳　B. 捷达　C. 富康　D. 奇瑞风云　E. 别克

F. 飞度　G. 凯越　H. 其他

您最喜欢哪两种？

①首先（　　）　②其次（　　）

6）表格矩阵法。将同类的若干个问题及答案排列成矩阵，以一个问题的形式表达出来，以便于被调查者回答，节约篇幅。

例如：您对我公司的整体印象怎样？

项目	很好	好	一般	不好	很差
展厅环境					
服务水平					
维修技术					
其他					
合计					

2. 问题的表述

问题的表述方式在答卷调查中，对调查结果有绝对的影响，以下是值得注意的几个方面：

(1) 问句表达要简洁，通俗易懂，意思明确，不要模棱两可，避免用一般或经常等词语。例如：

问：“您最近经常驾驶汽车吗?”这里“最近”是指“近一周”还是“近一月”“近一年”;“经常”是指间隔多久，意思不明。

问：“您会购买捷达轿车吗?”这一问句实际上将买汽车和喜欢的品牌放在一起，让人不易回答。

问：“购车时您首要考虑的是发动机的输出功率吗?”这一问题有专业术语，消费者可能不理解。

(2) 问题要单一，避免多重含义。例如：

问：“您认为我公司的维修技术和服务质量怎样?”维修技术和服务质量是两个问题，消费者不好作答。

(3) 要注意问题的客观性，避免有诱导性和倾向性的问题，以免使答案和事实产生误差。例如：

不应问：“捷达车耐用，维修方便，您是否喜欢?”

应该问：“府上用的是××牌子的汽车吗?”

(4) 避免过于涉及个人隐私。例如：

问：“您今年多大了?”“你结婚了吗?”最好转换为“您是哪一年出生的?”“您爱人从事什么工作?”

(5) 问题要具体，避免抽象和笼统。问题太抽象和笼统会使被调查者不好作答。例如：

问：“您认为当前汽车行业的发展趋势怎样?”

这一问题过于笼统，涵盖的调查范围可以是全国，也还可以是指全省，还可以是各种汽车车型的未来发展趋势，被调查者很难回答。

(6) 调查语句要有亲切感，并考虑到答卷人的自尊。例如：

您暂时不买小轿车的原因是：

A. 买不起　B. 款式不好　C. 使用率不高　D. 不会驾驶

这种提问措辞易引起反感，可以调整为：

您暂时不买小轿车的原因是：

A. 价格不满意　B. 款式不合适　C. 使用率不高

3. 问题的顺序

合理的问卷顺序有助于被调查者保持连贯的思路，以确保顺利地完成问题的回答。

(1) 第一个问题必须有趣且容易回答，以引起被调查者的兴趣。

(2) 重要问题放在重要地方。

(3) 问卷中问题之间的间隔要适当，以便答卷人看卷时有舒适感。

(4) 容易回答的问题在前面，慢慢引入比较难答的问题。

（5）问题要一气呵成，且应注意问题前后的连贯性，不要让答卷人情感或思绪中断。

（6）私人问题和易引起对方困扰的问题，应最后提出。

4. 相关联问题的设计

相关联的问题是指当某个问题是否需要回答或如何回答，取决于被调查者对该问题之前一个问题的回答结果。例如：

您是否已经购买了私家车？

A. 是 { 你是在哪一年买的？（　　）年；你买的是哪一种品牌？（　　）}

B. 否

三、问题答案的设计

封闭式问题通常是调查问卷的主要内容，可以说答案的设计与问题的设计同等重要。

1. 问题答案的设计原则

问题中答案的设计要遵循两条原则，才能保证问题设计的合理性和科学性。

（1）互斥性原则。互斥性原则是指同一问题的若干答案之间的关系是相互排斥的，不能有重叠、交叉、包含等情况。也就是说每一个答案都有与其他答案不同的特定含义，被调查者在选择答案时才能不至于发生混乱和重复。

错误问题：您现在从事的职业是什么？（请在适合您的答案后面画"√"）

A. 工人　B. 教师　C. 科技人员　D. 中学教师　E. 农民　F. 医生

G. 建筑工人　H. 干部　I. 律师　J. 其他

这一问题中A与G，B与D不符合原则，它会造成统计混乱，这组答案设计错误的原因是由于职业的划分标准不统一。互斥性原则并不是答案唯一，而是所包含的内容唯一。

正确问题：您居住的小区生活上有什么不方便？（　　）

A. 买粮　B. 买副食　C. 买日用品　D. 交通

E. 娱乐　F. 孩子上学　G. 其他

（2）完备性原则。完备性原则是指所排列出的答案包括问题的全部表现，不能有遗漏。这一问题多出现在多项选择的问题当中，可采用的方法是将问题的主要答案排列出，供大多数人选择，同时把"其他"也作为一种答案。但应注意"其他"一定是非普遍性的答案，否则会影响到问卷的代表性。

您选择购买××品牌车的原因是（　　）。

A. 价格实惠　B. 外形美观　C. 品牌知名　D. 维修方便

E. 服务周到　F. 省油

如果这组答案这样设计，看上去都已列举出来，但肯定还会存在其他的情况，因此要再加一项“G. 其他”才能符合完备性的要求。

(3) 问题答案形式的设计

1) 将两个或两个以上的答案编号，置于问题之后由被调查者选择。

2) 将两个或两个以上的答案编号，并在每个答案后给出____、□、(　　)，置于问题之后由被调查者选择，并在____、□、(　　) 中做出标记。

3) 将多个答案不编号，放在表格的最上行中，与问题交叉对应，被调查者在表格每行的空格中作标记。

4) 规定被调查者用什么标记来表明自己选中的答案。一般有在答案编号上作标记，可以用×、√；在____、□、(　　) 处作标记，可采用×、√；在表格中作标记，可采用×、√、○等。

(4) 答案说明的编写。答案说明是规定被调查者选择适合的答案或需选出的答案个数。不同类型的题有不同的答案选择方式，而不是随意选择，调查者必须先说明答案的选择方式。例如，单选只能选择一个答案；多选可以选择几个答案；顺序选择题则要求被调查者将答案按先后顺序选择。总之答案的回答方式必须用简要的说明指出来，以免发生误答，影响准确率。

四、问卷的发放与回收

问卷的回收与发放是问卷设计的重要组成部分，和调查问卷的精度直接相关。问卷的发放渠道可以选择业务部门接待人员发放、专业网站发布、登门发放、邮寄等方式。

与其他方法一样，问卷调查的对象根据研究问题和调查对象的特点来选择确定。同时也应遵守各种调查方式的要求，如抽样调查可按随机原则或非随机地抽取样本，典型调查必须选择对总体具有代表性的单位，重点调查必须选择重点单位等。

问卷调查的调查对象与研究对象的个数是不同的，问卷调查受到问卷回收率和回收有效率影响，所以问卷调查中的调查对象数要比研究对象数大，才能保证调查的有效性。

问卷回收率是回收的问卷份数与发放的问卷份数之比，即：

问卷回收率＝回收问卷份数/发放问卷份数×100%

问卷回收有效率是有效问卷份数与回收问卷份数之比，即：

问卷回收有效率＝有效问卷份数/回收问卷份数×100%

在问卷调查中考虑到问卷回收率和问卷回收有效率的因素，应根据研究问题所确定的研究对象单位数来计算调查对象单位数，即应发问卷份数。其关系可表示为公式：

调查对象单位数＝研究对象单位数/问卷回收率×回收问卷有效率

【例】根据研究问题的需要，拟用问卷调查的方法去搜集资料，确定研究对象单位数为300户，问卷回收率为60%，问卷回收有效率85%，请确定共需发放多少张问卷才能满足要求。

调查对象单位数＝研究对象单位数/问卷回收率×回收问卷有效率

＝300/60%×85%＝588.2≈588（份）

答：最少应该发放588份才能满足调查的精度要求。

第六节 营销调研的程序

营销调研是帮助营销人员做出决策所需的开发和分析新信息的一种工作过程。营销的目的是为了满足顾客的需求，营销人员通过营销调研准确把握市场信息，以了解顾客的真实需求。

有效的营销调研源于参加者很好的合作态度。在市场激烈竞争的环境下，我们不能仅凭经验来判断顾客对某种产品或某项服务的反应，而应采用科学的方法，对企业的营销活动进行有序的研究，以减少经营失误。

营销调研可以采用五步法来进行，要注意的是营销调研的目的是使问题得到解决，如果五步法的某一步骤进行后问题仍没有解决，就要返回到前一个步骤，指出新问题或增加新信息（见图4—21）。

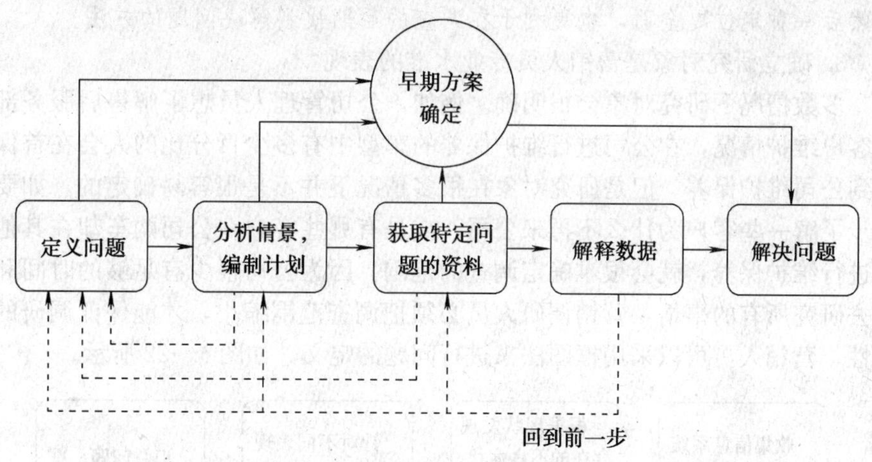

图4—21 五步调研法流程图

一、定义问题

定义问题是指营销调研要针对企业本身和企业想要了解的问题进行调

查、访问，从而明确企业调查的目的。只有明确了研究的对象，才能保证营销活动的成功。定义问题是进行营销调研的关键环节，通常要注意以下三个方面。

1. 好的调查源于完善的信息系统

要进行市场调查，首先源于企业内部完善的信息系统。在很多情况下，往往是决策层不了解一线的实际情况，而一线的工作人员又没有决策的参与权。如果企业内部没有完善的信息系统，就不能准确把握目标市场的需求，在发现问题准备调查时，也会由于定位不准而在并不重要的问题上浪费时间和金钱。可以说，能够找到重要的问题，仅等于成功了一半。

2. 不要把问题和症状相混淆

在实际工作过程中，很容易把问题和症状相混淆。问题是可能出现某一情况的前因，而症状则是问题发生后的表现。如果两者混淆，就有可能导致在调查中忽略相关的问题，从而花费很大精力，但在后期却无法很好解决问题。

【例】 假设一个企业的信息系统表明，在某些区域总体费用一定的时候，某车型的销量在某种程度上出现了下滑。这个时候如果将问题定为“应该如何制止销量下滑”就进入了误区，因为这是症状的表现，如果这样定义问题，调查的重点可能只放在促销手段、竞争对手或市场变化方面，但是产生问题的原因可能并不是这样。如果将问题定为：哪些因素会导致产品销量的下滑？那么调查的范围除去业务方面外，还包括人员的变动、公司业务培训变化等方面。显然后一种定位更全面，也更利于在调查的后期找到解决问题的方法。

3. 确立研究对象是营销人员专业水准的表现

多数情况下研究对象会很明确。例如，公司管理人员想了解售后服务部门的客户维护情况，在公司进行维护保养的车型中有多少百分比的人会在首保后仍到公司维护保养。但是研究对象在很多情况下并不是很容易确定的，如要进一步了解一些客户为什么不再来公司，或是有哪些客户在公司购车却在其他地方进行维护保养，就会很难确定调查的范围。因为公司很少有足够的时间和金钱去研究所有的事情，营销调研人员必须把调查范围缩小，才能保证调研的有效性。营销人员可以采用框图法来进行问题的定义，如图 4—22 所示。

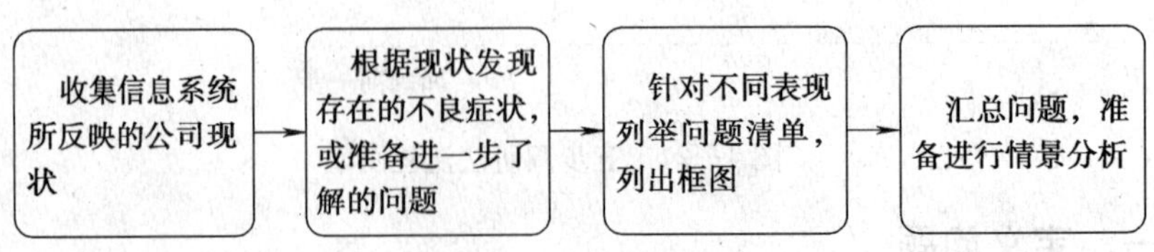

图 4—22 定义问题框图法流程图

二、情景分析，编制计划

把问题罗列出来后，首先要从获取问题的源头来寻找非正式的渠道可以了解的一些信息资料，并编制营销调研的计划，缩小调查范围，减少资源浪费，以便更好地获得信息并使问题得到解决（见图 4—23）。

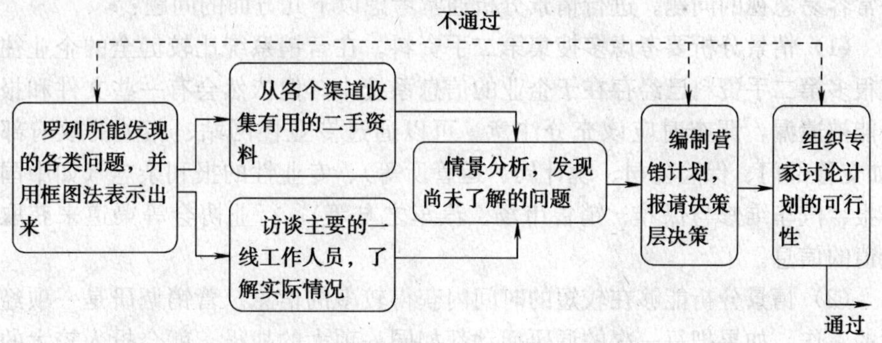

图 4—23　情景分析环节工作流程图

1. 确定进行情景分析的责任人

企业的营销调研工作可以选择企业自行调查和委托专业调查机构完成两种形式。目前国外的许多大的企业和组织，根据企业发展的需要，大都设立了专门的市场调研部门，有规律地进行营销调研已成为多数大中型企业固定性和经常性的工作，我国目前尚处于起步阶段，很多企业的营销调研主要由销售部门承担。专业的市场调查机构大致有三种类型：综合性市场调查公司、咨询公司，广告公司的调查部门。两种形式的优缺点对比见表 4—3。

表 4—3　　　　调查机构对比分析表

项目	企业自行调查	委托专业调查机构
优点	①成本低 ②对调查的项目更为熟悉 ③研究问题时针对性强 ④可以积累调查经验和大量的背景资料 ⑤可以锻炼销售人员业务素质	①客观性强，不受企业原有观点影响 ②具有专业的调查技能，拥有专业研究人员 ③具有长期积累的经验和对比背景资料 ④调查的精度较高
缺点	①缺乏客观性，受主观判断影响大 ②缺乏专业化的操作知识 ③调查的精度较难保证	①成本高 ②双方需要良好的沟通 ③保密性不强
连续性	容易有很好的连续性，易形成系统资料	连续性差，长期合作成本高
适用范围	竞争对手调查，营销组合调查，潜在用户调查等	宏观环境调查，企业投资决策，新产品开发等

2. 情景分析

情景分析主要是获得非正式渠道的信息，主要的途径有：与非正式人群进行的非正式谈话。非正式人群是指企业内的其他人员，如各非业务部门员工，与客户联系比较紧密的二级网点经销商，其他方面对汽车服务行业有所了解的人，汽车服务行业的其他人员等。在很多情况下，往往局外人能发现很多我们平常容易忽视的问题。进行情景分析通常考虑以下几方面的问题：

（1）情景分析要考虑多搜集第二手资料。在营销系统比较健全的企业往往有很多第二手资料已经存在于企业的信息系统中，但依然会有一些文件和报告可能被遗漏，调查时应该充分注意。可以通过专业性网站、相关的政府部门（如交警部门、保险公司、统计局、运管所等）、专业性的报刊杂志（如中国汽车报、汽车维修与保养、销售市场、汽车之友等）、行业协会等渠道来获取有价值的信息。

（2）情景分析能够在较短的时间内获得较多的信息。营销调研是一项经常性的工作，如果把每一次的调研活动都如同一项大的战役，就会投入较大的运营成本，从而得不偿失。而情景分析的信息渠道材料直接且投入也较少。

（3）情景分析帮助调研人员发现真实的问题。并不是每一个委托调查的人都能够准确表达想要了解的主要问题，在很多时候，销售一线的实际情况往往和决策层相脱节，所调研的问题就有可能不是真正的原因所在，只有在调研人员和决策层都了解实际情况的前提下，才能避免造成浪费。例如，某大型汽贸集团领导想要了解顾客对各地分公司的喜好程度，访问是以问卷形式出现的，但是当结果出来后，营销调研人员发现某两个店在当地的知名度差的原因：这两个店都是新设网点，仅仅是因为前期的宣传工作尚未展开。显然这样的调查是一种浪费。

（4）情景分析可以决定还有什么问题是需要解决的。通过情景分析，可以看到问题清单所列出的问题有哪些尚未解答，然后就可以进一步地确定还需要哪些信息来解答这些问题以及如何来获取这些信息。营销调研人员通过权衡、考虑，来决定下一步的工作应该如何进行。

3. 编写计划

有序的工作才能产生较理想的工作成果。营销调研人员可以通过编制确定什么样的信息需要收集以及如何收集的计划编制营销调研的计划，来协调相关人员的关系，缩小调查范围，减少资源浪费。计划书应该包括如何组织协调各有关责任人、收集信息的种类、采用何种方式搜集、谁来进行分析、在什么范围内调查、需要投入多少资金以及需要多长时间等内容。然后由决策层来决定该事件和投入是否有所值，从而提高工作效率。

三、获取特定问题的资料

要对特定问题做出一个客观的结论，仅凭第二手资料是远远不够的，还需要收集第一手资料。在多数第一手资料收集的过程中，调研人员的目的是要了解消费者对某些问题的看法，或者他们在特定的情况下会采取什么行动。有三种方法可以获得顾客的信息：询问法、观察法和实验法。用什么样的方法来获取资料与问题的性质、有多少时间和金钱可用来支配等问题有关。获得特定问题资料的工作流程图如图 4—24 所示。

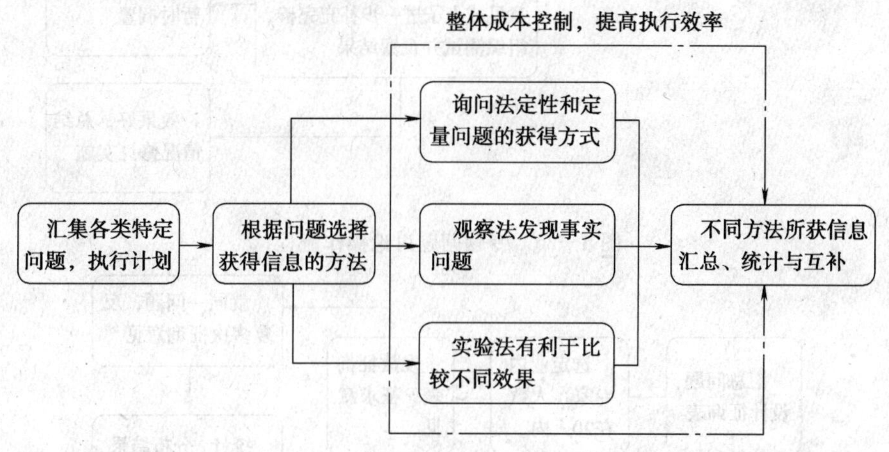

图 4—24 获得特定问题资料的工作流程图

1. 询问法的应用

询问法是一种经常被采用的资料收集办法，适用于收集原因、动机、意见类信息。可以采用两种问题询问方式来获得信息。

（1）定性问题。定性问题是指搜集一些深层次的、开放式的应答，调研人员通过启发被调查者在某个问题上的思维，而获得所需的信息。这一方法的优势在于可以深入，但要求研究者必须了解被调查者所说的内容，同时也要求调研者必须在过程进行中做出许多判断并进行整理。

1）专题问题讨论。专题问题讨论是指通过组织非正式集团的人选针对专门的问题进行访谈。在访谈的过程中，要求双向互动，访谈者要注意围绕主题激发参加人员的思维，以便获得较好的访谈效果。一般每次讨论人数控制在 10 人以内，时间 1 h 左右为宜。其工作流程如图 4—25 所示。

2）德尔菲法。德尔菲法也是一种专家调查的方法，但它不是通过面谈回忆的方法来征询意见，而是以“背对背”的方式函询专家，经客观分析和多次反复来获得意见的方式。这种方法的优点在于能够充分发挥各位专家的意见，避免盲从。其工作流程如图 4—26 所示。

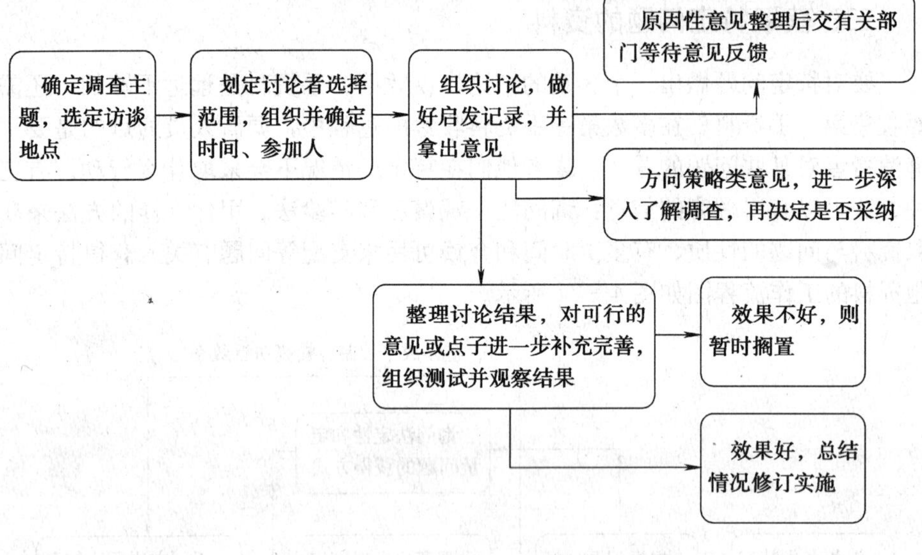

图 4—25　专题问题讨论操作流程

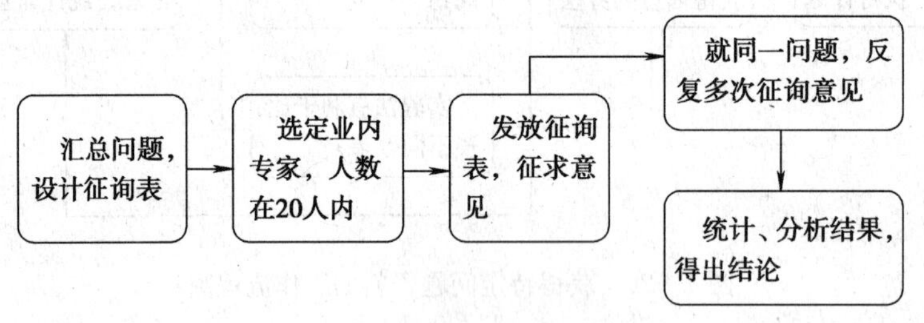

图 4—26　德尔菲法工作流程图

（2）定量问题。定量问题是指调研人员就同一个问题让被调查者选择答案，方便对问题的结果进行定量的统计，并对各种统计做出结论性的分析。这种方法调查的样本越大，代表性越大，它可以通过量化如百分比、平均数等统计方式来反映问题的内在表现。这一方法的优势在于可以在较短的时间内获得较大范围内的相关资料，但要求研究者需做好问卷的设计，并能够从搜集的数据中发现问题的关键所在。决定具体问什么问题以及如何问问题，通常与调查者是通过信件（或电子邮件）、电话或者人员访问等与被调查者的联系方式有关，同时运用的提问和回答的方法也可能对调查产生影响。

1）问卷调查。如果调查需要大范围的样本，可以采用问卷的形式，如邮寄、电子邮件或网络问卷等都是很有效的方式。问卷调查虽然可以在很短的时间内发放出去，非常便利、经济，但是问卷的响应率却有可能很低——被调查的人完成试卷的百分比很低，这样的调查代表性很差。可以说问卷的响应率直接影响到调查的准确程度。

2）电话调查。电话调查是一种快速有效的调查方法，能够很快地获得信息，但是并不是所有的人都喜欢接受电话调查，同时，一些较深层次的问题也无法展开。

3）人员调查。人员调查所需的调查成本要比其他的方式高，但是调查者很容易抓住和保持受访者的注意力，同时调查者还可以帮助解释复杂问题，以得到更好的回答。

2. 观察法的应用

观察法是通过观察或记录调查主体在自然状态下的行为（见图4—27）。如企业对服务情况进行调查，可以通过仪器记录和神秘顾客光顾两种方式来获得信息。在服务接待区安装探头，来观察记录服务接待人员的整个接待流程；或有意识地安排人员光顾本企业，然后向有关部门报告接待情况、服务质量、店面环境状况等。观察法要注意做好行为记录和调查准备工作才能保证收集信息的准确性。

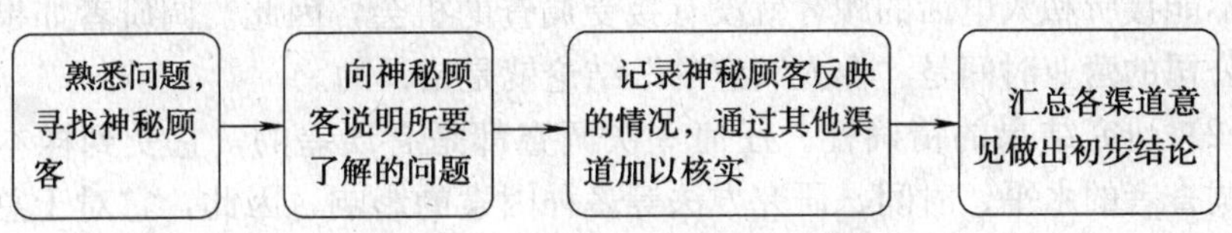

图4—27 神秘顾客访问操作流程图

3. 实验法的控制条件

实验法（见图4—28）是了解原因、事实类依据常用的方法之一。调研人员可以比较两组或多组之间除了相似特性以外的不同反应，例如，对产品的喜好程度，广告的效果等。在数据不全或其他调查方式需要花费太多的时

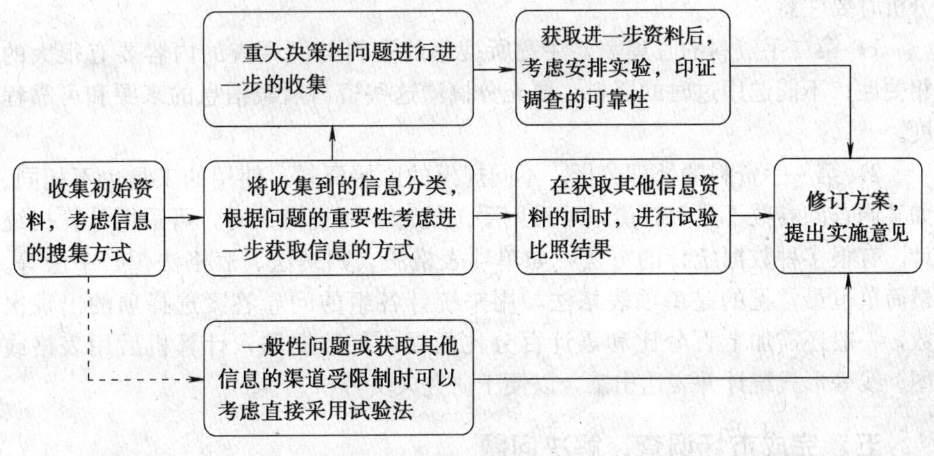

图4—28 采用实验法工作流程图

间和精力时，营销人员可以通过实验的方法来简化信息收集的程序，以提高效率。

四、解释数据

在信息收集工作完成后，重要的是做好资料分析工作，了解清楚数据背后的真实含义。

1. 信息收集工作的局限性

营销研究人员要灵活地运用调查所获得的信息，信息收集工作由于受到客观环境的影响是存在误差的。在信息收集的过程中要注意：

（1）样本的代表性。在多数情况下调查的对象并不是总体，都是从总体中抽取一些样本来进行研究的，因此，样本的代表性对调查的结果影响十分大。例如，某汽贸公司就顾客对公司的营业时间进行满意度电话调查，如果调查全部是在工作时间进行，所得的样本就不具有代表性。因为每天在外工作或工作时间不能接听私人电话的顾客就没有接受调查的机会，因此，调研者如果得出汽贸公司的营业时间是“令人满意的”结论就是错误的。

（2）研究结果的精确性。任何一次调查都是有误差的，它受到样本的选取、调查者的水平、时间、研究方法等多种因素的影响，因此，它对于总体的真实反映是存在误差的。营销人员要时刻清醒，营销调研的结果只能是近似值，因此，对结论的近似含义也要考虑到。

（3）注意根据实际情况进行解释。进行数据分析的营销人员在分析之前要了解实际情况，因为数据只能反映样本表现出来的情况，有很多问题在实际工作中与之有差距。

（4）采用有效的分析方法。不同途径获得的资料分析方法不尽相同，进行分析时要注意：

1）第二手资料的收集需要注意所搜集的资料与所调查的内容要有很大的相关性；不能选用过时的资料；要充分搞清这些资料所载信息的来源和可靠程度。

2）第一手资料的处理分析。不同规模的原始资料，使用的工具也不相同。如某调查问卷数不足100份，可采用手工统计；而规模大时，可采用计算机统计。有很多种数据统计的方法，如单项表格法、归纳法、表格法、归中法等。最简单也最常见的是单项表格法，用来统计各组的问卷答案选择项的出现次数，一般还需加上百分比和累计百分比两项，将数据输入计算机后用表格或图、线等形式统计并表达出来，以便于研究人员分析。

五、完成市场调查，解决问题

解决问题必须放在营销调研的最后一个环节，营销决策人员根据调研的结果来为营销决策提供依据。营销调研的结果一般以市场调研报告的形式来反映。

市场调查报告是整个计划、实施、收集、整理过程的总结，是营销调研人员的劳动成果，也是顾客需要的最重要的书面结果之一。它是一种沟通、交流形式，其目的是将调查结果、战略性的建议以及其他结果传递给营销决策人员或其他担任专门职务的人员。因此，分析调查结果，明确给出调查结论，认真撰写调查报告，是报告撰写者的责任。

专门性的报告纲要如下：

1. 调查结果的摘要

将调查的主要发现予以摘要说明。

2. 调查目的

该调查的目的及各种研究假设。

3. 调查方法

调查设计、资料收集的方法与抽样方法。对调查要尽量讲清是使用何种方法，并提供选择此种方法的原因。相当一部分的内容是数字、表格，要用最准确、最恰当的语句进行分析描述，对这些的解释、分析，结构要严谨，推理要有一定的逻辑性。还要把在调查中出现的不足之处说明清楚，不能含糊其辞。必要时还需将不足之处对调查报告的准确性有多大程度地影响分析清楚，以提高整个调查活动的可信度。

4. 资料分析

这是专门性报告的最主要部分，包括调查结果和统计图表。

5. 结论与建议

有关建议的概要部分包括必要的背景、信息、重要发现和结论，有时根据阅读者的需要，提出一些合理化建议。

6. 附件

内容包括一些过于复杂、专业性的内容，通常将调查问卷、抽样名单、地址表、地图、统计检验计算结果、表格、制图等作为附件内容，每一内容需编号，以便查询。

第七节 营销调研实例

调查背景：某汽车专营公司××品牌专卖店从 2003 年开业以来，年销量稳定在 700 台左右，月均销量 55 台；年维修服务 9 800 台次左右，年平均日进车量 27 台。但在 2005 年，公司业务发生滑坡，销售车型压库现象严重，维修服务台次下降，赢利水平降低，出现亏损迹象：2005 年 6 月—2005 年 9 月，平均月销量仅 18 台，售后服务日进车量下降到 15 台次。公司领导想尽办法，进行各种促销活动，但收效甚微。于是公司决策层在咨询有关专家后，决定对公司进行一次较大的营销调研活动，以制定下一步的工作计划，扭转局面。为保证调查的真实、有效、客观，公司决策层请营销调研人员展开调研。

一、确立问题

调研人员介入后，首先要求决策层领导对调研活动暂时不要公开，而是作为神秘顾客到公司接受服务，同时在当地随机选取 3～4 个同类企业也进行了侧面的走访，在这一过程中与各层次员工进行了简单的访谈，然后与决策层就所要调查的问题也进行了交流。调研人员发现了如下问题：

◎公司内部资料不全，信息不畅。

◎公司业务滑坡较大。

◎基层员工牢骚满腹，情绪不稳定。

◎决策层与基层员工反映的问题出入很大。

◎为顾客提供服务存在扯皮、推诿现象。

◎当地经济环境趋于好转。

营销调研人员经过初步了解，确定如下问题为调查主题：

◎公司代理品牌市场情况。

◎影响公司业务量的原因。

◎顾客满意度调查。

◎更适合目标群体的广告形式。

为此，调研人员制定出营销调研工作流程图，如图 4—29 所示。

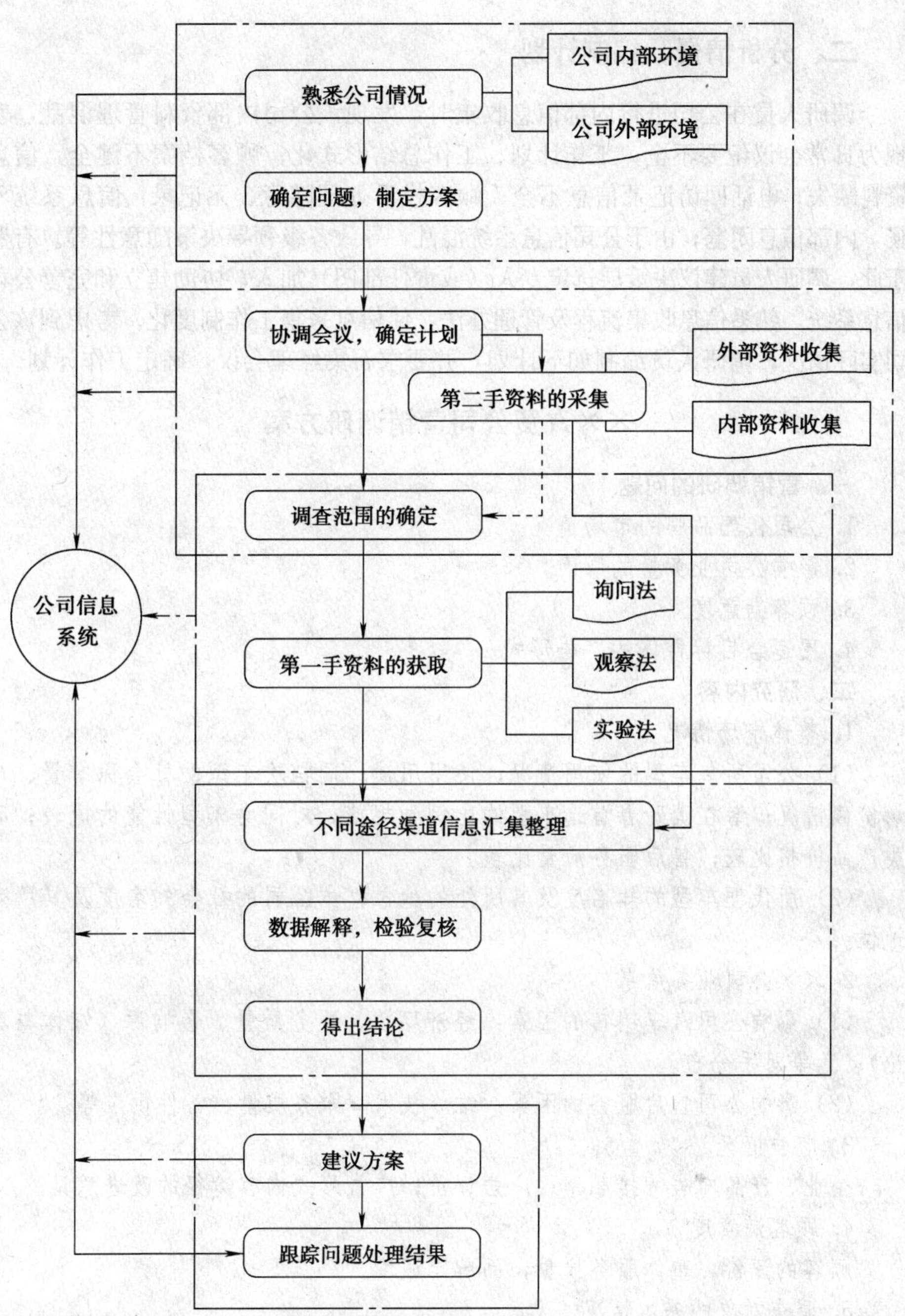

图4—29 企业营销调研工作流程图

二、分析情景，编制计划

调研人员在公司进行内部信息收集时，发现该公司内部资料管理混乱，表现为日常会议纪要不全；工作计划、工作总结形式化；顾客档案不健全，信息资料缺失；电话回访记录信息不全；顾客投诉处理随意、无记录；信息系统不畅，内部信息闭塞；由于公司信息系统混乱，导致各级领导决策随意性等。有鉴于此，调研人员建议决策层选定专人（或责任部门）加入，协助建立和完善公司信息系统，熟悉信息收集流程及管理办法，使信息采集工作制度化。考虑到该公司实际情况，调研人员编制如下计划，并要求召集经理会议，确定工作计划。

××汽贸公司营销调研方案

一、营销调研的问题

1. 公司代理品牌的市场情况。

2. 影响公司业务量的原因。

3. 顾客满意度。

4. 更适合目标群体的广告形式。

二、研究内容

1. 整体市场情况

(1) 公司所售车型的使用情况；使用用途；同档次车型的社会保有量、市场份额情况；潜在消费者首选车型的比例和规格；对同类车型性能的比较；同类产品价格比较；售后服务质量比较。

(2) 所代理车型的知名度及其所处的地位；本公司的社会知名度及其所处地位。

2. ××公司业务信息

(1) 影响公司汽车销售的因素：经济环境、服务质量、影响源（媒体与舆论）、竞争对手分布。

(2) 影响公司售后服务的因素：维修技术、服务质量、备件供应等。

3. 广告情况

企业、产品广告的接触率；广告评价；广告形式内容途径的改进意见。

4. 顾客满意度

顾客的评价，整体服务质量，品牌忠诚度。

5. 调查对象的基本情况

性别、文化程度、年龄、职业、个人收入。

三、研究方式

1. 对多家同类公司现场访谈（秘密）。

2. 对公司所有顾客电话访问或上门拜访。

3. 驾驶训练学校、出租车公司访查。

4. 老顾客推荐。

5. 问卷为主、访谈为辅。召开两次有老顾客参加的销售、售后人员交流访谈会。

6. 组织实验小组了解广告宣传效果。

7. 调查与公关相结合。

四、样本情况

1. 城市样本：××市

2. 集体样本：从全市中随机抽取3所驾驶学校，2家汽车出租公司。随机抽取全市车管所2家。

3. 顾客样本：从购车客户中选取100～150人；从公司售后顾客随机抽取200～250人；对公司员工进行普遍调查（包括近期离职人员总数的50%）。

4. 潜在顾客样本：老顾客推荐、目标消费群随机抽取150～200人。

5. 经销商样本：所有同品牌车型竞争对手；竞争车型3～5家。

五、调研的实施计划

考虑公司的实际情况，为提高营销调研的工作效率，大体将调研活动分为五个阶段，见表4—4和图4—30。

表4—4　××公司营销调研工作安排表

调研阶段	主要工作内容	工作目标	工作效果	操作要领	时间控制
初步了解	全面了解公司内外环境情况	对公司大体情况有所了解	发现不合理现象，掌握调查方向	自然状态下信息要客观、全面	应在2～3天内完成
	制定计划，并获取决策层的支持认可	制定计划，获得认可	确立问题，制定调研计划	计划直观、简洁、可操作	应控制在一周内完成
第二手信息收集整理	内部第二手信息资料的收集整理	收集公司各部门文件、计划、总结、网络站点等各类书面信息	内部信息全面采集，使调查的方向性、针对性更强	规范、保密、登记归档	应控制7～10天内完成
	多渠道收集第二手信息资料	网络、相关报刊杂志、政府部门统计资料收集整理	系统、全面地收集针对性强的信息	信息资料的时间、案例的地域要与公司背景相似	应控制在一周内完成，可与以上环节重叠
	协助进行信息系统的建设与完善	绘制信息系统工作流程图，健全信息管理流程，将公司内部信息分类、归档	要求专门部门负责，职责明确，调查的过程清晰可记录，初步建立信息收集模型	专人、有记录、流程图、规范化、保密性	伴随调查营销调研工作始终

续表

调研阶段	主要工作内容	工作目标	工作效果	操作要领	时间控制
第一手信息收集整理	确定调查范围	确定调查范围、样本、预算，进行高层会议，通过方案	范围恰当，费用支出合理，样本代表性强	成本核算、样本的代表性、高层支持	计划可在前期完成，锁定目标在一周内
	进行访问、观察	召开1～2次顾客恳谈会，调研人员扮演神秘顾客收集信息资料	所获取的信息资料真实有效	自然状态下、客观、全面	控制在1～2周内完成，问卷1个月
	实验	选择广告或某一部门对发现的问题进行实验，包括对比实验和小批量实验	通过实验确保所提的意见或建议是可操作、可控制、有效的	可推广，有记录，及时调整	控制在2～3周内完成，时间可伸缩
数据整理	第二手信息分析	将资料分门别类，去芜存菁	完成书面性调查材料	避免泛泛而谈，不切实际，可观而不可行	2～3天内
	第一手信息分析	对不同方法所获得的资料，判断其有效性，根据信息来源的可信程度，采用数理统计的方法系统分析	符合实际情况，运用方法科学有效	要充分考虑实际情况，采用的方法以有效、实用为主	一周内完成
解决问题	提出方案，解决问题	提出切实可行的建议，并附有实施方案，召开决策层会议，获得高层支持，开始整改	建立信息系统，解决实际问题	系统、方法、执行、落实	一个月内，或根据实际情况放宽到3个月
	效果控制	保证调查结果的运用，并注意调整可能出现的问题	问题解决，信息系统运行正常，形成良性循环	执行、监督、信息工作制度化	长期的工作

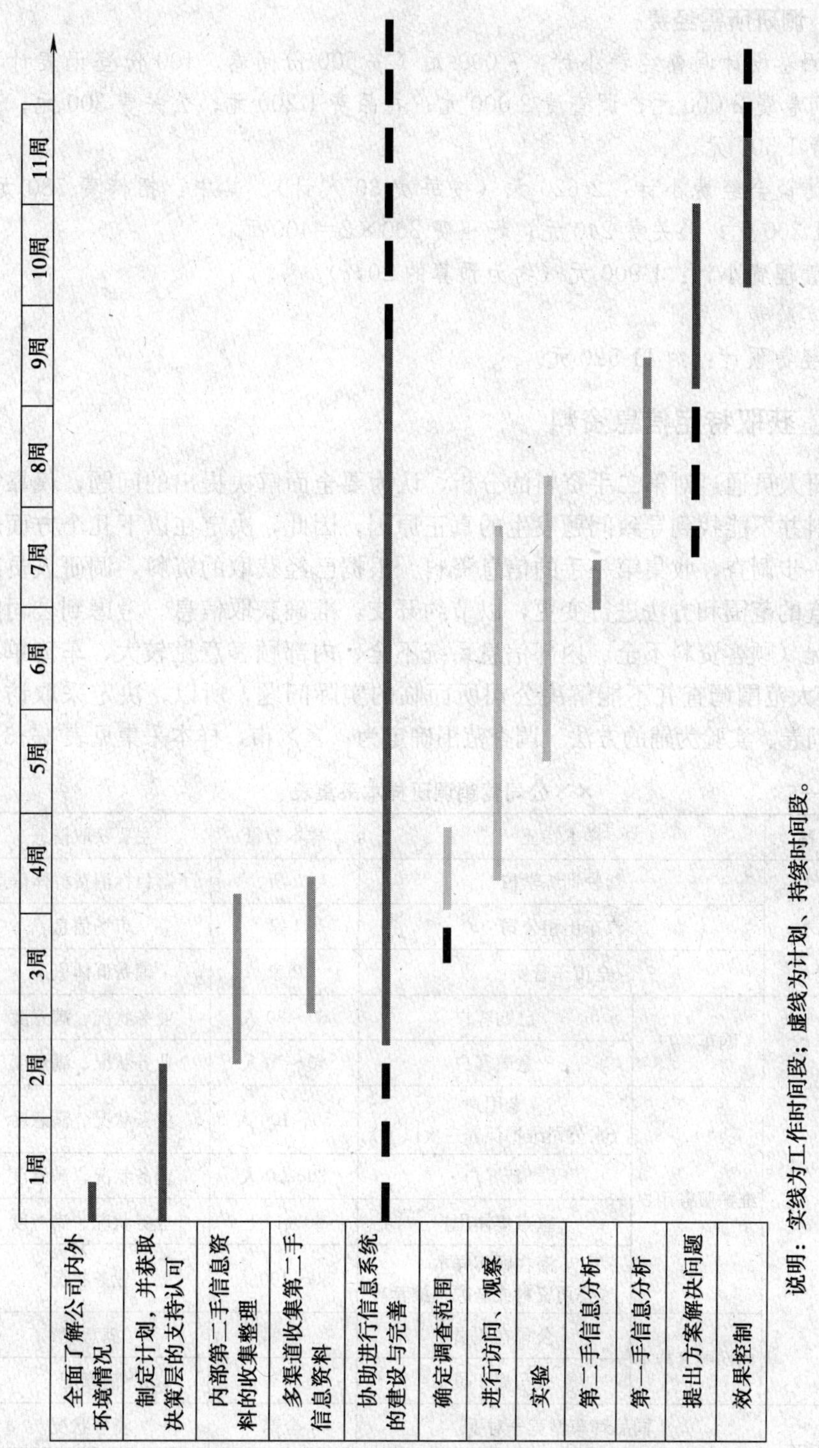

说明：实线为工作时间段；虚线为计划、持续时间段。

图4-30　营销调研工作时间进程控制图

六、调研所需经费：

1. 问卷设计调查经费小计：7 000 元（按 500 份问卷、100 份登记表计）。其中：问卷费 2 000 元；调查费 2 000 元；礼品费 1 200 元；公关费 300 元；分析处理费 1 500 元。

2. 访谈会经费小计：2 620 元（按每次 30 人计）。其中：招待费 780 元；礼品费 1 200 元；公关费 240 元；场租费 200×2＝400 元。

3. 管理费小计：1 900 元（约为预算的 20%）。

4. 实验费：另计。

5. 经费预计：约 11 520 元。

三、获取特定信息资料

调研人员通过对第二手资料的分析，认为要全面解决提出的问题，仅靠第二手资料并不能找到导致问题发生的真正原因。因此，决定在以下几个方面展开的进一步调查，收集第一手的信息资料。根据已经获取的资料，调研人员决定对调查的范围和方法进行变更，以节约开支，准确获取信息。考虑到公司的实际情况（顾客资料不全、内部信息系统不全、内部顾客意见较大、车型单一等），较大范围调查并不能解决公司所面临的实际问题，所以，决定采取访谈为主，问卷、实验为辅的方法。调查范围确定为：××市，样本采集见表 4—5。

表 4—5　××公司营销调研样本采集表

样本名称	样本特征		样本数量	主要获取信息
集体样本	驾驶训练学校		2 所	了解目标消费群体信息
	汽车出租公司		1 家	市场信息
	全市车管所		2 家	消费群体概况
顾客样本	购车客户	已购客户	60～80 人	业务状况、满意度
		意向客户	40～70 人	业务状况、满意度
	维护服务用户	老用户（来公司维护保养三次以上）	50～100 人	业务状况、满意度
		新客户	30～50 人	业务状况、满意度
		重点集体用户	90%以上	业务状况、满意度
		潜在顾客样本（公司资料或老顾客推荐）	50～100 人	业务状况
	内部顾客样本	公司在职员工	全部	满意度
		公司离职员工	30%	满意度
经销商样本	同品牌车型竞争对手		全部	竞争状况
	竞争车型		3 家	竞争状况

营销人员决定如下：

(1) 编制调查问卷3份，分别为潜在用户调查表、购车用户调查问卷、维护用户调查问卷。考虑到回收情况和所掌握的顾客资料，每份问卷印制150份，回收率确定为80%；能够进行访谈的用户原则上就不再发放问卷。针对潜在用户的调查问卷如下，其余略。

(2) 召开2～3次访谈会。

(3) 针对近期的公司广告，召集两个实验组进行对比试验，了解广告的实际效果。

(4) 对前期所发现的问题进行小范围整改实验，观察其效果。

调查问卷

访员姓名：　　　　访员编号：　　　　问卷编号：

访问日期：

填写说明：请按实际情况回答，凡未特别注明的均为单选，并在相应的空格内打“√”。

1. 请问您有几年驾龄？

□正在考驾照　□1年　□3～5年　□5年以上

2. 您所知道的轿车品牌有哪些？

□桑塔纳　□捷达　□富康　□奇瑞风云　□别克　□飞度　□凯越　□其他

您最喜欢哪两种？

A. 首先（　　　）　B. 其次（　　　）

3. 您是从何种渠道知道我公司产品的？(可多选)

□电视广告　□报刊　□熟人介绍　□网络　□其他途径

4. 您购买车时首先考虑的因素是：

□性价比　□油耗　□操控性　□安全性　□售后服务　□款式

5. 您平常开车区域的交通状况是：

城市交通（□严重塞车　□经常塞车　□不塞车　□畅通无阻）

野外工作（□道路坎坷　□道路通畅　□其他）

6. 如果您已经拥有轿车的话（有车用户回答）：

☆您每天大约会开多少时间的车？

□1小时内　□1～1.5小时内　□1.5～2小时内　□2～3小时内　□3小时以上

☆您正常驾驶的平均行车速度是多少？

□每小时80公里以下　□每小时80～90公里　□每小时90～100公里

□每小时100～110公里　□每小时110～120公里　□每小时120公里以上

☆您目前开的这款车性能如何?

□很好 □较好 □好 □一般 □差

☆您买车是因为:

□经济条件允许 □自己开着玩，个人喜好 □上下班驾驶，代步工具 □气派，赶时髦 □周围邻居或熟人都有 □为了旅游，出行方便 □其他（请具体写出）

☆您之所以买这款车是因为:(可多选)

□价格实惠 □维修方便 □有一定知名度 □朋友介绍 □别无选择 □其他

☆您一般会在什么情况下换车:

□车辆报废 □经济条件允许 □看个人兴趣 □有合适的新车型

7. 如果您目前尚没有轿车的话:

☆请问您暂时不买车的原因是:

□价格不满意 □款式不合适 □使用率不高 □环境污染 □准备买 □其他

☆如果条件都成熟，您会在什么时候购买私人轿车?

□马上 □半年内 □1年内 □1~3年内 □不一定 □不会买 □不知道

☆您考虑可接受轿车的理想价位是:(选择最接近的价格)

□6万~7万 □7万~8万 □8万~9万 □9万~10万 □10万~12万 □12万~13万 □其他

☆您在选择购车地点时，首要因素是:

□离家近 □价格最低 □服务质量高 □有实力的

□有熟人的销售企业 □其他

☆您认为哪种销售人员值得信赖:

□稳重 □灵活 □专业 □能言善辩 □其他

☆您喜欢的付款方式是:

□现金 □转账支票 □分期付款 □消费信贷

8. 您知道我公司代理何种品牌吗?

□知道 □不知道 □不清楚

9. 您认为这款车的适用人群是:(可多选)

□公务员 □白领阶层 □出租营运 □私营企业主 □知识分子 □企业经理 □其他

10. 请问这款车哪些方面您感到满意?

□机械性能 □款式 □油耗 □售后服务 □操纵性

11. 请对下述车型做出评价（见表4—6)。(前两项回答是与否，后几项分

为 5 级，5 分最好，3 分中等，1 分最低）

表 4—6　　车型评价表

	桑塔纳	捷达	富康	比亚迪 F3	奇瑞风云	别克	索纳塔
是否开过							
是否见过广告							
广告质量如何							
外观							
油耗							
性能							
广告							
价位							
购买方便程度							
可靠性							

12. 您认为我公司的品牌应该在何种媒体做广告效果更好？

□电视 □网络 □电台 □报纸 □专业杂志 □其他

13. 您进行汽车保养时，首先考虑的是：

□服务质量 □技术水平 □保养设备 □交通便利 □其他

14. 您对这一品牌的车型售后服务满意吗？

□很满意 □满意 □一般 □不满意

15. 您认为我公司售后服务还需在哪些方面改进？（可多选）

□技术 □服务质量 □环境设施 □服务规范化 □配件价格 □其他

16. 您对我公司提供的服务满意吗？

□很满意 □满意 □一般 □不满意 □不知道

17. 您认为我们在销售环节应该做哪些改进？

18. 您认为应该如何改进我们的售后服务？

性别　　年龄　　文化程度　　个人月收入

职业　　地址　　联系方式

职业代码：①服务行业 ②白领雇员 ③公务员 ④私营企业主

⑤科技人员 ⑥文化工作者 ⑦医务人员 ⑧自由职业者 ⑨企业经理

四、解释数据

对所获取的第二手资料首先要检查其时效性、地域性、针对性，公司内部资料控制在半年以内，其他渠道的资料控制在 3 个月内。选取资料的一般顺序依次为实验资料、访问资料、调查问卷，然后用第二手资料加以印证，并按获取途径分开整理，如公司内部信息（分为财务报表、会议记录、公司文件、厂家政策、其他）、网络信息资料（分为国家政策、市场动态等）、竞争对手情况（广告、销售服务促销策略、其他）。根据该公司办公条件，可采用计算机统计（统计过程略）。数据输入计算机后一般需用表格或图、线等形式统计并表达出来，便于研究人员的分析（问题分析过程不是本书讨论重点，故略写）。例如，对《您认为哪种销售人员值得信赖》的调查问卷的结果数据统计见表 4—7、图 4—31。结合公司业绩资料的分析，发现 30 岁左右年龄段的业务员销售量要好于 20 岁左右年龄段的业务员，会开车的业务员好于不会开车的业务员。因此得出结论，汽车销售人员的选择首先要考虑人品和是否有车本，对在岗的销售员可以通过加强技能培训来提高专业水平和灵活性。

表 4—7　哪种销售人员值得信赖

稳重	专业性	灵活	能言善辩	其他
30.8%	28.7%	24.3%	12.2%	4%

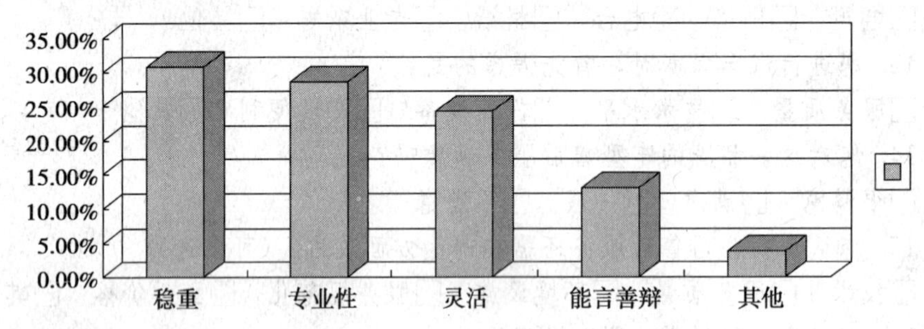

图 4—31　调查问卷统计柱图

五、解决问题

调查人员根据调查所获取的信息，针对问题，提出如下解决方案。

1. 公司代理品牌的市场情况

当地经济状况趋于好转，公司代理品牌的知名度有下降趋势，顾客消费逐渐理性化，对服务质量的要求提高，竞争日趋激烈。建议：

（1）公司服务规范化，注意企业自身品牌形象建设。

（2）创建企业服务特色，以区分市场，获取稳定的顾客群体。

2. 影响公司业务量的原因

目前，影响公司业务量的因素主要有：内部职责不明确，工作中出现推诿现象；没有完善的信息管理系统，市场反应差；汽车市场品牌车型增多，各品牌车型同质化明显；竞争对手增加，对手公司促销费用所占比例多于本公司；公司员工流失率大，导致业务能力下降。建议：

（1）公司成立专门的信息管理部门，处理市场信息。

（2）明确岗位职责，推行绩效考核，以正确评价员工表现。

（3）注意公司文化建设，加强上下级沟通，并列为管理人员重要的工作之一。

（4）规范公司业务流程，注重并加强岗前、岗中业务培训，以提高公司整体服务水平。

（5）完善顾客档案的建设与管理，并责成信息部门全权监管，直接对董事长负责。

（6）增设社区快修连锁，慎重选择二级服务网点，加强业务管理培训。

（7）开展特色、特价服务，增加公司整体业务量。

3. 顾客满意度

顾客满意度低于85%，投诉抱怨得不到及时处理，公司近期口碑不佳。建议：

（1）关注内部员工生活，加强业务培训，增加员工稳定率。

（2）明确职责，规范顾客抱怨投诉处理流程，要求一般投诉不过夜，重大投诉不超过三天，并将顾客满意度作为员工绩效考核的重要指标之一。

（3）成立顾客顾问委员会，定期进行沟通，可以采用召集会议、举办活动、电话访问和登门拜访等多种方式。

（4）在适当时机成立顾客服务俱乐部。

4. 更适合目标群体的广告形式

通过调查，发现形象广告以电视、专业刊物、路边广告为佳；促销广告以电台、展销会、报纸为佳；一般促销活动以电话、短信、电子邮件为佳。建议：

（1）根据广告目的选择宣传渠道。

（2）每年从公司利润中确定一定比例费用作为形象宣传投入。

（3）增加针对住宅小区、目标群体单位汽车展示会的开展次数。

调研人员在提出建议后，报公司决策层，获得通过后要求各相关部门切实执行，并定期进行监督、考察。在四个月后，公司业绩有了大幅提升，员工工作状态明显改善，流失率下降；忠诚顾客增多，顾客二次来店量增加，公司口碑明显改善（具体改革实施方案不在本书讨论范围，故略写）。

单元 5 汽车消费者购买行为分析

培训目标

本单元主要讲述消费者购买行为的影响因素分析，通过本单元的学习，读者应：

☒ 了解消费者购买行为。

☒ 能够对目标顾客进行行为分析。

☒ 掌握判断目标顾客的操作方法，提高成交率。

单凭个人天赋和经验来判断目标顾客的真实需求，会导致很多目标顾客流失。在竞争环境下，营销人员通过熟悉消费者的购买决策过程，了解顾客的欲望、喜好，分析顾客的购买动机，才能有效地与顾客沟通，满足顾客的需求。掌握对潜在顾客真实需求的准确判断能力，将大大提高成交率，从而使营销人员的业务能力得到有效增强。

第一节 汽车消费者购买行为

汽车消费者购买行为，是指汽车消费者为满足自身生活需要，在一定的购买动机驱使下，所进行的购买汽车产品和服务的活动过程。大多数汽车消费者用于购买准备的时间要远远长于购买的时间。当汽车消费者意识到自身需求的时候，就会花费大量的时间去了解有关汽车产品的相关知识，在这个前期准备的阶段会有很多因素最终对其购买行为产生影响。

一、汽车消费者的购买行为特征及其影响因素

下面首先通过两个案例来了解研究消费者购买行为的真实含义。

【案例A】一个阳光明媚的下午，在一汽—大众授权的某经销商的展厅内，顾客并不多，有的在看着样车，有的在办公桌前与销售员商谈着，还有的在前台阅读着关于车款、车型、新特色等的介绍手册。此时，两位男士和一位女士走进了展厅。

王某在该店工作两个多月，销售业绩一般，一共销售出6部捷达车。作为一名刚从大学毕业、社会工作经验不多的新人，这个业绩属于比较初级的水平。看着走进展厅的这两男一女，他开始了基本的判断：那位中年男士虽不是西装革履，但穿着比较讲究；那位年轻男士，20岁左右，很兴奋；那位女士，素妆淡雅，穿着套装，看上去很有气质。看上去，他们像是一家人。王某初步判断，这是一个不错的潜在顾客，他看到他们停留在了最新款的捷达前面，就急忙走了过去。

王某："各位好！这么好的天，来看看车?"

中年男士："对呀，这款是新到的吧。"

王某："是的，最近走得不错，而且新改进的，这款车发动机动力充足，还配有安全气囊、ABS防抱死系统、手自一体变速箱，有最新功能……"

那位中年男士打断了仍然滔滔不绝的王某："好好，谢谢，我们就是简单地看看。先这样，我们改日再来。"

王某："要不，我给你们安排一次试驾，实际体验一下这款车。"

王某知道，顾客通常会有这种要离开的反应，但是，在销售培训时，讲师强调过不要轻易放弃顾客，要争取留住顾客，因此，他想做一下努力。仍是中年男士说："不用了，谢谢，我们改日再来。"

(在展厅，这样的场景太常见了，这样的对话太正常了，这样离开的顾客也太多了。王某犯了什么错误吗? 他连这三个顾客的联系方式都没有问到，顾客对他肯定也没有印象。王某自己也感到困惑，但得不到有经验人的指导，根本不可能知道这三位顾客真正的购买意向到底如何。我们不妨听听顾客离开展厅以后的对话。)

这是一个典型家庭：中年男士张某，年轻男士是他的儿子，女士刘某是张某的妻子，张某是一家私人公司的老总。他们走出展厅后的对话如下：

儿子："妈，今天不是要给我买车吗?"

刘某："听人说这个牌子的车是不错，但我不怎么懂，还是问你爸吧。"

张某："儿子，那个销售员叫什么?"

儿子："哦，他没有说自己叫什么。"

张某："我也听不明白捷达车有什么优点，要不这样吧，不远处还有一家店，咱们去那里看看如何?"

【案例 B】一个阳光明媚的下午，在一家一汽—大众授权的某经销商的展厅内，顾客并不多，有的在看着样车，有的在办公桌前与销售员商谈着，还有的在前台阅读着关于车款、车型、新特色等的介绍手册。此时，两位男士和一位女士走进了展厅。

张某在这家 4S 店工作近一年了，看着走进展厅的这两男一女，他开始了基本的判断：那位走在前面的中年男士虽不是西装革履，但穿着比较讲究；另一位男士紧跟在后，约有 40 岁左右，穿着较普通；那位女士，素妆淡雅，穿着套装，看上去很有气质。从距离上看，这位女士同中年男士好像关系不一般。张某初步判断，这是一个不错的潜在顾客，所以，这三个人刚走进展厅，他就主动迎了上去。

张某："三位下午好！我是这里的销售顾问——张某，叫我小张就可以了。三位到我们这里还好找吧?"

穿着普通的男士："还可以。"

张某："您好！这是我的名片，您贵姓?"

穿着普通的男士："我姓李，这是我们刘总，这是吴女士。"

张某："刘总好，吴女士好，这是我的名片。奥迪车有多种不同的款式，各有千秋，需要我介绍什么吗?"

李某："我们考虑买一款比较现代的、安全性能好的车。"

张某："是啊，现在买车还真得注重安全性。请问您现在开的什么车?"

李某："噢，现在公司使用的那辆车不行了，就是代步用的，捷达。"

张某："捷达可是不错的车了，结实、耐用，您当时选车还真有眼光。那您现在考虑换一款，主要是什么用途呢？不会是简单的代步了吧?"

李某："其实是我们刘总要用的车。公司成长比较快，接触的一些顾客也比较有档次，想要一款档次高一点的车。"

张某：(注意到了刘总与这位女士之间的距离)"噢，恭喜呀！生意发达了自然要配上好一点的车了。不知道将来是刘总您开这个车，还是吴女士也有可能会开?"

刘某："我会开，平常老李会经常用车。噢，有的时候，我太太也要开的。"

张某："噢，这样。所以，在选车的时候，可能要注意车的操控是否灵活轻便，最好不要手动挡了吧?"

吴某："最好别是手动挡，开车时总换挡太累了。车子最好别太大。"

张某："是呀，那您看，您最关注车的什么情况呢?"

吴某："我觉得首先要容易驾驶，还要安全可靠。"

李某："要是自己开，操控性肯定是要注意的，尤其对刘总来说，本来脑子里事就多，开车时更要求车子操控方便了，所以，容易驾驶肯定是关键。当然，刚才你也说了，安全性能也不能忽视。另外，我觉得，根据我们的需要，车子的整体综合性能一定要过硬。"

张某："太对了。如果既要考虑操控性、安全性，又要有品牌、有气派，外观还要好，这可真得好好挑一款。"

刘总："我们看中了奥迪品牌。但关键是奥迪有那么多型号，我们也不是很清楚，那些技术指标对我们有什么意义?"

张某："很多来我们展厅的客人都会碰到类似的问题。刘总，您一定能理解，技术说到底是为人服务，因此我们一般从配置上去了解和比较选择。比如要看操控灵活性的话，就要看方向盘是否有助力，以及刚才吴女士说的变速箱是否是自动的；要看转弯时的平顺性，可以看车辆是否有特殊的技术避免甩尾；要看特殊路况的通过性，就可以看车辆是否有四轮驱动。"

李某："我知道××现在有四轮驱动的轿车了。"

张某："是的。奥迪 A4 的 3.0 款就是一款四驱高级轿车。一般车辆的安全性主要看是否有刹车的防止抱死的装置，以及这些装置是否灵活，是否可以在刹车时确保车身平衡。这些都是安全指标。至于车款是否大方、得体，体现公司的档次，那就要看是否是高级品牌车。"

刘总："奥迪肯定没有问题，关键呀，小张，你看什么型号适合我们?"

张某："李先生应该有经验。不同的型号除了价格不同以外，主要就是综合质量以及可以选择的不同功能有所差别。当然，如果我来推荐的话，还是刚才我说的那款带四驱功能的轿车符合您的要求，就是 3.0 的 A4。"

李某："你说的是不是就那台?"

张某：（边说边将三位客人带到样车旁，并主动拉开车门）"刘总，您坐进去感觉一下。吴女士，您可以坐在后座。李先生，您要不要看看发动机的情况?"

李某："不用了，只要老板满意，就没有什么问题。对了，这款车的价位如何?"

张某："现在这款车的价位还是比较高的，我们也要求厂家把价格降一降，可是根本就没有什么空间，让我们也没有什么赚的。这款 3.0 四驱的 A4，价位是××万元。"

吴某："车体外观比 A6 小，但后座还是挺舒服的。可怎么这么贵?"

张某："厂家也给我们解释了多次，现在这款车是刚上市的，而且是德国原装，所以价位高一些。如果你们有可能等的话，我估计明年全部国产化了以后，有可能降一点，不过降也不会降太多。您着急买车吗？”

刘总：“当然，早拿到更好了。”

张某：“这款车，昨天一天就卖了3台，目前店里库存有3台。由于进口货源限制，下次进到货要半个月以后了。您喜欢什么颜色的？”

刘总：（从驾驶室出来）“颜色嘛，看我太太的，你喜欢什么颜色的？”

吴某：“我就喜欢这个蓝色的。老李，你说呢？”

李某：“蓝色是不错，看上去很亮。”

张某：“现在喜欢这款蓝色的人还真多。您是现款购车，还是贷款？如果是贷款的话，我们可以协助您办理银行贷款手续。”

李某：“我们肯定是现款，看刘总，您还有什么问题？”

刘总：“这样吧，我们回去再商量一下，这里有你的名片，老李回头与你联系。”

张某：“好的，刘总能给我一张您的名片吗？”

刘总：“老李，你给他一张我的名片，你也留一张给他。顺便了解一下售后服务怎么样。”

老李递了两张名片，说：“小张，你先给我们预留一款蓝色3.0排量、带天窗的，我今天下班前给你一个确认电话。对了，售后服务有哪些条件？”

张某：“好的，给您预留。奥迪采用全球统一服务标准，能充分保证消费者利益。如果有时间您看看我们的维修服务车间吧，保您满意。那，三位请慢走。您看，我们就顾得说话，连水都没有给您上。”

刘总：“不用客气，最后给我们挑一款放心的好车就行了。”

张某：“没问题，放心吧。”

三位顾客离开了展厅。张某感觉这个顾客肯定是拿下了。以下是三位客人在离开展厅以后的对话。

李某：“刘总，您看这个销售员还不错吧。”

刘总：“比前面那个好，这个很有经验。你看这款车怎么样？”

李某：“其实，咱们也是一开始就看上了奥迪，尤其这个A4是新上市的，的确不错。”

吴某：“第一批还是德国原装。刚才销售员说售后服务也是采用德国奥迪全球统一标准的。”

李某：“是呀，要不怎么卖得快呢！”

刘总：“要不，老李你看着就定了吧，回去你问一下财务，这个星期就把车提回来。”

李某：“哟，刚才好像他说半个月以后才有呀。”

吴某：“他是说昨天走了3台，今天还有。”

李某：“刘总，我出来的时候告诉小张了，让他给留一台，我估计应该有，我来确定吧。”

消费行为是一个社会科学的概念，通常是指消费者在正常情况下的普遍行为倾向，也正是这些普遍的行为倾向为我们揭示他们在做采购决策时的思考过程。上述两个案例很有代表性，案例A的销售员王某只有产品知识，而不了解顾客的购买行为过程及其行为倾向，其销售过程是一个无序的、没有方向的过程，因此容易导致交易失败。而案例B中的销售员张某就有效地掌握了潜在客户的消费倾向：如他们的社会地位和判断能力，知道他们在采购上是成熟的，不会在清楚地了解销售人员推荐的车前就谈论价格，他们能够体察销售人员对每个人的关注，也会去其他的经销店进行比较，而且清楚应该比较什么。更为重要的是，张某也知道他们会去其他汽车经销店，就有效地运用销售原则试图影响他们。可见，一个优秀的销售人员必须深刻地理解潜在客户的普遍行为倾向。张某注意到每一个客户的身份和角色，以及客户的职业，有意识地根据客户的特点诚恳告知客户买车所关注的焦点问题，以一个模糊价格作为议价的起始点。这些都是其深刻理解客户的销售表现。

再来仔细审视这两个案例中客户的消费行为。购买新产品过程的行为是消费行为研究的一个重点，因为消费者通常在这个过程中会表现为谨慎、小心、敏感、激动、兴奋、警觉。他们会询问许多他们不明白的问题，会努力去解决内心的怀疑，会运用各种可能来调查、了解面对的商家、销售等相关人员，全心全意用眼睛观察，用耳朵倾听，用四肢去感知，用大脑来思考，然后集合所有收集到的信息做出最后的判断。他们观察销售人员的衣着，看所推荐的产品是否符合内心的需要，感受销售店大厅的气氛、布置，甚至努力从大厅内其他客户表现上来感受企业的声誉。同时，他们还在观察销售人员的举止，听他们的谈吐，分析他们说的话。以上所有这些都是消费行为的表现。

通过以上讨论可以看出汽车消费者在整个行为过程中，卷入的程度要比其他一般商品深，因此，在购买的各个环节很小的变化都会影响到顾客的购买行为。

1. 汽车消费者的购买行为特征

(1) 汽车消费是一种复杂购买行为。汽车消费是一种非经常性的购买活动。汽车是一种价格昂贵、品牌差异大且不常买的商品，消费者的参与水平较高，所投入的时间较长，涉及广泛的内、外部信息搜寻，影响消费者决策的因素也较多，而且，消费者在购买汽车之后，很容易对购买决策的正确性产生怀疑，从而产生对购买的重新评价。

(2) 购买行为的理智性。汽车消费由于购买过程准备充分，慎重选择，购买决策过程长，因此其消费行为成熟、理智。

(3) 需求的派生性。汽车是一种技术含量较高的消费品，消费者购买汽车后，会派生出很多新的需求，如汽车美容装潢、维护保养等。

2. 影响消费者购买行为的主要因素

影响消费者购买行为的因素很多，错综复杂，涉及文化的、社会的、个人的和心理的等多个方面，共同作用、影响消费者的购买行为。就汽车商品而言，一般主要考虑以下因素的影响，这里可以通过购买行为模型（见图 5—1）来表达。

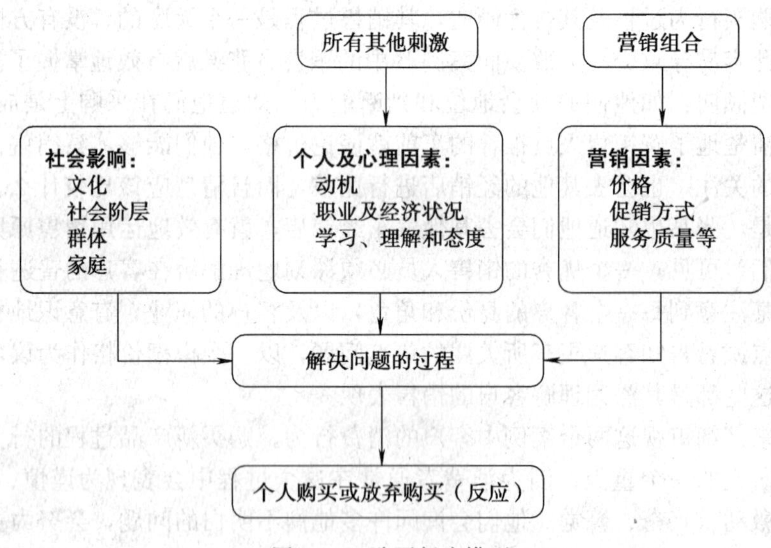

图 5—1 购买行为模型

（1）社会影响。社会文化因素会影响消费者的购买行为。

1）文化因素。我国是一个幅员辽阔的多民族的国家，现代文明的飞速发展，国内人口流动十分频繁，大城市往往是多个民族混合居住的。因此，在进行汽车销售时要考虑到消费者所生存的环境和文化背景，才能真正有效地提出针对性销售方案。

2）社会阶层。在现实社会中，人们往往会形成不同的阶层，相同的阶层有类似的价值观、兴趣爱好和行为方式。

3）社会群体。包括消费者的相关群体、家庭、角色和地位等。消费者在成长过程中会形成各种不同的群体，在群体和生活领域中不同的人在其购买过程中扮演着不同的角色，从而影响他们的消费行为。

（2）个人及心理因素

1）个人因素。消费者的购买行为离不开个人因素的影响，不同的年龄阶段、不同的职业、不同的经济状况及不同的个性都会影响顾客的消费行为。

2）心理因素。消费者的购买行为受到其心理因素的影响，如顾客的需要程度、购买动机以及对产品的感觉等都会影响到他们的购买行为。

（3）营销因素。随着我国市场经济的不断发展，可以说世界上所有的知名汽车品牌都可以在国内找到它的踪影，汽车产品更新换代的速度加快，竞争态势日渐加剧，生产规模越来越大，由几种品牌演变为数十种品牌，消费者选择的范围进一步扩大，各品牌间的促销组合、性价比等成为影响消费者购买行为的重要因素之一。

（4）购买情景。消费者购买情景会影响他们的购买行为，譬如汽车卖场的环境、购买的时间、销售人员的服务意识等都会对消费行为产生影响，需要的程度、寻求的利益、态度以及消费者怎样挑选车型，因购买情景的不同而不同。因此，不同的购买情景需要不同的营销组合——尽管它们涉及相同的目标消费群体。

二、消费者购买行为决策过程

购买决策是消费者的一项重要行为，是一系列购买目的的确立、途径的选择和动机的取舍的过程。正确的决策可以使消费者以较少的费用和时间买到物美价廉的商品，最大限度地满足自身的需要。对于营销人员来说，分析和研究消费者的购买决策为营销人员正确把握顾客心理，促成交易的达成提供了保障。

1. 影响消费者购买行为决策的不同角色

购买汽车是一种复杂的购买行为，消费者了解汽车产品的过程一般较长，涉及的人也较多，每个涉及的人都会在购买过程中产生影响，在不同的购买阶段需要营销人员关注的涉及的人，即营销学里称的购买决策角色也不同。一般可分为五个角色：

（1）发起者。指首先提出购买意向的人，包括使用者、消息灵通人士、已购车的朋友等。

（2）影响者。指其看法和建议对最终决策有一定影响的人。一般指紧密群体的成员。

（3）决策者。指对整个购买行动起决定性作用的人。包括家长、单位领导等。

（4）购买者。指最终实际采购的人。一般包括家庭成员、办公室负责人等。

（5）使用者。指最终使用产品和服务的人。一般指司机、实际驾驶人员。

2. 消费者购买决策的内容

在汽车消费者进行购买决策的整个过程中，主要考虑以下问题：

（1）为什么买？即消费者购买汽车的动机是什么。消费者的购买动机是多种多样的，同样是买一辆车，有的人是为了节约上、下班的时间；而有的人只是为了出行的方便。

（2）买什么？即确定购买对象。这是决策的核心和首要问题。决定购买目标不只是停留在一般类别上，而是要确定具体的对象及具体内容，包括汽车的类型、生产厂家、品牌、款式、规格和价格等。

（3）在哪里买？即确定购买地点。购买地点是由多种原因决定的，如路途远近、可挑选的品种数量、价格及服务态度等。这和顾客愿意付出的成本等有关。

（4）何时买？即确定购买时间。这也是购买决策的重要内容，它与主导购买动机的迫切性有关。在消费者的多种动机中，往往由需要强度高的动机来决定购买时间的先后、缓急，同时，购买时间也和市场供应状况、营业时间、交通情况和消费者可供支配的空闲时间等有关。

（5）如何买？即确定购买方式。汽车是一种大额商品，在很多情况下，消费者由于资金等问题，选择多种付款方式，如考虑是支付现金还是分期付款等。

3. 消费者购买决策过程

消费者的购买行为源于顾客的需要导致问题的出现，当消费者所面临的问题最大化时，就会把购买动机转化为购买行为，因此购买商品的过程也是解决问题的过程。消费者的购买决策过程是指消费者在购买产品或服务过程中所经历的步骤，如图 5—2 所示。

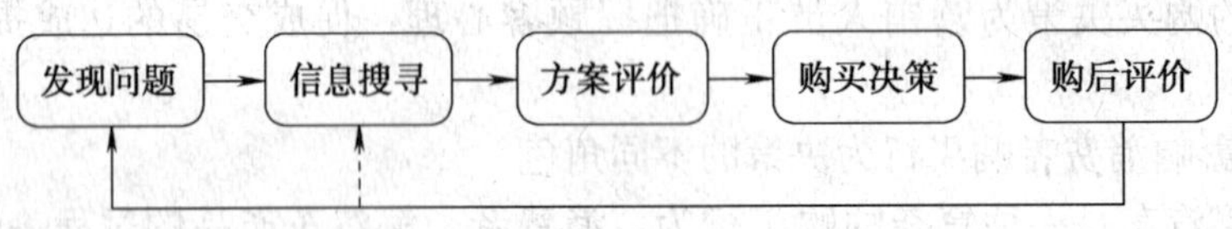

图 5—2 消费者购买决策过程示意图

（1）发现问题。当消费者感觉到某种需要应该满足时，就会意识到自己所面临的问题，就汽车消费者而言，这种刺激可能是由于出行不便所带来的，也可能是由于工作需要，或者是一种层次的象征等，消费者所面临的问题越严重，其解决的心理也越迫切，在紧急条件一旦满足时，实现购买的可能性也越大。

（2）信息搜寻。消费者明确了购买目标后，就会了解市场行情，收集商品信息，为购买行为做好准备。例如某地调查机构显示，10 万元以下车型消费者获取信息的主要渠道比例如图 5—3 所示，10 万元以下消费者购车前可拜访的经销商数所占份额如图 5—4 所示。

（3）方案评价。汽车消费者对搜集到的资料进行分析整理，并根据自己的购物标准对被选车型的价格、性能、服务、品牌、款式等进行比较和评价，以做出购买哪种品牌车型的理想抉择。如图 5—5 所示为内地某城市 10 万元以下车型消费者主要考虑因素权重。

（4）购买决策。经过方案评价，消费者便对某一车型产生了购买意图，并按照自己的购买意图做出购买，完成交易过程。但消费者有时形成的购买意图并不一定实施购买，甚至许多临时发生的情况和别人的态度等都可能影响消费者的购买意图。所以销售人员一定要注意把握时机，促使消费者最终购买。如图 5—6 所示为内地某城市 10 万元以下车型消费者购买阶段影响因素权重。

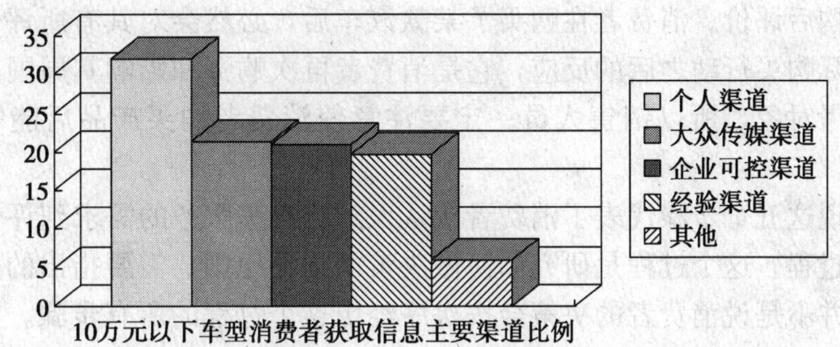

图 5—3　10 万元以下车型消费者获取信息主要渠道比例柱图

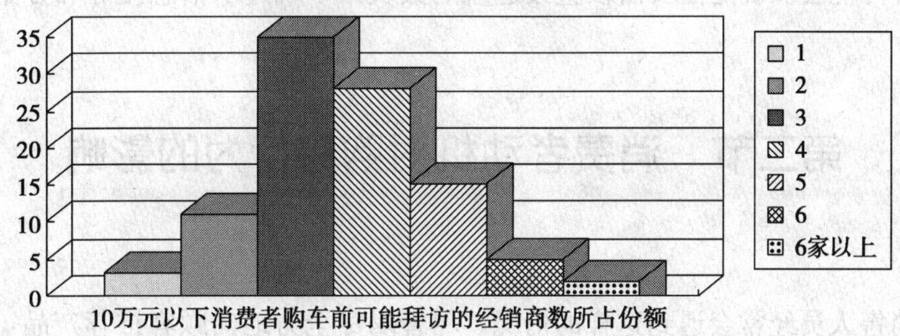

图 5—4　10 万元以下消费者购车前可拜访的经销商数量柱图

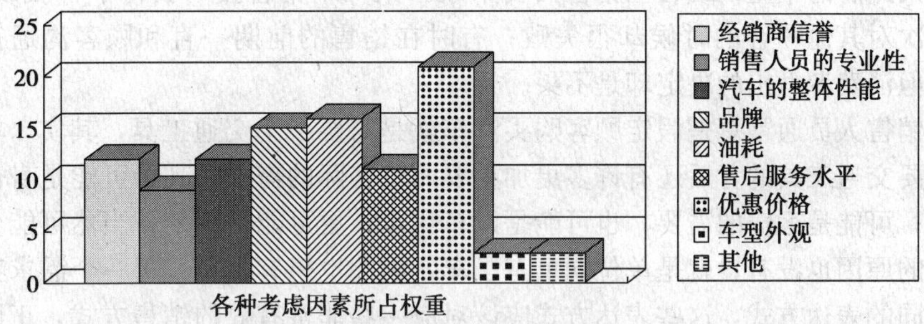

图 5—5　内地某城市 10 万元以下车型消费者主要考虑因素权重

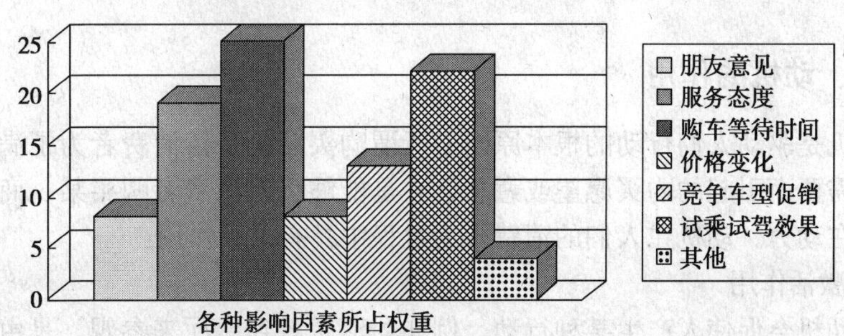

图 5—6　内地某城市 10 万元以下车型消费者购买阶段影响因素权重

(5) 购后评价。消费者在购买了某款汽车后，必然会对其有所评价。购后评价是实际购买行动之后的反应，它是消费者再次购买和影响其周围消费群体的主要参考对象，所以销售人员一定要注意使消费者购买产品后能够感到满意。

可以说这五个步骤代表了消费者从认识到对汽车服务的需求到评估一项购买的总体过程。这个过程是研究如何做决策的指导原则。需要指出的是，这个指导原则并不是说消费者的决策会按次序经历这个过程的所有步骤。在有些情况下，消费者可能会跳过或颠倒某些阶段。比如对已购车辆进行维护保养时，消费者可能会从确定需要阶段直接进入购买决策，跳过了信息搜寻和方案评价阶段。

第二节　消费者动机对购买行为的影响

销售人员经常会遇到这样的情况，尽管竭尽全力地向顾客推荐产品，但消费者总是推三阻四不做出决定，而当再次联系顾客的时候，顾客却表示已经买了某某品牌的车型；或者当销售人员采取了某一个销售技巧获得了一次成功，而下次对其他顾客的时候却很失败；有时在销售的前期一直和顾客沟通得很好，但消费者做出的决定却是不买。

销售人员通常总是假定顾客购买汽车就是需要一个交通工具，其实，在客户需要交通工具的背后还有许多更加重要而且实际的需求，其中可能是身份的需要；可能是运输的需要；也可能是以车代步；更可能是圆梦；当然可能什么实用的原因也没有，就是单位同事有了车，因此也想有个车。每一个需求都会有不同的表达方式，这些表达方式应该对应一些非常有效的销售方式，正因为如此，销售人员在推销一款汽车的时候，首先重要的就是了解客户的购买动机是什么。

一、动机的作用

动机是驱动人们行动的根本原因。所谓购买动机是指消费者为了满足自己一定的需要而引起的购买愿望或意念，它是能够引起消费者购买某一商品和劳务的内在动力。动机在人们的消费行为过程中具有以下作用：

1. 激活作用

即动机会促使人产生某种行动。例如，消费者到展厅来参观，是由提高生活节奏的动机激发起来的。旅游者外出旅游是在其各种旅游动机的直接驱动下发生的。

2. 指向作用

即在动机的作用下，人的行为将指向某一目标。例如，在提高效率的动机支配下，消费者会先到网上去查阅汽车的相关资料，再到展厅去看车直至买车。再如旅游者在旅游动机的指引下奔向旅游目的地。

3. 强化作用

即当活动产生以后，动机可以维持和调整活动。当活动指向某个目标时，个体相应的动机便获得强化，因而某种活动就会持续下去，在遇到困难时也能主动调整行为予以克服。

二、需要、动机、行为三者的关系

动机是在需要的基础上产生的，一种需要演变为哪种动机受到环境因素的影响。无论是物质的需要还是精神的需要，只要它以意向、愿望和理想的方式指向一定的对象，并激起人的希望时，就可构成行为的动机，如图 5—7 所示。

图 5—7　需要、动机和行为的关系

1. 动机源于需要

消费者买车首先源于自身的某种需要，当经济基础达到一定水平时，需要就会转化成需求，从而产生购买动机。消费者需要是指消费者在一定的社会条件下，为了生存和发展而对商品和服务的需求和欲望。消费者需要通常以对商品或服务的愿望、意向、兴趣、理想等形式表现出来。消费者的需要既是营销活动的出发点，又是营销活动转化为购买活动的中介。

虽然每一位消费者买车都是为了满足自身的需要，但是造成需要的原因却各不相同。美国心理学家马斯洛将人类需要的类型按其重要性分为五个层次：生理需要、安全需要、社交需要、尊重需要、自我实现的需要。也就是说，人首先要考虑的是生存问题，其次为安全，然后才会考虑到社交、尊重和自我实现前两类需要是物质的，后三类是精神的，一般说来，人们只有物质需要得到满足时，才会考虑精神的需要，如图 5—8 所示。

从汽车营销的角度而言提出四需要层次理论，可能更便于理解汽车消费者的购买行为。如图 5—9 为汽车消费者的需要层次，并借用消费者典型的话来反映这一层次的真实需求。

当消费者物质水平处于较低状态时，购买汽车的目的是为了改善较差的生活状况，因此低档车和货车往往是价格竞争；当消费者的生活水平达到一定程度之后，购买汽车的目的是为了扩大自身的活动范围，因此，首先考虑到的是质量、价格；当消费者有较高的生活水平及社会地位时，买车是为了体现成就感，购车时首先考虑的是与身份相匹配，因此注重品牌和安全；有一部分消费者自我实现的愿望更强烈，如跑车的买主，他们买车的目的是为了更好地享受成功和快乐的人生。

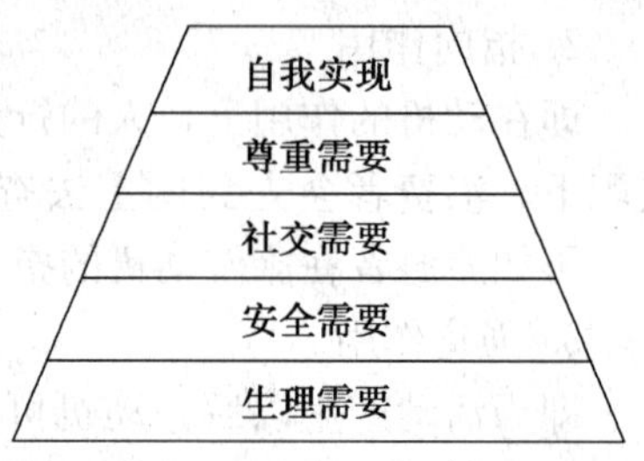

图 5—8 马斯洛五层次需要示意图

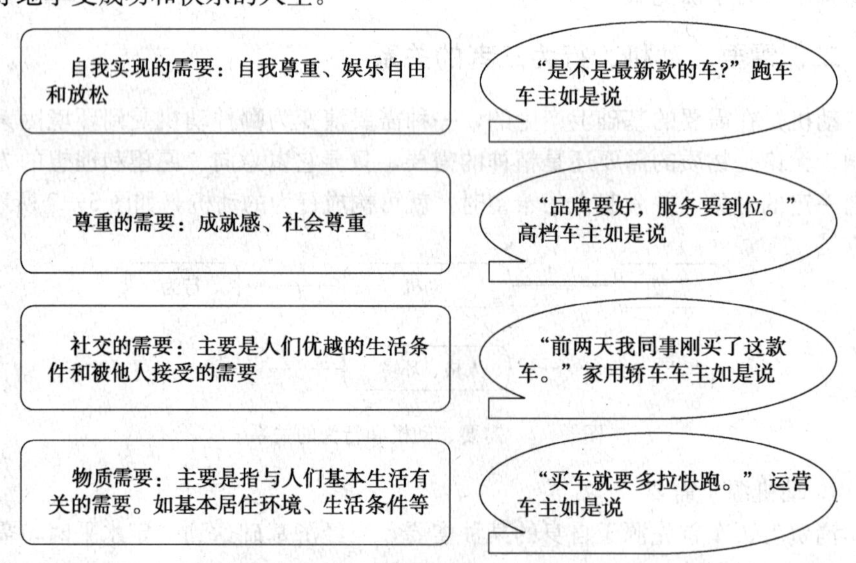

图 5—9 汽车消费者的需要层次

当然，人们的需要是十分复杂的，人们买车可能并不只为了某一种需要，而是希望一系列需要都能从中得到满足，因此，汽车购买过程中仍有很多变数存在。但是，可以预见的是，随着人们生活水平的不断提高，消费者对质量、品牌和服务的要求会越来越高，最终将超过对价格的要求，成为人们首要考虑的因素。

2. 动机和需求受外界刺激因素影响

到消费者意识到自身需要的时候，就会想办法来满足。很多因素会刺激消费者，各种传播途径的广告、朋友的炫耀、营销人员的说辞等都会刺激消费者的购买行为。

要刺激消费者，首先要鉴别需求的来源，那就是消费者现在使用同类产品时出现的困惑、问题、烦恼。这些困惑、烦恼以及问题在开始的时候可能不足以大到让他们采取解决问题的行动。直到耽误了重要事情的时候，即问题逐渐演变成了严重的问题、巨大的困惑、无穷的烦恼，消费者不得不采取行动，而采取行动的需要就是解决这个问题。这才是消费者需求的真正来源。而消费者在采购的时候，不是根据他们感知的需要做决定的，而是根据问题来做决定的，问题越突出，需求越强烈。需求越强烈，消费者愿意为此支付的就越多。因此，营销人员首要的任务就是取得消费者的信任，发现顾客的问题所在，并加以适当刺激，从而达到完成交易的目的。

3. 内在动机导致行为

促使消费者购买的动机很多，销售人员要努力发现顾客的主要动机所在，并让消费者对未来的购买目标进行体验，通过目标诱导，如实车接触、试乘试驾等方式，使消费者预期达到期望的目标，从而使消费者产生有利于我们的购买行动。因此，要了解一个消费者为什么追求这个目的而不追求其他，要判断一个消费者购买行为的实质，首先要揭示其追求这种目的的主要动机。表5—1列出了一些重要的、促使人产生某种行动的需要，当然这个图表并不全面，但是可以给销售活动提供一些值得思考的问题，以便理解消费者的购买动机所在。

表5—1　　个人可能需要的动机行为

需要的类型	特例
基本需要	饥饿、渴、行动、睡眠、生理需求、自我维护、温暖/凉爽、休息
心理需要	争吵、好奇心、自我负责、支配、家庭维护、模仿力、独立、爱情、抚育、命令、自我成就感、竞争、娱乐放松、力量、骄傲、自我表达、自我认识、温柔
渴望需要	接受、成就感、获得、关爱、加入组织、被欣赏、美貌、友谊、舒适、娱乐、距离感、特色、仰慕、名誉、幸福、认知、知识、声望、乐趣、褒奖、尊敬、报复、自我满足、社交、社会地位、同情、变化、与众不同
远离需要	恐惧、消沉、不舒适、焦虑、痛苦、模仿、损失、疾病、伤害、嘲弄、悲伤、压力

三、表现出来的购买动机

影响消费者购买行为是多种动机复合推动的，而不是单一动机的作用。营销人员的主要工作就是要在消费者复杂多变的动机系统中寻找主要影响其行为的动机。

根据动机的表现形式将动机分为两类：购买的动机有消费者愿意说出的理由，是显性的动机；有消费者不愿说出的理由，是隐性的动机。有许多消费者自己也不清楚要买车的真正原因，作为营销人员充分了解消费者的购买动机是一个非常重要的销售环节。购买汽车时显性的动机一般有：自己用的商业动机；为了提高工作效率；赠送他人的动机；给孩子买礼物的动机；使生活充满活力的动机；为了与身份相匹配的动机等。隐性的动机有：要显示自己取得了事业或生活的成功；攀比的心态；提升自己的社会地位的动机；为了显示自己的富有；为了炫耀等。我们在判断出其真正的购买动机后，就有很大的把握使潜在消费者变为我们的客户。表现出来的动机一般体现为以下几种方式：

1. 求实购买动机

以追求汽车的实用价值为主要目的，注重“实惠”和“实际”原则，强调汽车的效用和质量，讲求朴实大方、经久耐用、使用便利，而不过分关心商品的外形、品牌。

2. 求新购买动机

以追求车型外观、配置的时尚和新颖为主要目的，注重汽车的“现代气息”和“新奇”，讲求车型的款式和社会流行趋势。

3. 求美购买动机

以追求汽车外观的欣赏价值和艺术价值为主要目的，注重车型的颜色、款式、流线设计及线条装饰等外观因素，讲求车型的风格和个性化特征的美化所带来的美感享受。

4. 求利购买动机

以追求汽车价格低廉为主要目的，注重汽车的价格变动，而对车型的款式、品牌等不十分挑剔。

5. 求名购买动机

以追求车型的名牌、高档为主要目的，借以显示或提高身份地位，注重车型的社会声誉和象征意义，讲求车型与其生活水平、社会地位和个性特征的关联性。

6. 好奇购买动机

为满足自己的好奇心而产生的购买动机。好奇心是每个人都有的一种心理现象。当人们对面前的事物不是很理解、觉得新鲜有趣或者感到奇怪时，人们就会产生想要了解它、尝试它的愿望，并进一步产生购买行为。

7. 从众购买动机

为保持与别人步调一致或水平相当或地位相近而产生购买汽车的动机，这种情况通常是在相关群体和社会风气的影响下产生的，有一定的盲目性和不成熟性。

8. 癖好购买动机

为满足个人特殊爱好而形成的动机，通过购买和消费自己偏爱的车新款式而获得心理满足。对特定事物偏爱的形成，往往与消费者的业余爱好、专业特长和日常生活情趣密切相关，并且伴有浓厚的感情色彩。

9. 习惯性购买动机

消费者对于所选择的汽车服务单位有充分的了解，并报以特殊的信任，一般不会轻易改变所选品牌。这种购买为一些大众所熟悉并赞赏的耐用品和奢侈品的汽车或服务品牌，容易受到人们的信任，从而形成习惯性购买。

第三节　社会因素对购买行为的影响分析

每个人都不会孤立地存在，他所处环境的文化氛围、家庭、阶层、群体等都会对他的购买行为产生影响。就汽车产品而言，作为一种高档的消费品，人们在选择消费时的从众的心态表现得更明显：消费者在购买汽车时，并不仅仅是购买汽车本身的功能，也希望在享受产品本身的功效时，同时能够获得一种超出产品本身的精神满足。

一、群体

人的行为是外部社会存在的反映，而购买行为是满足需求的过程，生活在不同自然和社会环境的人，在不同的文化和生活环境下显然有不同的需求。因此，人们因所处的自然和社会环境相同或不同形成一个一个的群体，产生不同的购买特色和评定标准，从而成为影响消费者购买行为的参照群体。

参照群体对消费者的影响表现为以下方式：参照群体为消费者展示出新的生活方式和行为模式，影响群体内成员的购买行为；由于消费者有效仿其参照群体的行为倾向，因而消费者对某些事物的看法和对某些产品的态度也会受到参照群体的影响；参照群体促使人们的行为趋于某种“一致化”，从而影响消费者对某些产品和品牌的选择；参照群体的影响力取决于产品、品牌以及产品生命周期。依据对消费者影响程度的不同，参照群体又可分为以下几类：

1. 紧密群体

紧密群体是指对消费者行为影响最经常、最直接、最重要的群体。包括父母、兄弟姐妹、亲戚朋友、同学同事、老师、邻居等。

购买者家庭成员是最具有影响的首要参照群体。购买者生活中一般要经历两个家庭。第一个是父母的家庭，在父母的养育下逐渐长大成人。然后又组成了自己的家庭，即第二个家庭。当消费者做出购买决策时，必然受到这两个家庭的影响。其中，受原来家庭的影响比较间接，受现有家庭的影响比较直接。家庭购买决策大致可分为三种类型：一人独自做主；全家参与意见，一人做主；全家共同决定。这里的“全家”虽然包括子女，但主要还是夫妻二人。夫妻二人购买决策权的大小取决于多种因素，如各地的生活习惯、妇女就业状况、双方工资及教育水平、家庭内部的劳动分工以及产品本身属性等（见图5—10）。在家庭的4个阶段与汽车消费密切相关。

（1）未婚，经济尚未独立阶段。这一群体的主要对象是指高收入家庭的子

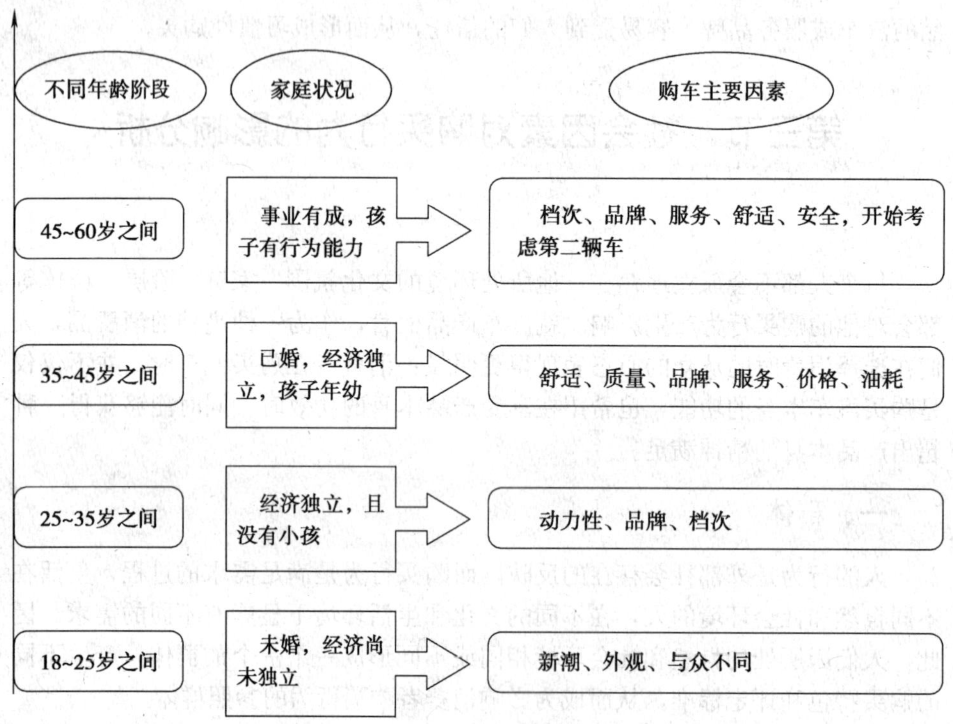

图 5—10　汽车消费者各阶段的消费特点

女。由于我国经济的持续发展，一部分人成为有较高收入的富裕群体，当子女达到法定驾驶年龄时，父母会考虑给孩子买车。这一消费人群，其子女由于没有什么经济负担，消费会以自我为中心，主要考虑要新潮，外观与众不同。

（2）经济独立，且没有小孩阶段。这一群体的主要对象是指经济独立但尚未成家和成家尚无小孩的青年人，是汽车消费的主力军。这一群体随着时代的发展，生活观念发生变化，没有家庭的拖累，生活节奏的变快，在有较高可支配收入的前提下，会购买小轿车，为扩大生存空间，其选择轿车一般首要会考虑动力性能、档次和品牌。

（3）已婚，经济独立，孩子年幼阶段。这是一个比较长的阶段，包括从孩子出生到孩子成年这一阶段，是汽车消费的主力军。由于家庭开支的加大，消费观念趋于理性，影响其消费的因素也较多。他们选择轿车的因素主要有舒适性、质量、价格、服务、品牌、经济性等。

（4）事业有成，孩子有行为能力阶段。这是一个没有子女拖累的享受阶段。在这一阶段，父母的压力大为减轻，已经具备享乐的条件，有更多的休息时间和经济资源可供支配。因此，对于经济收入较高的家庭来说，有一种补偿消费的心态，会选择购买便于旅行，符合身份的汽车。条件好的也可能考虑购买家庭的第二辆车，以供子女使用等。他们在购车时，可能主要考虑的因素有档次、品牌、服务、舒适性、安全性等。

2. 归属群体

人们在社会上总是因为职业、信仰或兴趣爱好不同而分别归属于不同的群体，这种共同的行为往往并非硬性规定，而是一种相互影响、约定俗成的倾向。营销人员通常可以通过了解消费者的职业，来大体推断消费者的归属群体，比如我们可以把汽车消费者群体大致划分为社会名流、企业高层管理者、民营企业主、专家学者、白领雇员、公务员、教师、个体商户、蓝领雇员等。

3. 比照群体

比照群体是指那些与消费者没有直接接触，但对消费者的行为起示范作用的群体。包括名流、影视明星、体育明星，甚至本单位或本地区的帅男美女等。

二、社会阶层

任何社会都有社会等级，社会阶层是根据人们的经济地位与归属群体来划分的等级，通常收入水平决定着他们的消费水平、消费观念和消费习惯。显然，社会阶层是消费者购买行为的一个极重要的因素。

1. 社会阶层的决定因素

一个人的社会阶层是和他特定的社会地位相联系的。处于较高社会阶层的人，必定是拥有较多的社会资源、在社会生活中具有较高社会地位的群体。社会阶层并不是单纯由一个变量（如收入或职业）所决定的，而是由包括这些变量在内的多个因素共同决定。这些变量中有一些很重要，罗列如下：

（1）受教育程度。人的受教育程度直接影响着他的能力、知识、技术、价值观、审美观等，而且随着社会的发展，它在形成社会阶层中所起的作用越来越大。一般情况下，一个人所受教育的程度越高，他的社会地位就越高。

（2）职业。职业地位是人们在现代社会中的主要社会地位。其中，职业声望是人们对职业地位的一种主观评价。一般来说，职业声望越高，职业地位越高，社会名声越大，所处的社会阶层越高。

（3）收入。收入一直被用来衡量人们的购买力和社会地位，因为没有收入就谈不上消费。收入与人们的消费方式、生活习惯等有着密切的关系。一般来说，收入高的人比收入低的人的社会地位高。因此，很多人习惯按收入来划分社会阶层，但也有人不同意这种观点。例如，我国前几年出现的“脑体倒挂”“造导弹的不如卖鸡蛋的”等说法，就说明了收入与社会地位之间的关系的不一致。

（4）权力。权力意味着一个人在群体和社会中向别人施加影响的能力。尤其在某些国家，权力就是一切。

(5) 阶层意识。阶层意识是指某一社会阶层的人意识到自己属于一个具有专长共同的政治和经济利益独特群体的程度。人们越具有阶层或群体意识，就越可能组织政治团体、工会来推进和维护其利益。从某种意义上说，一个人所处的社会阶层是由他在多大程度上认为他属于此阶层所决定的。一般而言，处于较低阶层的个体会意识到社会阶层的现实，但对于具体的阶层差别并不十分敏感。

2. 不同阶层汽车消费者的消费特征

根据某省车辆管理部门的统计，各阶层消费群体的表现出以下消费特征，分别如表5—2、图5—11、图5—12、图5—13、图5—14、图5—15所示。

表5—2　　不同阶层汽车消费特征

成员	关注点	占购车消费者人口比例（%）
社会名流	品牌	1.8
企业高层管理者	品牌、服务	4.2
民营企业主	品牌、效应、质量	8
专家学者	文化、服务	14.8
白领雇员	服务、款式	24.2
公务员	服务、价格	25
个体商贩	价格、实用性	16
蓝领雇员	价格	5.5
低收入农民与下岗工人	价格	0.5

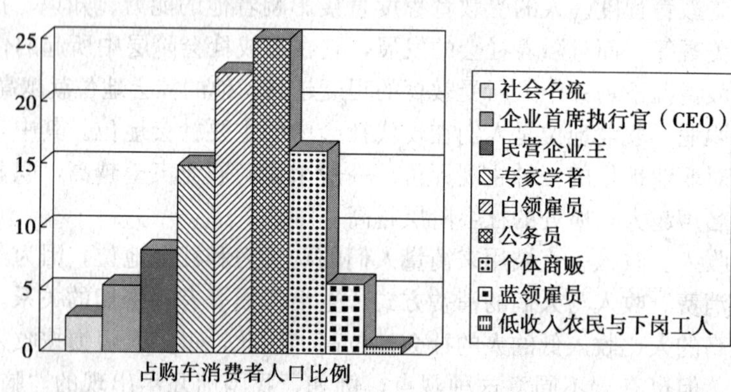

图5—11　购车人口比例柱图

由以上一组图表可知，汽车消费的主要群体为社会名流、企业首席执行官（CEO）、民营企业主、专家学者、白领雇员、公务员、个体商贩、蓝领雇员。

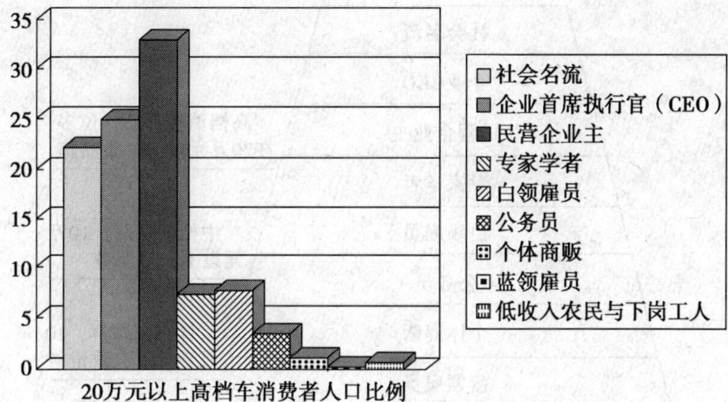

图 5—12　高档车消费人群比例柱图

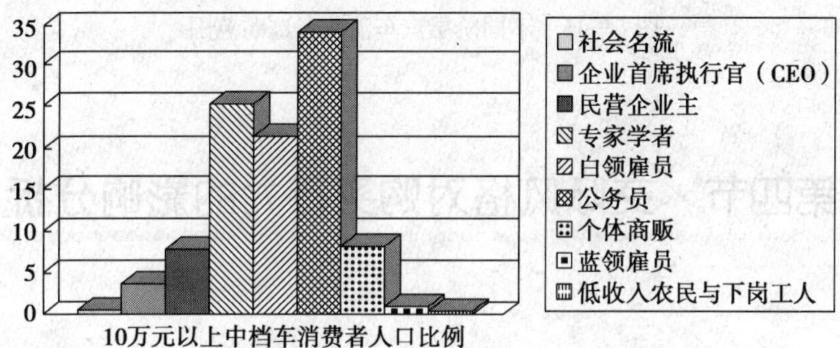

图 5—13　占 10 万元～20 万元间中档车消费人群比例柱图

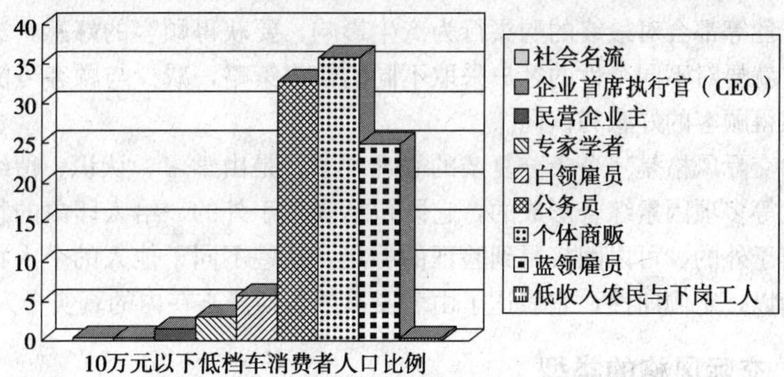

图 5—14　10 万元以下低档车消费人群比例柱图

其中高档车消费以社会名流、企业首席执行官（CEO）、民营企业主为主，注重品牌和档次；中档车消费以专家学者、白领雇员、高收入公务员为主，注重整体服务水平；低档车消费以公务员、个体商贩、蓝领雇员为主，注重价格。可见，通过对阶层的分析，营销人员可以更多地掌握目标消费者的需求所在，从而提高营销活动的成功率。

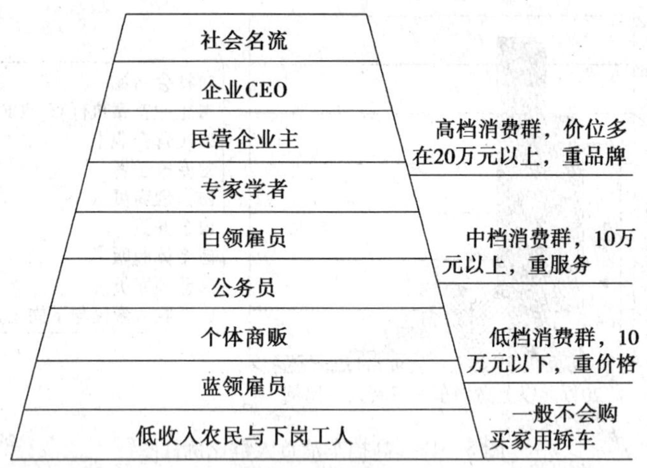

图 5—15　不同阶层汽车消费者选购范围

第四节　交际风格对购买行为的影响分析

消费者可能因需要而买车，也可能因为一时的心理变化而改变原先的购买意向，这是因为很多个人因素在发挥作用，譬如消费者的感知和情绪、学习和态度、个性等都会对最终的购买行为产生影响，要获得顾客的好感，进行成功的销售，就要对不同个性的客户采取不同的销售策略，减少与顾客可能发生的冲突，取得顾客的好感和认同。

人的交际风格是一个十分复杂的心理现象，是由学习、认识、情绪、角色以及动机等多项因素综合形成的，它既包括表现于外的、给人印象的特点，又包括不露于外的、可以间接得到验证的特点，这些不同于他人的个人特点，给人的行为以一定倾向性，它表达了由表及里的包括身心在内的真实个人。

一、交际风格的类型

人的购买行为往往源于其内在的心理需求，心理学家总结出人的 6 个基本个性需求：权力、成就、认同、秩序、合作、安全。不同交际风格的人所侧重的个性需求不同，基本的个性需求导致了人们在行为和态度上出现了不同的特点。

1. 区别交际风格的标准

不同的消费者由于个性需求不同，从而表现出在交际过程中对他人控制力和对自己控制力上的强弱水平也不同。通常我们交际过程中把控制他人的力量称为支配力，这是指一个人希望运用权威的力量，在交际过程中控制或支配别人，但并不是说此人目前的职务具有这样的权力，而是一种由其精神或人性的力量衍生形成的且自然地向他人展现的人格力量；我们把自我控制的力量称为自制力，这是指该人对自己的要求如何，或是自我约束的力量或程度。正是在不同强弱的支配力和自制力的追求下，形成了不同个性的消费者在交际行为（如购买行为）中的不同语言和行为特点。如图 5—16 所示具体描绘了支配力、自制力不同强弱水平下的语言和行为特征。

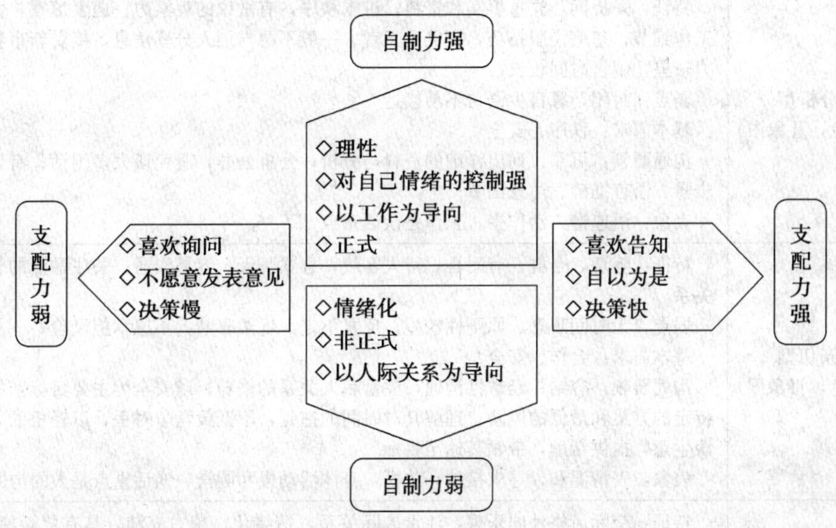

图 5—16 交际过程中人的支配力、自制力强弱水平的语言和行为特征

2. 交际风格的类型

交际风格的不同表现在对自己的自制能力和对他人的支配能力的强弱不同，自制力反映一个人的自我约束的能力，指人对情绪的控制的强弱。自制力弱的人，情绪化，喜欢以沟通为导向，以非正式的方式解决问题；自制力强的人较理性，喜欢以实现销售为目的的正式会谈。支配力反映一个人对他人的影响能力，支配力强的喜欢告知，自以为是，决策快；支配力弱的倾向于询问，不愿意发表意见，决策慢。因此，心理专家将消费者依据自制力和支配力的强弱变化划分为 4 种不同的交际风格类型，分别见表 5—3、图 5—17。

（1）权威者（驾驭型，红色）。表现为控制他人欲望非常强，他们尤其希望通过精神上的权威达到对他人的影响力。由于支配的欲望非常强，权威者对他人支配、影响自己的任何企图和行为都会感到很厌恶。因为他们的支配地位受到了轻视，他们的权威被冒犯，这是权威者最不愿意看到的。

表 5—3 不同交际风格类型特点

交际风格类型	交际风格分析
驾驭型（红色，Ⅰ象限）	特征：自我约束力强，高度自信，果断负责；目的性强，注重效率与结果；不太重视人际关系。对工作高度专注，喜欢告知别人如何去做，很少关注别人的感受；有冒险精神和强烈的领导欲望，权力崇拜者 弱点：没有耐心，较难沟通、接近；缺乏亲和感；顽固易独断 基本需求：权力、成就 沟通要领：坦白；正式、准时，较全面的准备工作，讨论目标，提供资料，直截了当，让对方做决定，避免直接对立，注意会谈的时限、方式 表象：快速有力，重点强调，工作负责
分析型（蓝色，Ⅱ象限）	特征：爱提问，注重事实和资料；讲求秩序，有敏锐的观察力；遇事慎重，关注工作细节；忽略说服技巧，完美主义者。一般不愿与别人分享信息，接受新事物能力较差，销售时间较长 弱点：封闭，寡言少语，不易接近 基本需求：秩序、安全 沟通要领：可靠；列出详细的资料与分析；公事公办，避免谈太多闲话；有计划步骤、语言准确、注意细节 表象：语速慢，动作少，工作是谈话重点
亲切型（绿色，Ⅲ象限）	特征：随意，合群，有耐心；待人客气，喜欢聊天，容易沟通；关注融洽的合作关系 弱点：无时间观念，原则性较差；反复不定，优柔寡断，不愿承担风险 基本需求：合作、安全 沟通要领：容纳；经常性沟通，注重私人关系的培养；以安全为主要目标，提供特定的方案和最低的风险；理解其对时间的拖延，不诋毁竞争对手；以轻松的方式谈生意，提供帮助，带领其达至目标 表象：表情温和，寻求接纳，放松，身体活动慢和圆滑，谈话重点是人的沟通
表现型（黄色，Ⅳ象限）	特征：交际风格外向乐观，注重人际关系，情绪化；精力充沛，具有冒险精神；幽默合群，容易沟通，擅言词；关注过程表现，冒险主义者 弱点：逻辑性差，没有时间观念；随意性大，易冲动，情绪化，因此经常后悔；反复无常 基本需求：认同、成就 沟通要领：沟通；投其所好，争取好感，先附和，再切入；注意互动，交换意见；经常联络并邀请其参加活动；多谈目标，少谈细节；培养私人感情 表象：表情丰富，衣着随意，身体活动多变，谈话重点是人的沟通和感觉

权威者喜欢较快速的购买行为，对时间的延误、失约行为很不耐烦。此类消费者在购买汽车时自主意识较强，目的性很强，在行为举止、语言等方面特点都很明显，在购车过程中，企图通过与权威者聊家常来增进感情是一件非常愚蠢的行为。在购买过程中，他们能很好地控制自己的情绪，因此会感到他们比较冷漠，但他们并没有注意别人对这种冷漠的感受，事实上他们很少关注别人的感受。和他们的积极特征齐肩并立的是他们的消极特征：顽固、急躁和粗鲁，销售人员一时的不谨慎，很可能发生冲突，而导致销售失败。

（2）思考者（分析型，蓝色）。思考者是关注细节、分析性强、坚韧和系

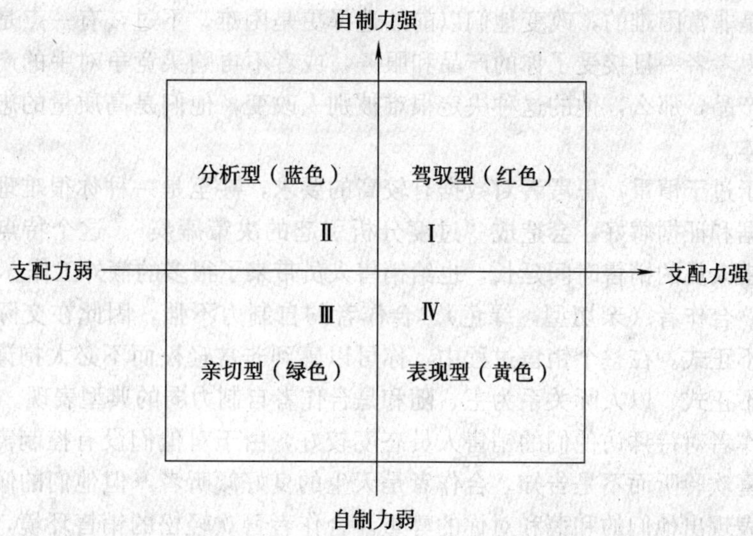

图 5—17　不同交际风格类型象限图

统性的问题解决者。对他人的控制力非常弱，他们并不想影响和控制别人，控制好自己是思考者最为关心的。思考者不喜欢其他人的感情冲动和缺乏理性。

较强的自制力使得思考者有自己的主见，思考者是目的性、计划性很强的消费群体，他们通过努力控制自己的行动和情感来尽一切可能地避免失误。与权威者不同的是，他们常常把自己的主见和自己的观点放在自己的内心中，而不像权威者希望自己的观点被别人所实施，由于缺乏对他人的控制与影响的倾向，思考者往往不多言辞，询问是他们的天分。所以，对于思考者，在销售过程中要认真对待，他们可能知道了该车的很多信息，但他们不会轻易告诉别人，当思考者向他人询问一个问题时，他们仅仅是做一个求证而不是想知道整个情况。在整个销售过程中，思考者最讨厌出尔反尔或盲目夸大车型的功效，对过多的溢美之词十分反感。

与思考者的沟通耐心是十分必要的，因为思考者不愿意与别人分享自己的信息，他们并不想证明自己的能力和控制力。一般只在别人需要知道的情况下，才向别人透露信息，无论该信息是好还是坏。思考者追求的是秩序和安全，意外和突发故障经常会让思考者很恼火。他们对一个新的车型的接受非常困难，他们不愿意改变旧有形成的概念，除非经过慎重分析和严密思考证明新车型的安全性和可靠性，他们才会采取行动。所以，你希望这样的客户接受你的产品是非常困难的，改变他们以前的选择更是困难。不过，有一点是令人高兴的，思考者一旦接受了你的产品和服务，或者不再购买竞争对手的产品而选用你的产品，那么，他的这种决定很难被别人改变，他们是高质量的忠实客户潜在群体。

由于过于慎重，思考者对数据有较高的要求，甚至是一种你很难理解和接受的数据和证据癖好，会造成“过度分析引起的决策瘫痪”。这个特点往往会使得销售人员的销售时间延长，也给销售人员带来了很多的额外工作。

(3) 合作者（亲切型，绿色）。合作者的自制力不强，因此在交际中常常表现得不正式。在整个销售过程中，你可以感到非常轻松而不必太拘谨。没有主见、不正式、以人际关系为主、随和是合作者自制力弱的典型表现。

合作者对待拜访他们的销售人员态度较好，由于对他们没有控制需求，所以他们喜欢聆听而不是告知。合作者是天生的良好倾听者，但他们的倾听更主要的是表现出他们的和蔼和对你的尊重。合作者喜欢轻松的销售环境，在形成良好的关系时，感情成为其决定购车的主要因素之一。

对安全和合作的追求，使得合作者在决策之前需要全面了解事情的真相。但他们与思考者不同，思考者对你提供的信息有很强的分析和判断力，而合作者则不是。因此，他们往往决策很慢，也不喜欢改变。思考者的决策慢是由于慎重和严谨，而合作者则是优柔寡断。

(4) 外向者（表现型，黄色）。外向者的衣着一般较随意，有时候过于华丽，有时候过于简便，他们只在乎自己的感觉。外向者的控制力强，因此喜欢告知别人。你会发现在你周围有一些客户特别喜欢说话，而且有时在你刚刚说了一句之后，他们就显得迫不及待。他们总以为自己十分聪明和富有能力，但与权威者所不同的是，权威者的自信是建立在理性思考（自制力强）的基础上，因此，他们虽然比较独断，但经常是正确的；而外向者的自信是建立在他们感性的基础上（自制力弱），所以，他们时常做出的判断并不十分正确。

外向者往往喜欢炫耀自己对车型的知识，他们更喜欢销售人员倾听而不是告知，较之于最终的购车结果，他们更关心自己在购买过程中的表现。外向者最厌烦的就是对他们的不尊重和质疑，也不喜欢直接切入主题和对关系的漠视。

外向者的自制力比较弱，加上对交际过程有比较强的控制力，他们往往显得比较冲动和鲁莽，他们的决策非常快，因为他们没有耐心仔细去分析一件事情，决策之后又往往会后悔，理性的回归造成了他们常常会改变自己的判断和决策，因此经常失约，一旦形成销售意向，尽快成交是针对外向型消费者十分必要的。

二、不同交际风格类型的辨别

针对不同交际风格的消费者采取不同的销售策略，能大幅提高销售人员对消费者购买行为的准确判断。为了帮助专业销售人员更快、更简便地判断影响客户交易过程的交际风格类型，表5—4给出了不同交际风格的主要交际行为表现特征，对应可以直接观察到的行为和语言特点，可以大致判断出客户的交际风格。

表5—4　　每种交际风格的表现特征

交际风格	权威者	思考者	合作者	外向者
1. 脸部表情	少变化	少变化	温和有笑容	很多表情
2. 眼神接触	直接，凝聚	不慈祥，但想答案	注视寻求接纳	多方注视
3. 说话速度	快速有力	从容不迫	慢，有时停下	快速
4. 声音	控制声音	适中	柔软温和	大声
5. 音调	单调，重点强调	单调	流畅	忽高忽低
6. 姿势	正式，强硬	僵硬	放松	充满活力
7. 身体活动	有些快速，有力	少姿势	慢和圆滑	多种变化
8. 说话重点	工作	工作	人	人，感觉

这种方法简单、实用，但应避免生搬硬套。专业销售人员可以通过表5—4进行初步的交际风格判断，但最终还需要通过支配力和自制力，对客户的交际风格进行深入、全面地判断。如果消费者的行为和语言表现出符合竞争性、冒险、快速等特征或倾向，这说明该客户属于交际风格中支配力强的类型；反之则属于较弱类型，如图5—18所示。

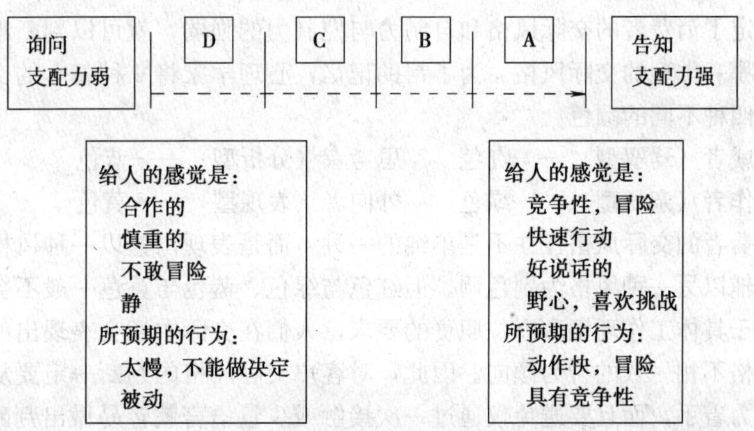

图5—18　消费者支配力强弱变化趋势

只判断消费者交际过程的支配力的强弱并不能判断出消费者的交际风格类型，还需要判断消费者的自制力的强弱。自制力弱的消费者，往往热情、随和、容易沟通等，而自制力强的消费者，往往有冷漠、理性、讲究精确等特征或倾向，给人以距离感，如图 5—19 所示。

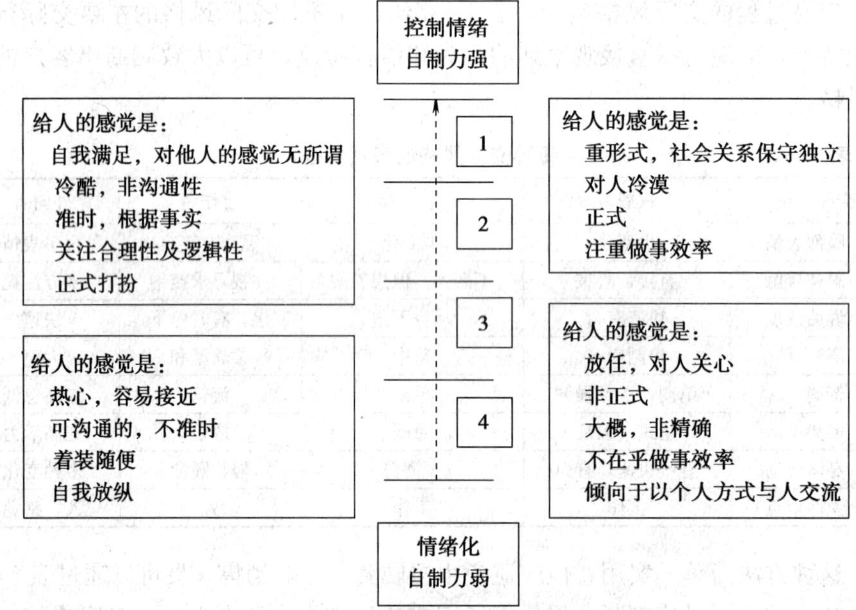

图 5—19 消费者自制力强弱变化趋势

确定了消费者的交际风格和自制力与控制力的强弱，就可以判断出消费者是属于哪一类型的交际风格。为了帮助记忆，心理学家将 4 种基本的交际风格对应了四种不同的颜色：

权威者（驾驭型）——红色　　思考者（分析型）——蓝色

合作者（亲切型）——绿色　　外向者（表现型）——黄色

消费者的交际风格往往不是单纯的一种，而是表现出为以一种风格为主色调，并辅以另一种风格为副色调。但红色与绿色、蓝色与黄色一般不会共同存在。由于具体工作环境和岗位职责的要求，人们在交际中还会表现出一些与其内在风格不相一致的行为倾向。因此，对客户交际风格的判断一定要从自制力和支配力着手，而且要避免仅通过一次接触或少量语言就轻易做出判断，基础观察和全面分析非常重要。

【阅读材料】四个消费者的故事

某 4S 专营店有 4 位客户对该店的售后服务产生抱怨，虽然有关人员尽力去协调，但是，他们仍然不满，最后总经理出面进行协商。

这4位消费者——一位是权威者，一位是思考者，一位是合作者，还有一位是外向者，都等待一个满意的答复。最后当总经理给出令他们满意的答复后，每一位客户都用自己独特的方式表达他们的感情，其方式根源于他们各自的交际风格。

请根据4种交际风格的特点，为这4位客户设计在获得自由后他们将采取什么样的方式（动作或语言）来表达他们的感情。

权威者：

思考者：

合作者：

外向者：

指导：

权威者——他站起身来，大声说道："我告诉过你们，你们早应该这样解决啦!"接着，权威者转过身，用手指着直接责任人对总经理说："总经理，如果他不给我道歉的话，我保留继续追究你们责任的权利!"

（追求权威和权利；自制力和控制力非常强）

思考者——他站起身，背着手，走到总经理面前，冷静地说："希望以后这类事情不要再发生。"

（严谨、理性，对事情喜欢刨根问底；自制力非常强，控制力较弱）

合作者——他径直走到直接责任人面前，拍了拍他的肩膀，"我知道你也有难处。希望我们以后成为朋友，怎么样?"

（以人与人的关系为导向，即使有不满或愤怒也不轻易表达）

外向者——他高兴地握住总经理的手，兴奋地大声说："不打不成交，我们去吃个饭吧。"

（冲动、情绪化，自制力非常弱而控制力强）

第五节 消费者行为过程分析的实战应用

消费者的需要、动机、群体、性格、购买情景等多种因素都会对消费者的行为产生影响，销售人员通过了解顾客的决策过程来决定采取何种销售策略，以达到销售的目的。我们可以进一步对消费者的购买行为过程进行扩展，消费者解决问题的行为过程扩展模型如图5—20所示。

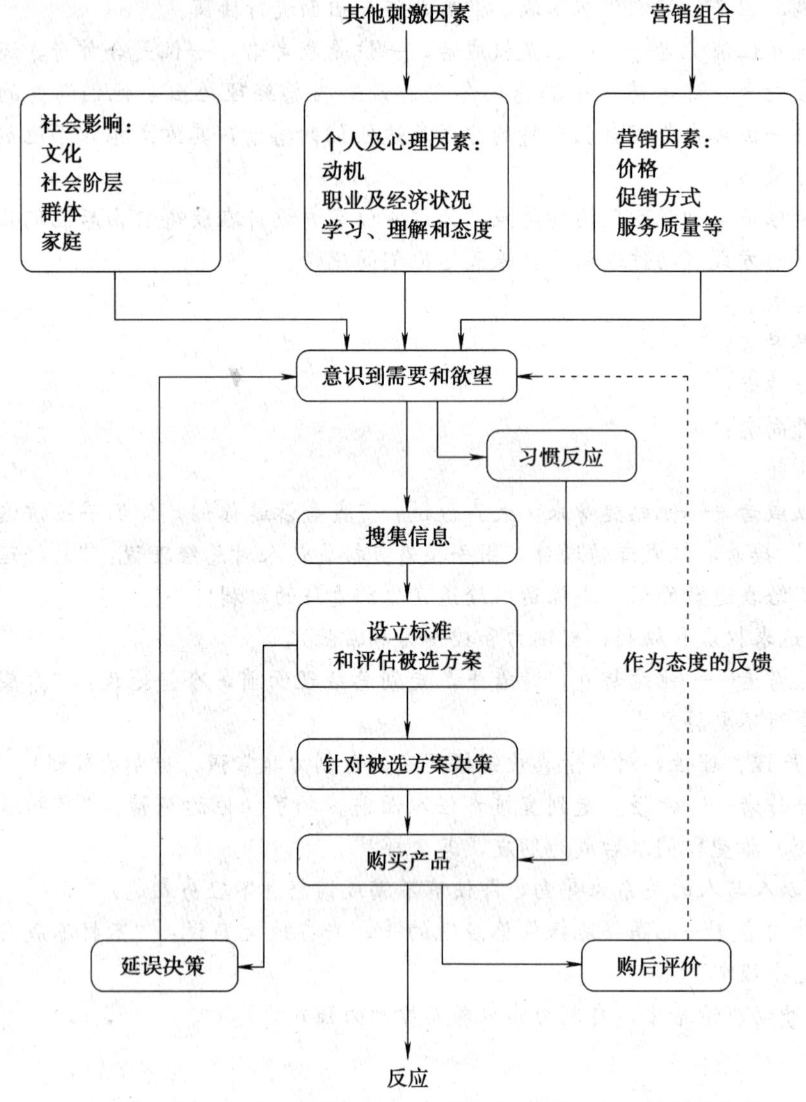

图 5—20 消费者解决问题行为过程扩展模型

一、汽车消费者解决问题的方式

每个人解决问题所需的时间是不同的，对此类问题有经验的消费者可以迅速完成每一个步骤，或者马上采取行动，但是，对于没有经验的消费者而言可能需要花费大量的时间。

汽车不同于一般的商品，不仅要考虑到大额的一次性投资，还要考虑到随后不断的消费支出，因此，不能对汽车消费的行为进行简单的判断。在整个汽车消费过程中，消费者解决问题的方法是不同的。一般说来，随着汽车消费阶段的推进，消费者解决问题的方式有三个：解决大量问题、解决有限问题和反应行为定型。这种方法适应于所有的商品，如图 5—21 所示。

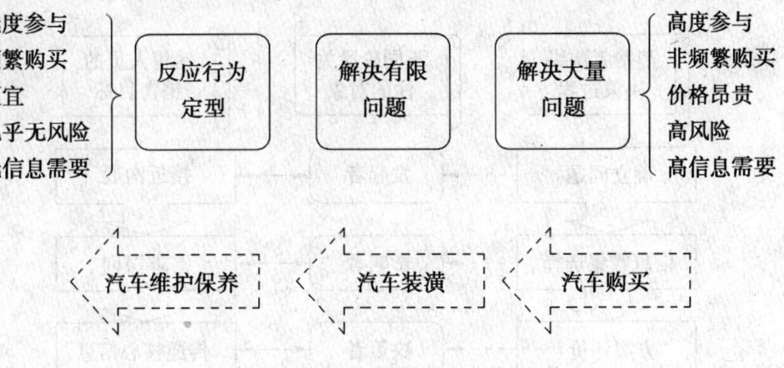

图 5—21　解决问题的延续性

1. 解决大量问题

消费者对于全新的或者异常重要的需要，会投入大量的精力去解决。例如，消费者在汽车选购阶段，由于汽车属于大额消费品，一般情况下消费者会投入大量精力去了解有关汽车的各种信息，对多种车型进行对比，而很少一时冲动就决定购买。

2. 解决有限问题

消费者如果想要在满足需要的过程中加入个人努力，就会采用解决有限问题的方法。例如，汽车消费者在购买后准备装潢时，可以为了方便而在购车处装潢，也可能根据朋友的建议或以往经验选择其他的汽车美容店，他可以预计效果或者选择轻松的方式来决定如何解决问题。

3. 反应行为定型

消费者对于常规性的消费，可能选定一种方式来满足需要，这种方式属于低参与购买，消费者对此类问题的解决多采用以往经验，而很少需要其他的信息。例如，汽车消费者一般习惯于在固定的服务网点对汽车进行维护保养，除非出现其他的意外情况。

我们可以看到，在汽车的不同消费阶段采取的方法是不同的，营销人员可以根据消费者解决问题的形式来决定销售策略。与消费者其他产品的购买决策相比，由于汽车属于较昂贵的耐用消费品，因此，消费者的在汽车购买阶段的决策更全面体现了消费者的购买决策过程。

二、汽车消费者购买过程中的销售目标模型

消费者在不同的购买阶段的消费心理和关注焦点是不同的。营销人员要进行成功的销售，就要有与之相对应的销售工作模式，才能有效地把握销售过程中各个环节的关注点，排除销售障碍。下面通过确立消费者购买决策不同阶段

的销售目标确立网络示意图，来进一步说明了解汽车消费者购买决策过程的作用，如图 5—22 所示。

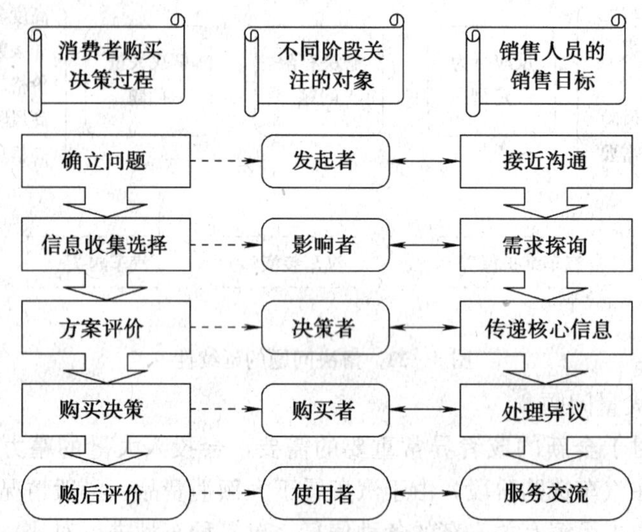

图 5—22 消费者购买决策不同阶段的销售目标确立网络示意图

（1）确立问题。消费者产生的购买需求主要是由于自身需要而导致的对相关问题出现的认知，购买车辆的紧迫性取决于所面临问题的严重程度。在此阶段消费者首要面临的问题是正确认识自身的真实需求，因此发起者发挥的作用最大。在这一阶段，消费者不会做出购买的决策，只是停留在问题的认识层面，一般只是初次与营销人员进行接触，因此，营销人员与顾客的首次接触，以接近和打消其戒心为主，取得顾客的信任，从而获得认同，参与到顾客的购买决策过程中去。

（2）信息收集选择。消费者的需求一旦被唤起，且又具备购买能力，就会产生兴趣，就会通过各种渠道了解能够解决问题的方法和途径，根据问题的重要程度收集信息所需的时间不同。在此阶段影响者能够左右消费者的购买意图，营销人员可以通过与影响者的沟通，通过有效的途径传递产品信息，并探询消费者的真实意图。消费者获取信息的途径与营销做法见表 5—5。

表 5—5　　消费者信息获取途径与营销做法

传播渠道	消息发送途径	营销做法
个人渠道	家庭成员、同事、朋友、邻居等	营销人员要注意建立顾客档案，并进行规律性的沟通，以便获取消费信息
企业可控渠道	广告、商品展销会、中间商、销售人员等	注意营销策略的连贯性，传送完整、一致的销售策略

续表

传播渠道	消息发送途径	营销做法
大众传媒渠道	电视、报纸、杂志、网络等	合理选择传播途径，注意舆论导向和社会公益，提高企业的知名度，形成良好的企业形象
经验渠道	消费者观摩、试乘试驾	要求销售人员要熟练掌握汽车的操作技巧，并在消费者试车前进行正确的引导，以便形成有利的经验感受

(3) 方案评价。通过一定的信息收集，消费者会结合自身条件，设定期望达到的标准，并对选定的目标范围进行分析比较，决定购买的价位、品牌与地点等。在此阶段决策者是关注焦点。核心信息的传递的方式是多种多样的，如提供资料、试用体验、现场演示等。营销人员对产品进行陈述时，要注意决策者的性格，采取相应的陈述技巧，针对消费者所关心的核心问题重点阐述，同时要注意与消费者实现互动，不要发表演说，从而使决策者形成正确的意见。表5—6列出了某消费者在选择小轿车时对三种车的共同之处的分析。

表5—6　　某消费者对三种汽车品牌的网状评估指标

品牌	共同特征					
	里程耗油量	方便的服务	舒适的内部装潢	车型	后期服务费用	性价比
轩逸	+	−	+	+	−	+
赛拉图	−	+	+	+	−	−
捷达	+	+	−	−	+	+

消费者会采用网状评估系统来对所选择的车型进行评价，促使营销人员将每一种商品都看做一级特征或性质的集合。在图表中“+”“−”号表示消费者对汽车特征的态度。如果目标市场的消费者对于营销人员所促销的品牌的产品没有给“+”号，那么，表明产品存在一定的问题。

(4) 购买决策。消费者的购买决策阶段是实现消费行为的最后环节，当消费者选定目标后，就会进行购买行为。在此阶段，购买者是关注对象，要消除顾客最后的异议，减少变数。在消费者决定购买的最后环节，消费者与营销人员的异议达至顶峰，包括对产品的疑问、价格的确定、产品质量的稳定性、售后服务的保证等，营销人员要把握销售原则，同时注意不要直接回绝消费者的要求，注意引导消费者自己去了解问题、解决问题，逐步达成共识。

在购买阶段存在很多变数会影响消费者的购买决定，选择范围广的车型，变数也大，反之则不同。在购买过程中，要注意任何一个环节都可以定约，定约包括与消费者达成的共识，获得与顾客交流的机会、签约等，只要和目标相一致的共识都是定约。但在购买阶段还有其他因素会产生变数，如消费者的突发事件或购买过程中的意外情况等。因此，我们在决策阶段要注意与消费者的密切联系，以便采取正确的应对措施。

（5）购后评价。消费者购买后会对产品根据使用情况有所评价，从而影响其以后的消费行为及其他相关消费群体。消费者购买后会进入购后评价阶段，购后评价是形成消费者满意度、进行品牌塑造的关键阶段。在这一阶段，营销的关注点是使用者。营销人员一定要在实现购买后的一周内与消费者进行联系。这是因为汽车是一种科技含量很高的产品，并不是所有的消费者都能正确使用汽车产品，了解消费者的使用情况，一方面可以防止由于使用不当，造成的汽车故障使消费者产生不满情绪；另一方面由于汽车是一种多种部件组成的产品，有可能会出现一些技术障碍，主动进行沟通有利于问题的解决，使消费者的不满情绪降到最低。

可见，在各个不同的购买阶段营销人员关注的焦点不同，在各个环节要达到的销售目标也不同，营销人员通过对顾客购买决策过程的了解，针对性地采取销售策略，无疑会使销售的有效性大幅提高。

三、消费者行为分析的应用

由图5—22可以看到，在消费者行为的不同阶段应采取的销售手段是不同的。在实际工作中，可以采用如下的思维模型来进行消费者行为分析，如图5—23所示。

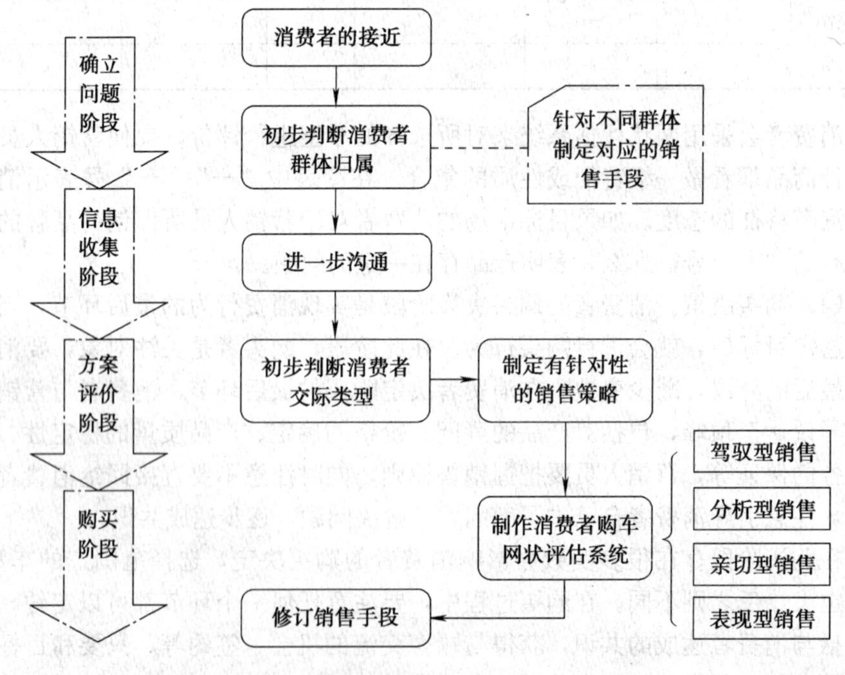

图5—23　消费者行为分析模型

可以看到，销售的过程实际上也就是针对消费者的行为进行沟通、分析的过程，销售人员通过对消费者的行为进行分析，从而采取有针对性的销售手段。

1. 针对驾驭型交际风格的消费者的销售要领

（1）避免个人化和浪费时间，注重事实。

（2）直截了当，保持快节奏，注意客户的想法与目的。

（3）避开细节、谈论要点。

（4）强调产品解决顾客问题的能力。

（5）提出建议，由对方来做决定。

2. 针对分析型交际风格的消费者的销售要领

（1）避免个人化和明显施压。

（2）做好充分的产品知识准备，树立专家形象。

（3）正规的交流场合，完整详尽的信息，系统性的交流方式。

（4）对工作程序要有耐心，注意细节，向顾客提供具体行动步骤与相关文本。

（5）慎重报价。

3. 针对亲切型交际风格的消费者的销售要领

（1）注意礼节和创造好的交流氛围，以个人身份与其打交道。

（2）提供步骤明确的流程表和计划书。

（3）不要过分施压，采用让步式报价方案。

（4）耐心解答，建议其征求他人意见。

（5）保持经常性接触，多听少说。

4. 针对表现型交际风格的消费者的销售要领

（1）友好、非正式的会谈。

（2）引导其谈论解决方案，对其想法表现出热情。

（3）多听少说，保持快节奏。

（4）尽量以书面形式表达其想法，并获得书面承诺，但注意不可太烦琐。

（5）多谈产品实现的利益，帮助其处理细节。

（6）订单签订后，要注意私人关系的建立。

单元 6 汽车销售

培训目标

本单元主要讲述汽车销售技巧，通过本单元的学习，读者应：

- 熟悉汽车销售的流程。
- 熟悉汽车销售过程中的主要工作任务。
- 掌握一定的销售技巧。

很多刚刚参加工作的销售员走上岗位时会感到一片茫然，他们经常会遇到这些问题："顾客在哪里？""我们该如何与顾客接近？""如何才能了解顾客的真实需求？""我们该如何向顾客介绍我们的车？""我们该做些什么？"……那么汽车销售员应该如何进行汽车销售呢？我们先看看下面的案例。

这是一座普通城市里的一家比较知名的汽车专卖店，展厅内有 6 辆各种款式的轿车。一天下午，阳光明媚，微风吹拂，让展厅看起来格外明亮，店中的 5 个销售人员都各自在忙着自己的事情。

一对夫妻带着两个孩子走进了专卖店。凭着做了 10 年汽车销售的直觉，张某认为这对夫妻是真实的买家。

张某热情地上前打招呼——汽车销售的第一个步骤——并用目光与包括两个孩子在内的所有人交流，同时，他做了自我介绍，并与夫妻分别握手。之后，他看来是不经意地抱怨天空逐渐积累起来的云层，以及周末可能来的雨雪天气，似乎是自言自语地说，也许周末的郊游计划要泡汤了。这显然是很自然地转向了他需要引导到的话题，他诚恳地问："两位需要什么帮助？"（消除陌

生感，拉近陌生人之间距离的能力）

这对夫妇说他们现在开的是捷达，考虑换买一辆新车，他们对一汽—大众系列的车型很感兴趣。张某开始了汽车销售流程中的第二环节——收集客户需求的信息。他开始耐心、友好地询问：什么时候要用车？谁开这辆新车？主要用它来解决什么困难？在彼此沟通之后，张某开始了汽车销售的下一个环节——客户需求，从而确保客户将来再回到自己店里的可能性得到提高。他们开始解释说，周末要去外省看望一个亲戚，他们非常希望能有一个比捷达气派点的汽车，可以体面地到达目的地。

在交谈中，张某发现了这对夫妻的业余爱好，他们喜欢外出旅行。这样的信息对于销售人员来说是非常重要的。这种客户信息为销售人员留下了绝佳的下一次致电的由头。在优秀的销售人员中，他们一直认为自然界中“变色龙”的技能对销售过程最为有用。客户由此感知到的将是一种来自销售人员的绝对真诚、个性化的投入和关切，在这种感知下，客户会非常放心地与销售人员交往。由此，在上述的案例中，张某展现出自己也对旅游感兴趣，至少可以获得一个与客户有共同兴趣的话题，从而建立起与客户在汽车采购以外的谈资。

张某非常认真地倾听来自客户的所有信息，以确认自己能够完全理解客户对汽车的准确需求，之后他慎重而缓慢地说，店里现在的确有一款车可以推荐给他们，因为这几款车比较符合他们的期望。这是销售流程中的又一个环节：产品展示。他随口一问，计划如何付车款。此时，客户表达出先别急着讨论付款方式，他们先要知道所推荐的都是些什么车，到底有哪些地方可以满足他们的需要，之后再谈论价格的问题。（客户的水平也越来越高了）

张某首先推荐了手动挡的“速腾”，并尝试着谈论各种配置的不同作用。他邀请了两个孩子到车的座位上去感觉一下，因为两个孩子好像没有什么事情干，开始调皮，这样一来，父母对张某的安排表示赞赏。

这对夫妻看来对汽车非常内行。张某介绍的许多新技术，夫妻都非常熟悉，由此可见，这对夫妻在来之前一定收集了各种汽车方面的资讯。目前，这种客户在来采购之前尽量多地收集信息的现象是越来越普遍了。40%的汽车消费者在采购汽车之前都通过互联网搜索了足够的有关信息来了解汽车。这些客户多数都是高收入、高学历，而且多数倾向购买较高档次的汽车。其实，客户对汽车越是了解，对汽车的销售人员就越有帮助，但是，现在有许多销售人员都认为这样的客户不好对付，太内行了，也就没有任何销售利润了。张某却认为，越是了解汽车的客户，越是没有那些一窍不通的客户所持的小心、谨慎、怀疑的态度。

这对夫妻看来对手动挡的“速腾”非常感兴趣，但是，张某也展示了手自一体的“速腾”，是一款操纵性更好的车型，因为，后者的利润会多一些。这对夫妻看了一眼展厅内的标有价格的招牌，叹了口气说，超过他们的预算了。

这时，张某开了一个玩笑："这样吧，我先把这个车留下来，等你们预算够了的时候再来。"客户哈哈大笑。

张某此刻建议这对夫妇到他的办公室来详细谈谈。这也就是汽车销售流程中的关键环节——协商。协商通常都是价格协商。在通往洽谈区的路上，他顺手从促销广告上摘了两个气球下来，给看起来无所事事的两个孩子玩，为自己与客户能够专心协商创造了更好的条件。

通常采购汽车的潜在客户都不会是第一次来就决定购买，而是留下联系方式，以便将来有机会在客户到其他的车行都调查过以后，再联系客户成交率会高许多。他再一次尝试着先问了客户的预算是多少，但客户真的非常老练，反问道，"你的报价是多少?"张某断定他们一定已经通过多种渠道了解了该车的价格情况，因此，张某给了一个比市场上通常的报价要低一点的价格。但是，客户似乎更加精明，面对他们的开价，张某几乎已经到了自己权限的底线，张某表示出无法接受。于是，张某说，如果按照他们的开价，恐怕一些优惠服务内容就没有了。于是，张某又给了一个比报价高出 1 000 元的报价，并向顾客展示了优惠的内容。经过再次协商，张某最终达成了比权限内底价高 800 元的价格。对于张某来说，这个价格利润很低，不过还算可以了，毕竟，客户第一次来就能够到达这个步骤已经不错了，而这个价格则意味着公司可以挣到4 000元，张某的提成是 200 元。

张某非常有效率地做好了相关的文件，因为需要经理签字，只好让客户稍等片刻。通常，对于展厅的经理来说，最后检查销售人员的合同予以确定是一个非常好的辅导缺乏经验的销售人员的机会。张某带回经理签了字的合同，但在这时，客户却说他们还需要再考虑一下。此时，张某完全可以使用另外一个销售中的技巧，那就是压力签约，他可以运用压力迫使客户现在就签约，但是他没有这样做，他宁愿让他们自由地离开。这其实也是这个专卖店的自我约束规则，这个规则表示，如果期望客户再回来，那么就不应使用压力，应该让客户在放松的气氛下自由地选择（受过较高的教育的客户绝对不喜欢压力销售的方式）。张某非常自信这个客户肯定会回来，他给了他们名片，欢迎他们随时与他联系。

两天以后，客户终于打来电话，表示他们去看了其他的专卖店，但是不太满意，准备向张某购买他们喜欢的车，虽然价格还是高了一点，但是可以接受。他们询问何时可以提车？令人高兴的是，店里有现车，所以张某邀请他们下午来。

下午客户来了，张某很热情、熟练地协助顾客办理了各种手续，交接工作十分顺利，在办理手续过程中，客户接受了张某推荐的办理售后俱乐部会员卡的建议，并且张某向客户介绍了售后服务的专门人员——汽车销售流程的最后一个环节，售后服务的安排。并由专门的维护人员大致确定了首保日期。这个介绍实际上是要确定该客户这个车以后的维护、保养都会回到店里来，而不是去其他的维修服务点。

分析这个案例，在整个销售过程中，张某一直围绕着顾客所面临的问题来展开销售行为，而且，他不仅关注销售前的行为，同样还意识到为顾客推荐更多的服务项目，而这一切才意味着完整的汽车销售服务流程。通过这一案例我们可以知道，汽车的销售不同于普通商品，因此销售人员要更全面地掌握销售流程，还需要掌握很多销售方面的技巧，如接待顾客的细节问题，拉近距离的方法，发现客户个人兴趣方面的能力以及协商能力等。

第一节　汽车销售工作简介

汽车销售是整个汽车流通领域的关键一环，销售人员通过对消费者需求的把握，准确地传递双方的信息，把消费者、生产者紧密地联结起来，实现产品的交换。

一、汽车销售工作的特点

汽车是现代工业文明的产物，汽车既有普通商品的销售特点，又有其不同之处，概括而言，有以下四点。

1. 汽车购买是一项复杂的购买行为

在整个销售过程中更强调以顾客为中心的销售。汽车与一般的商品不同，是一种高技术含量的昂贵消费品，在整个销售过程中，消费者参与的程度非常高，如果销售人员不能以消费者的需求为关注焦点，就很难了解客户的真实需求，实现销售。

2. 汽车销售所需的专业化知识更多

汽车是一种高技术含量且更新换代特别快的产品，非专业化的人员很难对汽车有全面了解。售前需要销售人员经常性地了解相关汽车信息，以便能够全面准确地向消费者传达汽车方面的有关信息，售后要有专业的技术人员进行维护保养服务，才能保证产品的正常使用，可以说在整个消费过程中都离不开专业化的服务。

3. 汽车销售要树立整体的服务理念

汽车产品的消费形式与一般商品不同，在汽车的整个消费过程中，不仅售前离不开专业人士的服务，在整个消费过程中，同样离不开专业人士的服务。可以说，一旦消费者选择了某款轿车，就需要不间断地提供服务，才能保证产品的良好使用。

4. 汽车销售更强调团队合作

汽车消费是一项漫长的服务项目，不仅购买决策的时间长，而且在消费过程中，需要提供服务的时间更长。单一的业务人员很难为顾客提供全面化的服务，因此，需要在整个服务链的参与人员都相互协作，才能保证服务的连续性，达到顾客满意。

二、汽车销售的主要工作内容

汽车产品的销售服务泛指汽车在售前、售中、售后服务的全过程，包括汽车经销企业为顾客提供所有的产品销售服务工作及技术型服务的前期沟通工作。

1. 售前服务

售前服务是指销售人员在客户决定购车前的前期咨询工作。工作内容主要包括：

(1) 寻找和发现潜在顾客，并进行售前跟进。

(2) 有选择地走访老顾客，拜访新的潜在顾客，并针对重点顾客要定期拜访。

(3) 认真了解客户的真实需求，并听取客户对产品和服务质量的意见。

(4) 积极为顾客出谋划策，向客户介绍新产品、新车型和新的销售政策。

2. 售中服务

售中服务是指销售人员在客户购买过程中提供的全方位服务。工作内容主要包括：

(1) 接待和甄别顾客——车辆介绍——产品展示——车辆选购——销售核准——交车。

(2) 销售人员要热情接待每一位来访的顾客，对产品的技术特点、使用性能、价格构成、一条龙服务、售前售后服务项目以及质量担保和索赔等情况进行介绍。

(3) 公司要设专门的咨询电话，为不方便上门的顾客提供电话咨询服务。

(4) 协助客户办理汽车保险、汽车上户等一条龙服务。

(5) 销售人员要根据顾客的需求协助顾客完成试乘试驾服务。

(6) 在交车前要完成汽车的售前检查（PDI）。

(7) 交车后销售人员要帮助、提醒客户填写顾客档案卡。

(8) 销售人员要及时向顾客介绍售后服务的范围和优惠条件，并提供售后服务的联系电话。

3. 售后服务

售后服务是指销售人员在购买行为完成后所做的服务工作。工作的内容主要包括：

（1）销售人员在购车后的第三天和一周内对客户进行售后服务跟踪，了解顾客的车辆使用情况。

（2）销售人员要定期与顾客保持联系，提醒顾客对车辆进行必要的维护和保养。

（3）为客户提供代办手续、代办保险、索赔等多项服务。

三、汽车销售流程

汽车消费是一种复杂的购买行为，消费者购买行为持续时间长，参与程度也高。因此，销售人员要以顾客的需求为关注焦点，以顾问的身份围绕消费者的购买决策过程，才能实现销售。顾问式的汽车销售的工作流程如图 6—1 所示。整个汽车销售活动是围绕着顾客的购买行为展开的，一般可以针对消费者购买行为过程，将汽车销售流程分为 4 个阶段，11 项工作任务。

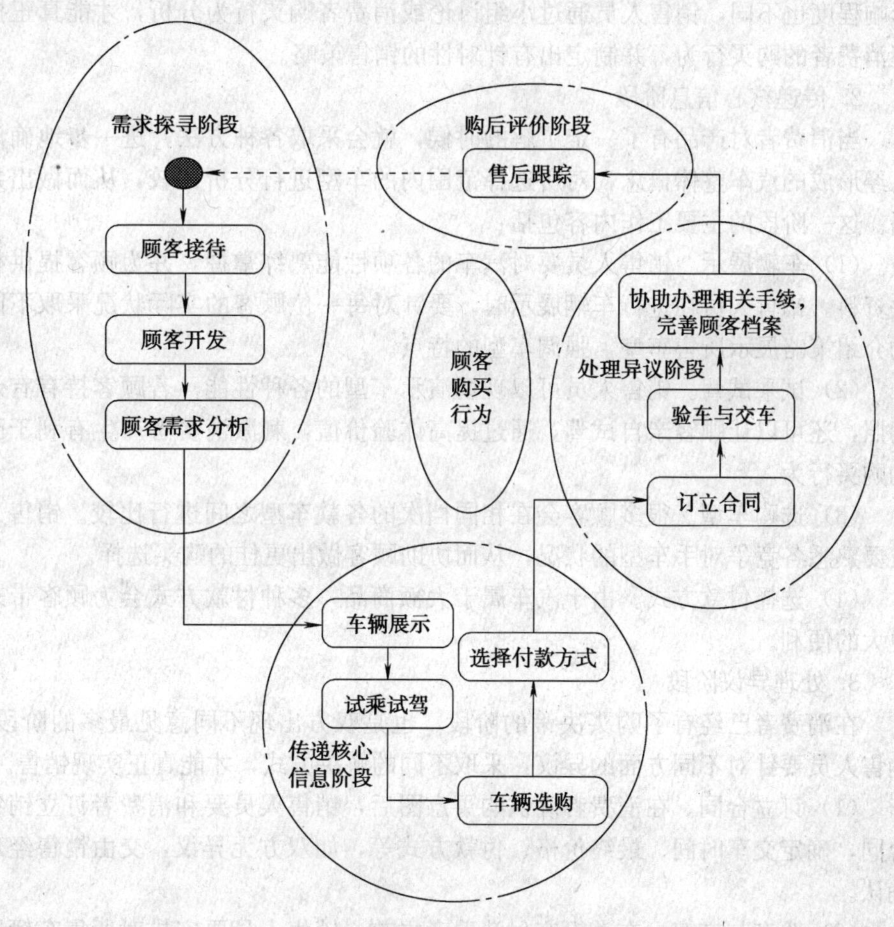

图 6—1　汽车销售流程示意图

1. 需求探寻阶段

以顾客为关注焦点的销售模式，在销售初始首先要了解顾客的需求，然后再围绕客户的需求，展开销售工作。这一阶段的主要工作内容包括：

（1）顾客接待。顾客接待的主要目的是减少顾客的疑虑状态。销售人员要在顾客一到来时即以微笑迎接，在迎接顾客后应询问能提供什么帮助，了解顾客来访的目的。通过热情有礼的接待，降低顾客的疑虑情绪，使其在展厅停留较长时间，销售人员才有更多的时间与顾客进行沟通和交流，为顾客树立一个正面的第一印象。

（2）顾客开发。销售人员要掌握市场状况，通过多渠道寻找潜在顾客，做好顾客档案，并根据顾客的需求状况对顾客实行分级管理，做好全面的服务，从而扩大销售面积，为更多的目标顾客当好顾问。

（3）顾客需求分析。每一位消费者购车的内在原因不同，受到周围环境的影响程度也不同，销售人员通过小组讨论或消费者购买行为分析，才能真正把握消费者的购买行为，并制定出有针对性的销售策略。

2. 传递核心信息阶段

当消费者对产品有了一定了解的时候，就会采取各种方法，进一步地确认已经形成的汽车整体概念，对所选择范围内的车型进行分析比较，从而做出判断。这一阶段的主要工作内容包括：

（1）车辆展示。销售人员要对汽车的各项性能熟练掌握，并为顾客提供相关资料。销售人员在进行车辆展示时，要针对每一位顾客的实际状况采取不同的介绍策略展示所售车型，强调车型的特点。

（2）试乘试驾。销售人员可以现场演示车型的各种性能。若顾客持有有效驾照，还可以让顾客亲自试驾，通过提高体验价值，刺激消费者产生有利于己的购买行为。

（3）选购车型。很多顾客会在相同档次的各款车型之间进行比较。销售人员要熟悉各竞争对手车型的状况，从而协助顾客做出更佳的购买选择。

（4）选择付款方式。由于汽车属于大额商品，多种付款方式会为顾客带来更大的便利。

3. 处理异议阶段

在消费者已经有了购买决策的阶段，也是双方出现不同意见最多的阶段，销售人员要针对不同方面的异议，采取不同的解决方式，才能真正实现销售。

（1）订立合同。在消费者确认购买意图后，销售人员要和消费者订立销售合同，确定交车时间、最终价格、付款方式等，如双方无异议，交由销售经理确认。

（2）验车与交车。在车辆交付消费者之前，销售人员要安排对所售车辆进行全面 PDI 检测，并仔细清点交车物品，避免可能出现的顾客抱怨。

（3）协助办理相关手续，完善顾客档案。销售人员要积极与顾客交流，积极为顾客代办相关手续（如商户手续、汽车保险等），注意完善顾客资料，认真向顾客介绍车辆的保养知识、售后服务内容，介绍售后服务人员与消费者认识等。

4. 售后评价阶段

在顾客购车后的一周内，销售人员要主动与顾客进行沟通，询问车型的使用情况，并提供可能需要的帮助，再次告知及时进行车辆维护等。如果是在本公司购车并进行初次保养的顾客，服务顾问要在顾客到来之前，会同销售的人员一起进行接待，从而使顾客体会到公司对他的关心和真诚，为培养忠诚顾客奠定基础。

总之，汽车销售是汽车经销企业的系统工程，它不仅与销售人员的服务规范有很大关系，同时和企业的售后服务水平也直接相关。因此，汽车经销企业在日常的工作中要经常与顾客进行售前和售后的业务沟通，防止出现服务断档现象，培养稳定的忠诚顾客群，维护企业持续长久的发展。

第二节 汽车销售的前期准备

汽车消费是一项持续时间长、消费者参与程度深的复杂购买行为，要把握消费者的实际需求情况实现销售，销售人员就必须做好汽车销售前的准备工作。销售的前期准备工作的主要包括消费情景的营造、销售资源的储备、销售人员的准备等方面。

一、消费情景的营造

消费情景是指消费者在购买过程中所接触到的卖场氛围、消费环境、购买时间等周围环境。消费情景会影响消费者的购买行为，良好的消费情景能够使顾客的心理产生放心、安全、愉悦的心情，从而增加购买和消费决策的可能性。

1. 展厅的布置

汽车展厅的布置要体现协调、优雅、轻松、主题鲜明的布置原则。展厅内展车的陈列要以赏心悦目、主次分明为核心。

展车陈列要根据展厅的面积选择陈列车型的数量。既不能过于拥挤，为顾客的选购带来不便，展车的左右间距以 1 m 为宜，前后间距以能够顺利进行车辆移动为宜；也不能过于稀疏，使顾客产生冷场的感觉。一般情况下，展厅面积在 100～150 m^2 陈列 3 台车；150～250 m^2 陈列 4～5 台车；250～300 m^2 陈列 6～8 台车；300 m^2 以上可以陈列 10 台车。

展厅内的布置要突出主题，把当月主打车型摆放在醒目位置。如图 6—2 所示为某专卖店展厅布置示意图。摆放车辆要注意整体色调的搭配，展厅内摆放的车辆颜色不宜多于三种，颜色过多则显得过于花哨。车型的款式控制在四种以内，如果该系列车型有多种型号，则可以考虑摆放到其他位置。展厅内要设置汽车装潢用品选购区，以方便顾客选购，增加企业的盈利空间。

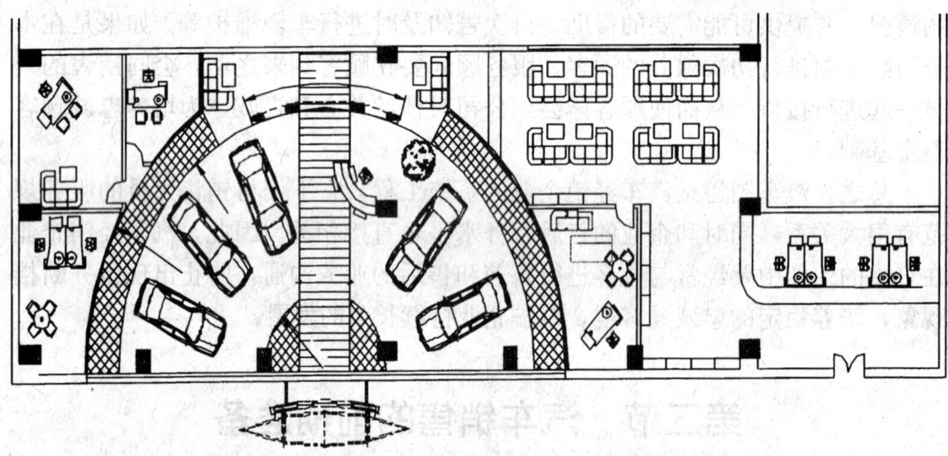

图 6—2　某 4S 专营店展厅平面布置图

2. 展厅内氛围的营造

展厅环境要注意保持清洁、整洁，如图 6—3 所示。优美整洁的销售环境能够使顾客产生愉快的心情，从而为实现良好的沟通做好铺垫。

图 6—3　××专卖店展厅氛围效果图

展厅内的音响设备可以定期播放产品广告、汽车生产厂家简介以及其他厂家提供的影像类资料，也可以播放能够放松紧张心情、感到愉悦的高雅音乐，从而引导消费者放松心理，全面关注产品性能，营造一个增加顾客在店滞留时间的良好氛围，为销售人员更全面地了解消费者的真实需求提供有利条件。

宣传资料架要随时整理，摆放最新版本资料，过时的宣传资料要及时淘汰。展示区域的地面应随时保持干净，不得有尘土，并按要求定期打蜡（一般15天为一周期）。各种布置物（如POP广告）应依规定方式悬挂装置，并适时清除过时的布置物。

3. 展车的布置

展示车的前后座椅及头枕调整至适当位置。调整方向盘、后视镜及雨刮器的位置。手刹车拉起，入P档。钥匙不得插在电门上（由专人保管）。展示车轮毂盖上的标志应与地面平行（摆正）。为衬托出车辆的价值与质感，展示车轮胎下要铺放地垫。

车辆正常功能蓄电瓶电量要保持正常状态，并注意检查及时充电；保持时钟显示正确日期时间；音响开机即有悦耳的音效（电台、音量、音质）；电动窗、天窗、后视镜操作正常；展车内备有10 L以上的油量，以便于移动。

车身光亮（漆面及玻璃窗），车身每周至少打蜡一次；轮胎、轮圈盖、钢圈及轮弧内要清洁（轮胎应打胎蜡）；触摸过后遗留的痕迹应随时擦拭（车身、方向盘、把手、仪表、面板、音响、操作开关、排挡杆）；对皮质类装备在必要时以皮革蜡清洁保养；车室内没必要的卷标纸张要去除；展示车内所有胶套都应去除，并铺设脚踏垫（避免使用硬纸板脚踏垫）。

二、销售资源的准备

以顾客为中心的汽车销售关注消费者的整个购买过程，最大程度地为消费者提供便利，因此，在消费过程中信息资源和汽车资源的储备非常重要。

1. 信息资源的储备

汽车作为家庭大额消费品，消费者购买时十分慎重，在购买决策之前消费者会在很大的范围内做出选择，销售人员要当好消费者的购车顾问，必须对整个汽车市场的状况十分了解，才能获得消费者的高度认同。因此，首先销售人员要养成多读书、多上网、多了解当地新闻等收集各个方面信息的良好习惯，以增加与顾客沟通的谈资。其次销售人员要定期走访竞争车型的展厅，拜访客户，以便了解竞争态势，为顾客做出更可观的评价。

某汽贸公司为提高销售人员的专业水平，要求展厅销售人员每月外派时间不少于3天。外派的主要任务是暗访竞争车型展厅、拜访主要顾客、走访二级销售网点、定期组织销售信息沟通会议等。同时公司要求，每一位销售人员上岗前必须外派工作一个月以上，然后再根据其工作效果决定是否聘用。其工作安排表见表6—1。

表 6—1　　某汽贸公司信息调查工作安排表

主要工作任务	要求	责任人	次数	工作目标	成果
暗访竞争车型	不少于3家	销售人员	每月2次	了解价格、促销手段、环境、来店量、成交情况	完成竞争车型情况汇总表
拜访顾客	不少于10家（可以考虑电话拜访）	销售人员	次数不限	了解车辆使用情况、了解客户信息变更情况、了解客户需求情况等	完善客户档案，月末汇报客户维护情况
走访公司二级网点	不少于3家	销售人员	每月1次	了解车辆市场情况、发现存在的主要问题	完成二级网点情况调查表
展开销售工作会议		销售部全体	每月不少于2次	交流销售信息、讨论销售技巧	做好会议记录

2. 产品资源的储备

一旦消费者做出购买决定，就希望用最短的时间买到所期望的产品，便捷的服务便成为消费者的关注焦点。汽车销售是一项利润低、占用资金大的业务，如果企业对资源不能很好地规划，不仅会大量占用资金，造成浪费，还会由于资源供应问题导致顾客抱怨。

（1）销售计划的制定。销售企业向汽车厂家申报销售计划时各车型的数量、品种的搭配、颜色的选择等是企业生产计划制定的前提。多数厂家对经销商的要求为年计划、月计划，并以月计划作为执行计划。有的厂家设有旬计划，对月计划进行小范围调整和补充。年计划比较宏观，一般以上一年度的销量和销售经理的经验来制定。月计划执行性很强，一般以上月销售情况、缴纳订金数、潜在顾客意向、市场情况综合等因素由计划员（或销售内勤）制定，并报销售经理审定后执行。旬计划为月计划的调整和补充，一般变动范围上下浮动不超过月计划的10%。同时，企业要制定应急情况处理流程，预先制定好资源短缺时的处理方式。可以采用的方法有厂家预定。可以先收取订金，再向厂家提出申请，等厂家答复后，反馈给消费者；也可以与同品牌经销商达成合作同盟，适当进行资源调配，以备不时之需。

（2）企业接车确认。接车确认是对运输商工作的认可，制造商的车辆一般都是通过运输商到达经销商的手中，当车辆运到特约店时，特约店接车人员应当在运输商在场的情况下，按接车确认单的内容检查：确认车辆的车架编号、型号、颜色等信息；总体检查破损情况；车体（特别是底部和保险杠）；玻璃；车辆内部；检查所有的部件、工具或应具备的设备是否齐全。车辆状况良好，填写接车确认单，接车人和运输商代表双方签字交接车辆。如存在问题，经运输商确认，双方在确认单上注明存在问题、处理方法及估计修复费用，并签字确认，属运输商责任的问题，由运输商承担修复的全部费用。接车确认单第三联交给运输商。

3. 相关业务资源准备

企业要根据目标人群的消费品位，在展厅内设置汽车装潢用品陈列区，既可以引发消费者的连带购买，也可以作为进行价格谈判时的优惠物品，从而扩大企业的利润空间。其次，企业要完善消费信贷、代办上户、代办保险等业务流程，以便为顾客提供更多的服务。

三、销售人员的准备

在进行销售之前，销售人员要做好各种准备，以保证良好的工作状态。

1. 销售的基础准备

销售人员的心理状态在整个销售服务当中十分重要，在进行销售工作之前，销售人员要建立良好的思维模式，才能用最佳的心态为顾客搞好服务。

(1) 树立以客户为中心的销售理念，全面关注消费者的购买行为，当好消费者的购车顾问。销售人员在整个销售过程中要尊重消费者的交际风格，以专业化的服务围绕顾客的购买行为做好服务，使消费者全面了解产品的特征，帮助消费者做出正确的选择。

(2) 树立全面的汽车产品意识，为顾客提供全方位的汽车服务产品。汽车销售与其他的产品销售模式不同，销量只能代表销售工作的一个方面。在整个服务过程中，销售只是其中的一个环节，还包括代办保险、汽车上户、汽车装潢、汽车维护保养、汽车置换等多项业务，销售人员只有树立全面的产品意识，才能真正做好汽车销售工作。

(3) 树立全程服务的意识，加强与各种顾客的沟通，成为顾客永远的朋友。汽车消费是一项复合型消费，消费者不仅要买车，更主要的是要服务。因此，销售人员要树立全程服务的意识，不仅要让顾客买车，更主要的是要顾客接受公司的汽车服务观念，成为企业的忠诚顾客。

(4) 熟悉各项业务流程，提供专业化服务。汽车销售是一项涉及面广，技术含量高、更新快的复杂业务，涉及汽车销售、汽车维护、保险过户等多项业务，企业必须要定期对销售人员进行业务流程、销售技巧培训，才能使销售人员熟悉各项业务流程，为顾客提供专业化的服务。

2. 电话访问前的准备

电话销售前销售人员要准备：电话记录本、红/蓝两色笔（方便做重要记录）、铅笔、便笺纸和事先准备的沟通要点。

很多销售人员在打一些很重要的电话时，十分紧张，害怕客户讲“不”，遇到这种情况，充分准备是很重要的，同时电话中态度要积极，往好的方向去想，以保持良好的心态。在电话销售中，由于时间少、客户易挂电话等因素的存在，使得准备工作更显得重要。一个电话成功与否，能否达到目标，与准备工作充分不充分有很大的关系。汽车销售人员在进行电话拜访前一定要确立电话的目标。电话目标很重要，销售人员要集中精力关注电话目标，并为了完成这个目标而准备其他的事项，如果是你主动打电话给客户的，你需要准备你的电话目标；而如果是客户打电话给你的，你需要在接起电话后准确判断客户的电话目的和电话目标是什么。在制定电话目标时，销售人员需要考虑以下几个问题：

◆在通话结束时，希望客户做什么？（电话目标是什么）

◆客户为什么要按我的建议采取行动？（对他的价值在哪里）

◆为达到目标所必须问的问题是什么？

◆设想电话中可能发生的事情并做好准备。

◆设想客户可能会提到的问题并做好准备。

◆所需资料的准备。

◆其他准备工作。

3. 外出拜访前的准备

销售人员在外出拜访前，首先要查阅访问地区的客户资料，了解当地的经济状况，风土人情，为与客户沟通做好准备。其次，要准备好销售工具包，以备使用。工具包内应包括：名片、日常用品（如梳子、手机备用电池、小赠品、钱包、地图、卷尺、相关电话记录簿等）、工作用品（如笔、便条纸、计算器、合同、印章与印泥等）、相关资料、销售手册、客户档案、价格表、汽车贷款利率表、保险费率、上牌费用明细表、各车型资料（不少于5份）、竞争产品资讯、车色卡、车辆库存情况表等。

4. 店面销售前的准备

店面销售是销售人员的日常工作，首先销售人员要保证工作环境持续的整洁卫生，并确认矿泉水或饮料满足供应；其次，要熟练掌握展厅内各款车的性能知识和解说技巧；及时整理各款车型资料，确保不缺失、不凌乱；最后，要准备好公事包，以备用。公事包内应有工作用品，如名片、来店顾客登记表、笔（两只以上）、便条纸、计算器、空白合同、印章与印泥等；相关资料，如空白的客户档案、价格表、汽车贷款利率表、保险费率、上牌费用明细表、竞争产品资讯、车色卡、车辆库存情况表、试乘试驾申请单等。

总之，完善的准备工作是成功销售的前提，销售人员事先做好各项准备工作，才能更好地为顾客服务，为企业盈利。

第三节 顾客接待

顾客接待是实现销售的首要环节，销售人员对顾客的接待应专注在建立关系、缩短人与人之间的距离上，通过热情的接待，消除顾客的戒备心理，以建立彼此互信的关系，引发顾客对产品、对销售企业的兴趣，为继续商谈奠定良好的基础。

一、顾客接待的分类

顾客接待泛指销售人员对通过各种渠道造访公司的顾客接待，是实现销售的重要环节，通过销售人员高质量的顾客接待工作，增加顾客来店/电的满意度，进而实现提高成交率的目的。根据接待途径和目的的不同，大致可分为三类：

1. 展厅接待

泛指接待来到展厅的顾客，销售人员通过热情主动的欢迎，了解顾客的来意，展开各种服务。

2. 电话咨询

泛指接待通过电话渠道进行业务咨询的顾客，销售人员通过热情解答，吸引顾客来店咨询，从而实现销售目的。

3. 邀约客户接待

泛指接待通过各种促销活动邀约来的顾客。

二、展厅顾客接待流程

展厅顾客接待是体现汽车经销企业专业水平的重要环节，展厅接待的工作流程如图 6—4 所示。

1. 顾客欢迎

（1）行礼的标准。当顾客走到展厅门前 2 m 左右，门童（门前接待人员）要立即与顾客眼神接触，报以亲切的微笑，对顾客说“欢迎光临”或者其他适当的语言来打招呼、行礼，同时起到提醒展厅内销售人员顾客到来的目的。当顾客在店内停留三分钟后或发出需要帮助的信号（如目光搜寻、在一辆车前停留后尝试打开车门时），销售人员就应快步上前提供服务。

展厅接待人员的行礼的角度，可依次分为 3 种：15°——“请稍等一会儿”；30°——“欢迎光临”；45°——“谢谢光临”。这三种角度中，15°和 30°都要看

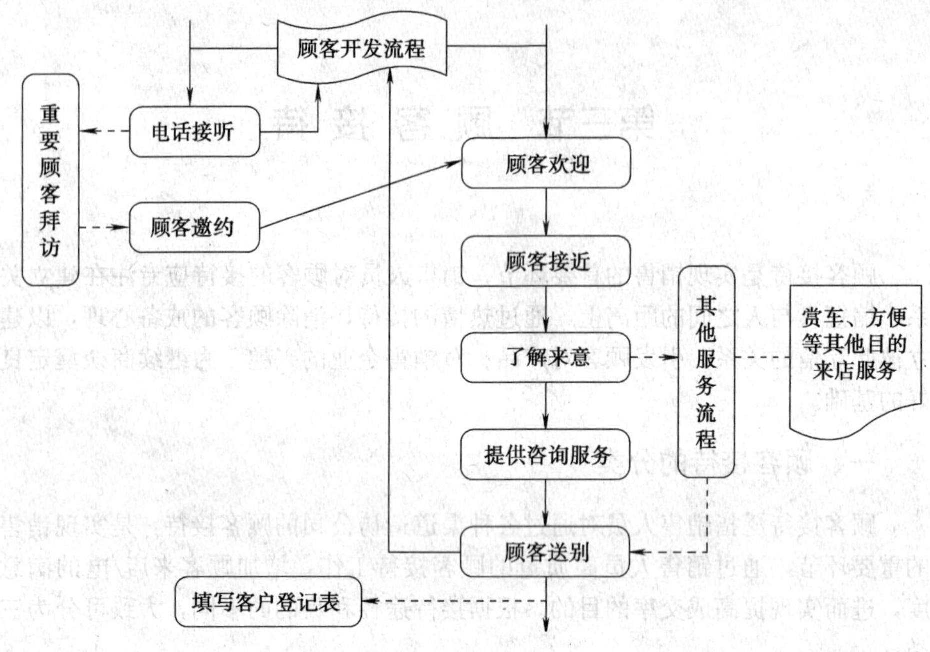

图 6—4　展厅接待工作流程图

着顾客的眼睛，将头慢慢朝下。

欢迎的行礼角度，以 30°最为恰当，如果角度再低一点虽略显夸张，从礼貌上来讲并不是不好，在打招呼的同时，还要注意顾客的视线以及顾客的表情，这是很重要的。

在目送准备离去的顾客时，因为服务已经告一段落，应该表示谢意，因此，行礼的角度不宜过小，需在 45°。

另外，销售人员在接受顾客委托或是请顾客稍等时的行礼角度，只需轻微的 15°即可。如果销售人员和顾客眼睛碰上时，行礼的角度也是 15°。

（2）形成好的第一印象。整洁的展厅环境和销售人员规范的行为是形成好的第一印象的保证。在销售过程中，好的第一印象非常重要，它直接关系到销售人员和顾客的有效沟通，销售人员在进行顾客接待时要注意基本常识规范。

1）基本规范

◆销售人员要熟记各款车型的产品知识、功能、操作方法、工作原理等，了解汽车厂家、公司的基本情况。

◆销售人员要熟悉汽车的优势所在，熟知公司各种宣传材料以及产品特征，并能形成一套有见解的说服顾客的讲解方法。

◆遵守公司及所属部门的各项销售制度，做到令行禁止。

2）仪表、举止、品德规范

◆销售人员要着装整洁、大方、朴素、端庄，打扮得体，符合商务礼仪的基本要求。

◆递送材料时要面带笑容，既不能硬塞，也不可漫不经心。

◆注意如何递交名片、如何迎送、如何奉茶等礼仪规范。

◆主动热情地向顾客推荐公司产品。

◆回答顾客提问时，切忌信口开河，不能回答的问题可以留下公司电话号码或消费者电话号码，请公司专业人员进行解答。

◆男/女性销售顾问应穿着公司规定的制服（依相关汽车公司统一标准），不得穿着便服、私服或休闲服；新进人员未分发制服前，应穿着白衬衫配领带，衬衫第一个纽扣必须扣上，上衣左胸前配挂销售顾问铭牌（配章）。

◆展厅内不得有喧哗或打瞌睡等不雅动作；展厅内禁止聚集聊天、阅读报章杂志或看电视。

3）促销工作

◆做好产品宣传，维护职责范围之内的宣传品，保证其完好无损。

◆及时了解竞争品牌，做到知己知彼，提高产品宣传效果。

◆及时了解其他竞争车型终端宣传会销售的新动向，并及时向公司反馈。

◆及时掌握新上市车型的产品知识，及时反馈每周销量和近期销售计划，保证销售车型的供应。

◆登记整理顾客档案，做到真实有效。

◆管理好小礼品，做到账物相符。

◆与公司其他销售服务人员、售后服务人员建立良好的关系，争取他们的支持。

4）语言规范。销售人员在一般情况下用普通话交谈，但必须能听、能说当地话，以缩短双方感情距离，加强促销效果。此外，销售人员应注意使用文明用语，避免使用“不知道”“不信就算了”等忌语，以维护企业形象。

2. 顾客接近

顾客接近是指顾客进入展厅后销售人员接近顾客进行沟通的服务环节。如接近成功，后面的服务工作就容易进行；反之，如失败，接着的应答就困难得多。假如接近顾客太早，还无法对顾客来意进行初步判断，可能会由于误解而产生尴尬的局面；而接近太迟，则会让顾客认为服务不够热情周到而产生不良的影响。因此，抓住恰当的时机很重要。一般条件下，以下情况是销售人员接近顾客的有效时机。

（1）顾客一直注视着某一款车时。这个时候，正是招呼的机会。因为长时间只看着同样的车型，证明这位顾客不知什么原因对那商品有“兴趣”，或者有时候他的心情已经到达“联想”的阶段了。这时招呼的方法为，从顾客的前面或是侧面，不慌不忙地说声“先生（小姐），需要我帮忙吗?”“这款车的造型设计很不错的!”等类似的语句用来招呼。例如：

销售人员：“您好，我是某某公司销售顾问王某某，需要我的帮助吗?”

顾客：“谢谢，你可以帮我介绍一下这款车吗?”

销售人员：“这是我的名片，您叫我小王就可以了，请问您如何称呼?”

顾客：“我是李某某。”

销售人员：“认识您非常高兴，我们公司还好找吧?”

顾客：“还行。”

销售人员：“您计划买一辆什么样的车?”

……

(2) 顾客用手企图打开车门时。一直看着某款车型的顾客有时会用手去开车门，这表示他对这款车有兴趣。人们对引发他兴趣的东西，往往会通过身体来体验一下。利用此习性，可以用来抓住接近的好时机。只是这时候，顾客正欲接触商品的刹那，若从背后趁其不备发出声的话，恐怕会吓到顾客，最好先屏住呼吸一会儿，再从侧面自然地向前招呼，并帮助其打开车门比较妥当。

(3) 顾客从看车的地方抬起头来时。一直注视着展车的顾客突然把脸转了过来，这意味着他想把车型资料拿在手上仔细看一下，想要销售人员过来的意思。这时销售人员可毫不犹豫地大声说：“我是×××，需要我为您服务吗?”这样的招呼可说万无一失，大部分可以成功。

(4) 顾客脚静止不动时。顾客在店内边走边浏览展车陈列及展示柜中商品的顾客，突然停下脚步，这时是向前招呼的最好时机。因为，他可能在那儿发现了他最感兴趣东西，销售人员看清楚是什么商品令顾客心动后，趁热打铁地向他打招呼。

(5) 像是在寻找什么。顾客一进到店里来就左顾右盼地似在寻找什么，销售人员应该尽早地说：“欢迎光临，您需要什么吗?”从而省去顾客花时间寻找的麻烦。

(6) 和顾客眼睛碰上时。和顾客的眼睛正面碰上时，销售人员要微笑并点头示意，这是销售人员应有的礼貌。如果顾客没有主动搭话，就暂退到一旁，等待再次向前招呼的机会。

3. 了解来意

销售人员确认顾客来店进行欢迎后，应仔细观察及判断客户来店的目的，采取必要的应对方式。

(1) 顾客找人

1) 被访者在时。先请客户在休息区坐，马上通知被访者会客，端上茶水，并说：“先生（小姐）请用茶，请稍等一下，某先生马上就来。”

2) 被访者不在时。先请客户在休息区坐，奉茶，询问顾客说：“先生（小姐）请用茶，某先生刚好外出，请您先坐一下，我马上为您联络。”同时了解客户的需求，说："我可以为您服务吗?"视情况主动关怀并提供服务。联络上被访者，需告知客户被访者回来可能花费的时间或请客户和被访者直接通话。若无法联络上被访者，需留下客户联络方式及来访目的，再请被访者尽快与客户联系。

（2）顾客寻求协助

1）问路、寻厕时。亲切热忱指示道路或厕所方向。如果客户没有马上离去，请客户在休息区稍作休息并奉上茶水。如果客户对新车有兴趣，伺机提供商品介绍。

2）顾客寻求支援时。表示急切关心，请客户稍坐，奉上茶水，问清楚车况及了解发生故障的原因，马上通知售后服务人员处理。

（3）客户抱怨。此时先倾听客户抱怨，了解抱怨原因，加强互信关系，建立客户心目中的依赖感。先不要急于为公司或销售顾问辩解，应先认同客户的看法，以示我们了解他的立场。倾听后，找出客户真正的需要，并和客户达成共识，寻求解决之道。

（4）进站保修客户到展厅。此时亲切地招呼，热忱应对。并询问跟哪位销售顾问买车，近来是否联络?如果已超过半年未联络，可考虑加入公司的相关关怀服务。奉茶，并请至休息区休息。稍后，销售人员提供商品资料、新车信息、生活信息及公司活动等。

（5）看车

1）展厅没车时。如果客户要参观的车型正巧展厅没摆放。销售人员先请客户坐下，奉茶，用商品宣传资料或录像带作商品说明，以建立良好的印象。可以采用的方法有：征求客户同意，载到附近有车的网点看车；查明有车日期，再约客户来店看车；向同事借车，但车况需良好；留下对方的资料，便于日后有车时联络。

2）实车介绍时。销售人员要引导客户进行车型了解，但注意不要给客户有压迫感，注意沟通应对技巧，如微笑、打招呼及接待应对都需充满热忱及诚恳的态度。要适度使用专业术语来介绍，应以客户能懂的普通用语来说明。确认客户需求时，不可滔滔不绝地作介绍，以免造成适得其反的效果。销售人员作实车介绍时，要为客户开车门请他入座，并帮他打开发动机盖、行李箱，避免客户自己动手。客户在驾驶座时，车门是否打开由客户决定，如果车门敞开，则销售顾问可采取以蹲姿、适当姿势或转到副驾驶室作商品介绍。

（6）其他注意事项

1）若是顾客两人以上同行，则不可忽视对其他人的招呼应对；若同时有二三组人来看车，要请求支援，不可让任何人受到冷落；若有儿童随行，则其他销售人员需负责配合，若儿童愿意到儿童游乐区，则引导他们前往，并注意安全。

2）为客户介绍车辆时，销售顾问需走在客户左后方一步的距离，以示礼貌。

3）注意茶水供应及续杯。

4）若需试车时，依公司试乘试驾车管理办法执行。

4. 顾客送别

顾客送别是形成顾客良好第一印象的最后环节，通过礼貌的送别让客户感受到我们的热忱，并可以让路人看到，以提升公司整体形象。

客户一到门口，门前接待面带微笑，双眼注视客户，鞠躬 15°，并喊“谢谢光临”。

如果客户开车来，送客户到车旁，为客户开车门、关车门，鞠躬并说道别语，如“再见！请慢开”等，并为客户指挥交通。车辆离去时，目视车辆远离后，才能回到展厅。

如果客户没有开车来，则须送到门外，鞠躬并感谢来店，并说“再见！请慢走”，挥手看到顾客远离后再回到展厅。

洽谈完毕客户离去后，接待人员应立即清理干净（桌面、烟灰缸等），座椅定位，整理展车，补充资料。

5. 电话接听

销售人员电话接听应注意电话声响马上接，以不超过三声为原则。保持笑容，使声音更富有感情。电话旁要准备笔记本、笔等用具。长话短说，简明准确。

6. 填写顾客来店登记表，并考虑建立顾客档案

销售人员在接待工作完成后，要及时填写顾客来店登记表（见表 6—2），并分析与客户的沟通情况，考虑建立顾客档案。销售人员与顾客的首次沟通要注意了解以下问题：

表 6—2　　展厅来电/店客户登记表

编号	客户姓名	电话号码	联络地址	来电/来店	来店方式	来电时间	离店时间	拟购车型	有望程度	客户特性跟踪	接待人员
										□初次来店□已受邀约者 □产品资料□希望 □再次联络时间	
										□初次来店□已受邀约者 □产品资料□希望 □再次联络时间	
										□初次来店□已受邀约者 □产品资料□希望 □再次联络时间	

续表

编号	客户姓名	电话号码	联络地址	来电/来店	来店方式	来电时间	离店时间	拟购车型	有望程度	客户特性跟踪	接待人员
										□初次来店□已受邀约者 □产品资料□希望 □再次联络时间	
										□初次来店□已受邀约者 □产品资料□希望 □再次联络时间	

◆客户现在是否在驾驶其他品牌的车辆？

◆客户是如何了解我们汽车品牌的？

◆客户对本公司的车了解多少？了解什么？什么渠道了解的？

◆客户对其他公司的车了解多少？

◆客户周围的朋友是否有驾驶本公司车辆的？

◆客户是否知道本公司车辆的长久价值？

◆客户是否清楚汽车质量问题可能导致的严重后果？

◆客户是否知道售后服务对汽车产品的意义是什么？

◆客户中谁在采购决策中最具有影响力，是多少？

◆采购决策的人数是多少？

◆客户的学历状况如何？

◆客户平常阅读的报纸、杂志、图书的情况如何？

◆客户的个人成就如何？

◆客户对自己企业或者个人的评价、感觉如何？

◆客户从事商业活动的时间。

◆客户过去的经历哪些是他们最得意和自豪的？

◆客户如何评价汽车行业？客户认为汽车行业发展趋势如何？

◆客户周围的人对他的评价和认知如何？

◆是否认识到客户的价值观、商业观？

◆客户平时是否经常做重要的决定？

7. 下班时的处理重点

当快到下班时，如果有在店顾客，销售人员不要催促顾客，同时要注意如下事项：

（1）不可有任何准备下班的动作。如：不要在顾客面前开始打扫，把展车锁好，并把灯一盏一盏关掉。

（2）不可急着下班回家。销售人员不要在顾客看得到的地方表现出一副急躁不安，走来走去的样子。在展厅的全体员工，即使过了下班时间也必须留下来接待顾客。

（3）应派资深销售人员接待。除接待人员外，其他营业员也不要聚集在同一个地方。因为，如果在一起聊天的话，顾客会以为你们希望他赶快回去。所以这个时候其他营业员应该分开来，分别整理不同的商品。

第四节　寻找潜在顾客

寻找潜在顾客是营销人员销售循环的重要环节，销售人员在确定营销的市场目标后，就要找到潜在顾客，并同其取得联系，从而实现汽车销售。事实上销售人员的大部分时间都在寻找潜在顾客。

一、寻找潜在顾客的方法

销售人员发掘潜在顾客一般有以下三种通用的方法：连锁销售法、资料分析法和一般性方法。

1. 连锁销售法

连锁销售法是指重视成交顾客，通过与现有顾客的沟通获得新的顾客，他们的推荐往往有很高的成功率。决定能否进行连锁销售的原因有两个方面：合格的汽车产品和销售人员取得消费者信任的程度。每个人都有一个关系网，而客户开发就是依靠关系网进行人与人之间的交往、交流，客户开发的过程就是编制客户网的过程。可以说，能够消费汽车的人，代表的不是一个人，而是一个群体。如图 6—5 所示，客户群以倍增的速度不断扩大。

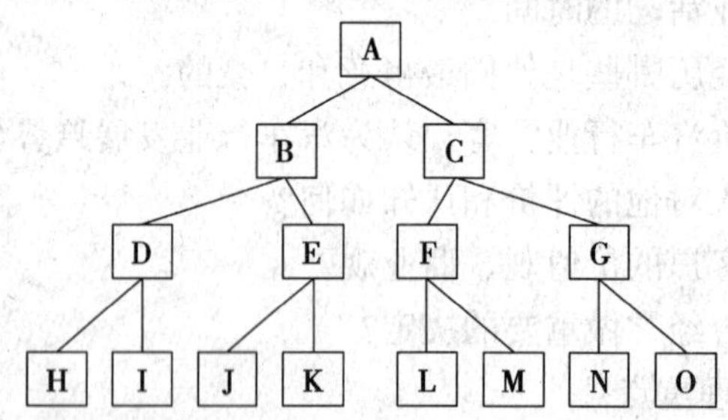

图 6—5　客户倍增示意图

乔·吉拉得（Joe－Guard）是世界上汽车销售最多的一位超级汽车销售员，他平均每天要销售五辆汽车。他是怎么做到的呢？连锁介绍法是他使用的一个重要方法，只要任何人介绍顾客向他买车，成交后，他会付给每个介绍人 25 美元，25 美元在当时虽不是一笔大的金额，但也足够吸引一些人，举手之劳即能赚到 25 美元。哪些人能当介绍人呢？当然每一个人都能当介绍人，可是有些人因职位便利，更容易介绍大量的顾客，乔·吉拉得指出银行的贷款员、汽车厂的修理人员、处理汽车亏损的保险公司职员等，这些人几乎天天都能接触到有意购买新车的顾客。

有记者问："每一个人都能使用介绍法，但您要怎么进行才能做到成功呢?"乔·吉拉得说："首先，我一定要严格规定自己'一定要守信''一定要迅速付钱'。例如当买车的客人忘了提到介绍人时，只要有人提及'我介绍约翰向您买了部新车，怎么还没收到介绍费呢?'我一定告诉他'很抱歉，约翰没有告诉我，我立刻把钱送给您，您还有我的名片吗？麻烦您记得介绍顾客时，把您的名字写在我的名片上，这样我可立刻把钱寄给您。'有些介绍人并无意赚取25美元的金额，坚决不收下这笔钱，因为他们认为收了钱心里会觉得不舒服，此时，我会送他们一份礼物或在好的饭店安排一次免费的大餐。"

2. 资料分析法

资料分析法是指通过分析各种资料（统计资料、名录类资料、报章类资料等)，从而寻找潜在顾客的方法。一般包括：

(1) 统计资料。国家相关部门的统计调查报告、行业在报刊或期刊等上面刊登的统计调查资料、行业团体公布的调查统计资料等。

(2) 名录类资料。顾客名录（现有顾客、老顾客、失去的顾客)、同学名录、会员名录、协会名录、职员名录、名人录、电话黄页、公司年鉴、企业年鉴等。

(3) 报章类资料。报纸（广告、产业或金融方面的消息、零售消息、迁址消息、晋升或委派消息、订婚或结婚消息、建厂消息、事故、犯罪记录、相关个人消息等)，专业性报纸和杂志（行业动向、同行活动情形等)。

3. 一般性方法

一般性方法是指销售人员采取主动访问的方式寻找目标群体。如销售人员相关群体的介绍（顾客、亲戚、朋友、长辈、校友等)；各种团体（驾驶学校、社交团体、俱乐部等)；以及其他方面：如邮寄宣传品，利用各种展览会、展示会和家庭聚会，经常去目标群体聚集区进行车型展示等。

二、寻找潜在顾客的途径

寻找顾客是销售的起点，只有找到恰当的顾客，才能清楚他们的需求，顺利地进行销售过程。在汽车销售过程中，寻找潜在顾客的途径主要有以下几个方式。

1. 从销售人员认识的人中发掘

不可否认，即便是一个社交活动很少的人也有一群朋友、同学和老师，还有他的家人和亲戚，这些都是销售人员的资源。销售人员的日常活动不会在隔绝的状态下展开，这批人有可能成为销售汽车或服务的潜在顾客。一个带一圈，这是销售人员结交人最快速的办法。销售人员要告诉身边的人你在干什么，你的目标是什么，获得他们的理解和支持。

2. 借助专业人士的帮助

销售人员如果刚刚迈入一个新的行业，很多事情会无从下手，销售人员要善于向能够给予自己经验的人学习，从他们那里获得帮助。这些人可以从行业协会、权威人士、有影响力的人或者本地一些以营销见长的企业去寻找。很多企业将新手与富有经验的老手组成一组，共同工作，让老手培训新手一段时期。这种企业导师制度在全世界运作良好。通过这种制度，企业老手的知识和经验获得承认，同时有助于培训新手。

3. 借助企业提供的名单

许多注意顾客资源积累的企业会向销售人员提供潜在顾客名单或客户资料，销售人员可以从中找到自己的潜在顾客。即使从企业的名单中毫无所获，销售人员也可以发现已有客户的特征，从而更准确地找到目标人群，减少挫折。

4. 展开商业联系

不论是否刚刚开始接触销售，很多情况下，商业联系比社会联系更容易。借助于私人交往，销售人员将更快地进行商业联系。不但要考虑在生意中认识的人，还要考虑政府职能管理部门、协会、驾驶员培训学校、俱乐部等行业组织，这些组织也可能带给销售人员庞大的潜在顾客群体。

5. 结识汽车销售界的同行

很多时候，即便是竞争对手，同样也可以成为朋友，和他们搞好关系会收获很多经验，在对方拜访顾客的时候，互相为对方提供有关信息，从而扩大了销售人员的活动范围。

6. 从用车顾客中寻找潜在顾客

销售人员要有计划地每日利用一定时间，安排在自己所分管区域内，进行行业或区域性的陌生客户开拓，如和停车场管理员、小区管理员等搞好关系，深入了解市场情况，及时发现顾客的车辆更新信息，从而获得更多的销售机会。

7. 注意协调公司其他各部门员工的关系

企业里的其他员工可能提供有价值的信息。如维修服务部、信息部等渠道都可能提供有价值的购车信息。

8. 利用店头活动

公司会举办针对客户群设计的主题活动，如新车上市、周年庆典、新店开幕，这时邀请意向客户到展厅看车、试乘试驾，除增加客户资源外更能提高顾客的购买意愿，甚至达到成交的目的。

9. 户外展示会

有时公司会结合商圈或社区等场合举办一些车辆的户外展示活动，以赠送精美礼品和举办试乘试驾活动吸引消费者，在这一场合，销售人员要有意识地收集到有望的客户的信息。

10. 利用媒体广告

通过所在地区内（有线）电视、报纸或其他传媒传播促销信息，以吸引顾客来电/店咨询，从而获得更多的潜在顾客。

11. 寄发传单或 E-Mail 网络销售

可以将企业的促销方案及活动信息制作成精美材料，如宣传册、幻灯片、网页等，经由如下模式传播，从而吸引顾客到展厅参观。

（1）夹报。通过报纸投递部门，将书面的宣传材料投递到订阅报刊的用户手中。

（2）邮寄。针对特定车款对特定行业或机关团体邮寄宣传资料，从而吸引消费者来电/店咨询。

（3）传单。销售人员在人口密集的市区、停车场、大型活动现场等地区进行传单的散发，增加信息的曝光率，增加来店量。

（4）网络。利用企业网站，全面系统地介绍企业的业务情况，或在某网站上链接企业的精美网页资料，吸引顾客来电/店咨询。

12. 老客户介绍

销售人员及信息人员利用客户关怀电话访问或亲自拜访的机会，除了解客户车辆使用状况外，还可请求客户介绍或提供有意向客户名单。

13. 服务人员介绍

服务站人员在客户回站维修保养时，透露新车信息给车主，提高客户换购新车的意愿，并将有意向客户交给销售人员促成。

14. 扩大人际关系网

汽车销售人员必须掌握的几个重要因素，如车辆知识、销售技巧、意愿、耐力、销售顾客基数等，其中销售顾客基数就是所谓的人际关系。企业的经营也可以说是人际的经营，人际关系是销售人员的另一项重要资源，销售人员的人际关系越广，接触潜在顾客的机会就越多。

三、潜在顾客的判定

寻找潜在顾客是一项艰巨的工作，特别是刚刚开始从事这个行业的时候，销售人员只是对汽车产品了解而已，通过一定的方式判别潜在顾客购买车辆的意向程度，从而对症下药，就显得十分重要。

1. 准确判断顾客购买欲望

销售人员判断顾客购买欲望的大小，有五个检查要点：

（1）顾客对汽车的关心程度。如顾客对汽车的品牌、动力特性、安全设施、内部装饰等的关心程度。

（2）顾客对购车的关心程度。如顾客对汽车的购买合同是否仔细研读或要求将合同条文增减，主动要求进行试乘试驾等。

（3）是否能符合顾客的各项需求。如顾客小孩上学、大人上班是否方便；是否详细了解售后服务流程等。

（4）顾客对产品是否信赖。顾客对汽车品牌是否满意，耗油是否经济等。

（5）对销售企业是否有良好的印象。顾客对销售人员印象的好坏左右着潜在顾客在该公司的购买欲望。

2. 判定潜在顾客的原则

汽车销售人员在寻找潜在顾客的过程中，要把握“MAN”原则：

M：MONEY，代表“金钱”。所选择的对象必须有一定的购买能力。

A：AUTHORITY，代表购买“决定权”。该对象对购买行为有决定、建议或反对的权力。

N：NEED，代表“需求”。该对象有这方面（产品、服务）的需求。

“潜在顾客”应该具备以上特征，但在实际操作中，应根据具体状况采取具体对策（见表 6—3）。

表 6—3　　购车三要素分类

购买能力	购买决定权	需求
M（有）	A（有）	N（大）
m（无）	a（无）	n（无）

其中：

- M+A+N：是有望顾客，理想的销售对象。
- M+A+n：可以接触，配上熟练的销售技术，有成功的希望。
- M+a+N：可以接触，并设法找到具有 A 之人（有决定权的人）。
- m+A+N：可以接触，但需调查其业务状况、信用条件等给予融资。
- m+a+N：可以接触，应长期观察、培养，待之具备另一条件。
- m+A+n：可以接触，应长期观察、培养，待之具备另一条件。
- M+a+n：可以接触，应长期观察、培养，待之具备另一条件。
- m+a+n：非顾客，停止接触。

由此可见，潜在顾客有时欠缺了某一条件（如购买力、需求或购买决定权），仍然可以开发，但要应用适当的策略，便能使其成为企业的新顾客。

3. 准确判断顾客购买能力

判断潜在顾客的购买能力，有两个检查要点。

（1）信用状况。可从职业、身份地位等收入来源的状况，判断是否有购买能力。

(2) 支付计划。销售人员通过从顾客购买汽车时，是期望一次支付现金，还是要求分期付款，以及支付首期金额的多少等，来判断顾客的购买能力。

经过顾客购买欲望及购买能力的两个因素判断后，销售员就能够大致确定顾客的购买时间，并做出下一步计划。

四、顾客开发管理

销售人员对收集到的资料要分类管理并进行开发。为了有效地进行销售工作，还必须对合格的顾客进行分类并建立档案。客户资料分类开发管理的流程如图 6—6 所示。

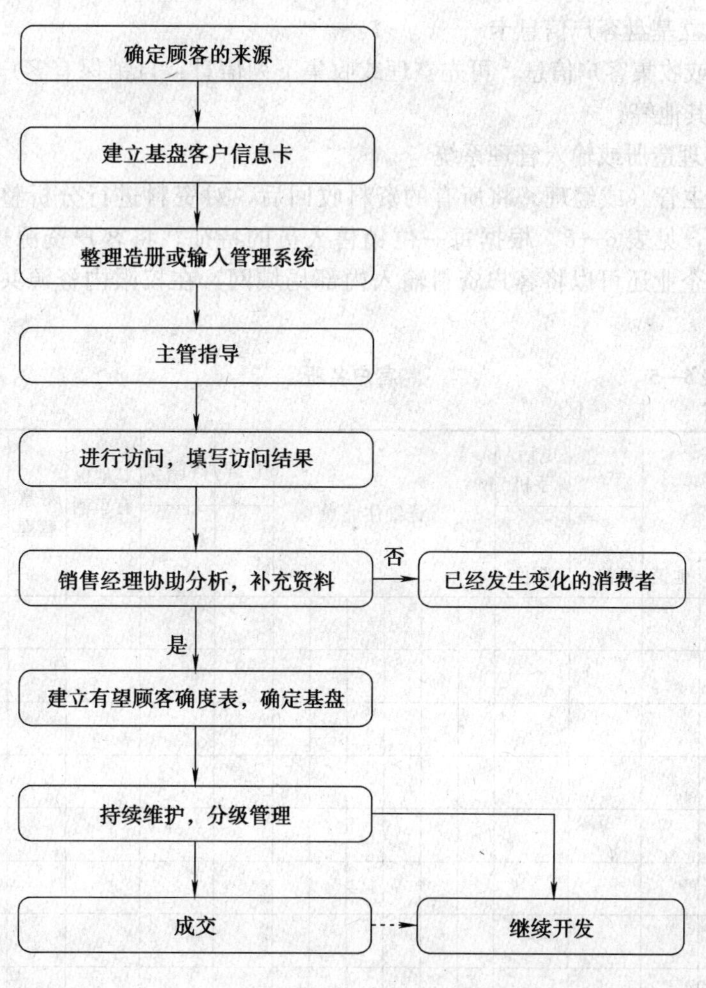

图 6—6 顾客开发管理流程图

1. 确定顾客的来源

首先销售部门的人员要确定顾客的来源（见表 6—4），顾客大致可分为 4 类。

表 6—4　　潜在顾客来源表

<table>
<tr><td>介绍客</td><td colspan="2">开拓客</td><td colspan="3">促销客</td><td colspan="4">售后服务客</td></tr>
<tr><td rowspan="2">亲友
信息员
老客户
同行</td><td>商圈内</td><td>非商圈内</td><td>来电客</td><td>来店客</td><td>展售会来场客</td><td>新车客户</td><td>旧车客户</td><td>入站维修客户</td><td rowspan="2">调车客户</td></tr>
<tr><td colspan="2">区域拜访开拓</td><td colspan="3">店头活动、传单、网页、广告等</td><td colspan="3">服务人员介绍，老客户换车等</td></tr>
</table>

2. 建立基盘客户信息卡

整理或收集客户信息，可先整理或收集下列信息：自销保有客户、他销保有客户、其他等。

3. 整理造册或输入管理系统

销售主管（或经理）将所有的资料收回后，对资料进行分析整理，建立客户名册，见表 6—5。根据每一位销售人员的特征，将客户资源进行分配；有条件的企业还可以将客户资料输入内部局域网，在权限内资源共享，合理分配。

表 6—5　　客户名册

省　　市　　区

区分			客户	电话/手机	详细住址	厂牌	牌照号	其他保有车辆	好意程度	购车欲望	备注
基盘	自销	他销	接洽人	职位							

续表

区分			客户	电话/手机	详细住址						厂牌	牌照号	其他保有车辆	好意程度	购车欲望	备注
基盘	自销	他销	接洽人	职位												

说明：

①“区分”——在空格处以○表示。

②“好意程度”——1表示极好，2表示很好，以此类推。

③“购车欲望”——比照有望顾客标准。

4. 访问

销售人员再根据客户名册（数据库）上的优先等级，进行直接访问（介绍自己、商品及公司和车辆使用状况），并将访问结果（客户状况及购车意向等）填入客户名册内。

5. 分级管理

销售人员要对顾客进行分级，一是以购买概率作为标准进行分类，则“最有希望购买者”为A类顾客，“可能购买者”为B类顾客，“购买希望不大者”为C类顾客。二是以购买数量作为标准进行分类，则“购买量较大者”为A类顾客，“购买量一般者”为B类顾客，“购买量较小者”为C类顾客。A类顾客应为营销人员的重点目标和公关对象，成功率高，成交量大，B类顾客次之，C类则再次之。在销售推广过程中优先考虑A类顾客，最后考虑C类顾客。对本品牌车保有客户应建立保有客户信息卡（见表6—6、表6—7），作保有客户管理。对其他品牌客户的A、B类有望客户另建立客户信息卡，作有望客户管理。

6. 跟踪指导

对有望顾客建立有望顾客确定状况表，定期进行跟踪指导。

表 6—6　　客户信息卡（正面）

□有望客户　□保有客户　□自销保有　□他厂保有　□一般基础客户 客户编号：

表6—7　　客户信息卡(反面)

客户信息	客户姓名		身份证/企业代码									接洽决定者		接洽人员	
	电子邮箱											姓名		姓名	日期
	经营行业		生日									职位			
	职业或单位(名称、职位)											手机			
	领照地址				电话			信息来源	基盘	非基盘	来电/店	介绍人		姓名	
	通讯地址				电话				员工	开拓	其他			电话	
保有车辆	序号	牌照号码	厂牌	车型	出厂年份	VIN码	领牌日期	年检日期	使用类别		现金	按揭		分期到期日	
							年/月/日	年/月/日	自用	营业		金额	期数	年　月　日	
	1													年　月　日	
	2													年　月　日	
	序号	用品饰件安装		保险记录		保养记录(KM)		主要使用人		客户特征					
										访问洽谈时间					
	1									经济状况					
	2									兴趣和爱好					
	3									平均换车时间					
	4									介绍记录		件数		成交数	
备注	★保险记录区分,请分清险种									其他					

领照后预定及访问记录	年	月别		年	月别	
		预定			预定	
		实际			实际	
	年	月别		年	月别	
		预定			预定	
		实际			实际	

下次预定日期	实际访问 年 月 日	好意度	有望度	经过大致情形	审核	实际访问 年 月 日	好意度	有望度	经过大致情形	审核
1										
2										
3										
4										
5										
6										
7										
8										

7. 客户数据库基盘客户的补充和修正

(1) 最初建立基盘客户数至少每一销售人员应设定一个数量，如 200 个目标，以后逐渐开拓增加。

(2) 持续维护中若发生如下原因，则将该笔客户由客户数据库中淘汰。如已购其他品牌车者；迁移、死亡者；其他（经济条件变坏或好意程度降低者）。

(3) 基盘客户数越多越好，销售人员每人基盘客户数应设定一个较高的户数目标，并经常作开拓补充。

第五节 汽车产品的讲解技巧

在接近客户以后，销售人员紧接着的工作就是采用恰当的洽谈策略和客户进行有效的沟通。在这个过程中，销售人员必须遵循一定的原则和技巧，使自己在整个沟通过程中占据主导地位，从而刺激客户的购买欲望，说服客户购买公司所售的车型。

要实现车型信息的准确传递，首先应该清楚是什么吸引了客户以及客户为什么要买车等问题。每种车型都有其陈述重点，当销售人员向顾客介绍汽车的时候，要有针对性地将产品的各种特征概括为造型与外观、动力与操控、舒适实用性、安全能力以及超值表现这五个方面，而且要设法让顾客接受这样的观念，只有这样去认识汽车产品才能有效降低他们的投资风险。

一、汽车讲解的原则

1. 分析客户买车的原因

客户之所以购买汽车，不是买汽车产品本身，而买的是汽车产品所带来的好处或者利益。因此，销售人员卖给客户的不应该是纯粹的产品，而是产品带给客户的利益。顾客为什么要买汽车呢？是因为汽车带给顾客的一种时髦，带给他一种威风，带给他一种地位的显示，带给他一种方便。惠普公司的销售副总裁曾说过这样的一句话：“我们不是卖硬件，我们卖的是解决问题的方法。”销售应当集中在客户诉求上，它是一个发现、创造、唤醒和满足客户需求的行为。销售人员能否向客户销售利益，就决定着能否更多、更快、更有效地把产品卖给客户。多数情况下顾客并不关心汽车的技术如何领先，而只关心这些技术会给他们带来什么利益。利益是相对而言的，任何产品对客户而言都是相对的。也就是说，对一些客户来说，它是个人利益，但对另外一些客户来讲，就不一定了。对有些客户而言，安全是买车的首要因素，但对其他客户而言，他们可能更重视汽车的速度和操纵性。只考虑利益问题是不够的，还要了解客户的喜好，懂得客户的心理，对症下药才能迅速达成购买意向，把产品利益展示在客户面前，使得客户因其利益而购买。

向客户介绍产品的时候，一定要把产品带给客户的利益和客户的心理结合起来。产品具有多少个优点并不重要，因为客户关心的是产品带给他哪些利益。客户是各种各样的，不同客户的需要也是不一样的，就中低档轿车消费者而言概括起来可以分为三大类，见表 6—8。

表 6—8　　客户关注点分类

类型	关心重点		
商业用户	交换价值	赚钱	性能稳定、提高效率……
		省钱	节省成本、油耗低……
政府用户	使用价值	符合身份、安全舒适……	
普通消费者	实用价值	性价比高、油耗低、售后服务完善……	

2. 了解消费者关心的问题

在购买汽车的潜在顾客面前，维修人员的专业职能是维修汽车，而销售人员的专业职能是根据顾客的需求解决问题——推荐符合他们需求目标的汽车产品。对于顾客而言，他们的需求与问题可以归纳为三个方面：商务方面、技术方面和利益方面。

所有有关顾客采购过程中与金额、货币付款周期及其交接车时间有关的问题，称为商务方面的问题。技术方面的问题很容易理解，即所有有关汽车技术方面的常识、技术原理、设计思想、材料的使用等。使用汽车对顾客自己产生的作用方面的问题都属于利益方面的问题。

据有关调研的资料显示，顾客在采购汽车的过程中问到的许多问题，表面上看多数是商务问题或者是技术问题，但其实质还是利益问题——关键在于汽车销售人员对顾客利益的理解程度。汽车销售人员对购买汽车产品能够给顾客带来利益的理解与阐述直接影响他们最终的购买决策倾向。

3. FBI 产品介绍原则

FBI 介绍原则，也可以称之为“寓教于售”的销售原则。顾客需要在由潜在顾客转变为真实车主的过程中不断学习，达到与所选择车辆生产者（汽车厂家）、销售者（汽车销售商）对车辆认识的统一；而销售人员在整个介绍过程中，应让顾客感到其销售的不仅仅是一部车，而且是一种崭新的观念、一个成熟的想法、一套合理的方案。

在汽车科技日新月异的今天，大多数顾客对汽车科技的认识水平远低于现代汽车科技的发展状况。因此，销售人员向潜在顾客介绍汽车产品时，单纯的产品性能、配置的罗列，流水账式的介绍，只会让顾客在选择时更加茫然。

如何激发顾客的需求，使顾客由认知、情感阶段转而进入行为阶段，FBI介绍原则可以较好地解决这一问题。FBI介绍原则的运用有两个重点：一是正确运用三段论的阐述方法；二是要求销售人员对汽车的相关知识要有充分的了解。

(1) F——Feature。F (Feature) 是特色、卖点，指所销售车辆的独特设计、配置、性能特征，也可以是材料、颜色、规格等用眼睛可以观察到的事实状况。

车辆本身拥有的事实状况或特征，不管销售人员如何说明，在很多情况下都很难激起顾客的购买欲望。例如，当销售人员向顾客介绍一款装配了ABS（防抱死制动系统）的轿车时，只是简单地对顾客说："这是一辆配备了ABS的轿车，因此它很安全。"像这样只停留在传统意义上介绍汽车的性能、配置很难让顾客产生需求，因此，销售人员应将介绍延伸到下一阶段。

(2) B——Benefit。B (Benefit) 指利益、好处。任何一款汽车产品都是有特征的，而这些产品特征也都可以转换成相应的产品优点。一个产品的优点就是：该特征是如何使用的，以及是如何帮助顾客解决问题的。其次，任何汽车产品的任何特征以及任何优点都可以通过让顾客感知利益的方法来陈述，该利益就是：该特征以及优点是如何满足顾客的需求的。为什么配备了ABS的车辆更安全呢？销售人员这时应言简意赅地将ABS的工作原理加以介绍（但注意不要过于专业、冗杂）：ABS是利用装在车轮上的轮速感应装置在制动时对车轮进行点刹，防止车轮抱死的一套制动系统。它的好处在于：

第一，ABS可以大大地缩短车辆在湿滑路面上的制动距离。

第二，ABS防抱死制动系统，可以防止车轮抱死，制动时驾驶者可以打动方向盘，绕开障碍物。

第三，ABS可以防止由于紧急制动导致车轮抱死产生的"甩尾"现象的发生。

第四，ABS可以防止由于制动时车轮抱死而产生轮胎拖滑导致的异常磨损，从而延长轮胎使用寿命。

(3) I——Impact。I (Impact) 是冲击、影响。销售人员对每个卖点的介绍，都应力求在顾客的脑海里产生一个观念上的冲击，"这是一部安全性能很高的车！……"当每一个卖点都能给顾客一次冲击，点点滴滴理由汇集起来，就容易转化为顾客购买的理由，继而产生购买行为。

二、汽车销售的洽谈技巧

洽谈是借助营销人员和客户之间的信息交流来完成的。而这种信息传递与接受，则需要通过双方之间的听、问、答、说等基本的方法及其技巧的运用。

1. 倾听技巧

在产品讲解中，潜心地倾听往往比滔滔不绝地谈话更为重要。学会倾听才能探索到客户的心理活动，观察和发现其兴趣所在，从而确认客户的真正需要，以此不断调整自己的销售计划，突出销售要点。洽谈中要想获得良好的听的效果，应掌握四大倾听技巧：

(1) 专心致志地倾听。精力集中、专心致志地听，是倾听艺术最重要、最基本的方面。心理学家的统计证明，一般人说话的速度为每分钟 180 到 200 个字，而听话及思维的速度，大约要比说话快 4 倍多。所以对方的话还没说完，听话者大都理解了。这样一来，听者常常由于精力富余而开“小差”。此时如果客户提出的要销售人员回答的问题或者传递了一个至关重要的信息，就可能由于心不在焉，没有及时反应而错失销售良机。

(2) 有鉴别地倾听。有鉴别的听，必须建立在专心倾听的基础上。例如“太贵了”，这几乎是每一个客户的口头禅，言外之意是“我不想出这个价”，而不是“我没有那么多钱”。如果不能辨别真伪，就会把客户的借口当做反对意见加以反驳，就可能激怒客户使客户感到有义务为他自己的借口进行辩护，无形中增加了销售的阻力。

(3) 不因反驳而结束倾听。当已经明确客户的意思时，也要坚持听完对方的叙述，不要因为急于纠正客户的观点而打断客户的谈话。即使是根本不同意客户的观点，也要耐心地听完他的意见。听得越多，就越容易发现客户的真正动机和主要的反对意见，从而及早予以清除。

(4) 倾听时要有积极的回应。要使自己的倾听获得良好的效果，不仅要潜心地听，还必须有反馈的表示，比如点头、欠身、双眼注视客户，或重复一些重要的句子，或提出几个客户关心的问题。这样，多数客户会因为销售人员的关注而愿意更多、更深地暴露自己的观点。

2. 提问技巧

在业务洽谈中，提问可以引起客户的注意，使客户对这些问题予以重视；可以引导客户的思路，获得营销人员所需要的各种信息。可见，如果善于运用提问技巧，就可以及早触及与销售相关的问题和提示客户真正动机的有益内容，从而有效地引导洽谈的进程。

(1) 提问的类型。在整个销售过程中，销售人员要想更多、更准确地了解客户信息，不是滔滔不绝讲解，而是通过巧妙地提问使顾客多表达自己的意见。通常提问问题的方式有两种：

1) 开放式询问。开放式询问没有限制的答案，给予客户很大的空间，有利于销售人员获取广泛的信息。常用的词语有：如何、为什么、哪里、哪些、何时、多少钱、谁等。其优点是没有限制，容易获得更多的信息；缺点是由于没有引导，客户容易回避和偏离。一般适合在寻求突破点、赢得时间或更深入的互动中采用，较适合针对驾驭型、分析型的客户。开放式提问的主要作用是：

①取得信息

◆了解目前状况及问题：目前您的车况如何？有哪些问题想要解决？

◆了解客户期望的目标：您希望新的隔音能达到什么样的效果？

◆了解客户对其他竞争者的看法：您认为A品牌有哪些优点？

◆了解客户的需求：您希望拥有怎么样的一部车？

②表达看法、想法

◆您的意思是……

◆您的问题是……

◆您的想法是……

◆您看这个款式如何？

◆您对汽车安全保障方面还有哪些需要再考虑的？

2）闭锁式询问。闭锁式询问给予客户回答的空间较小，要求客户在选定的范围内回答。常用词语有：是否、行不行、可不可以等。其优点是不宜偏离主题，缺点是不利于获得更多的信息。闭锁式询问一般用来确认和暗示，其主要作用是：

①获取客户的确认。如：团体保险已成为一项吸引员工的福利措施，不知陈先生是否同意？

②在客户确认点上发挥自己的优点。如：陈先生希望汽车一定要安全舒适，本公司推出的这款车不但装有ABS系统，同时安装了双安全气囊，安全系数大大提高，是吧！

③引导客户进入您要谈的主题。如：油价不断上涨，我想陈先生在考虑选择时，也会将汽车是否省油，作为考虑的重点吧！

④缩小主题的范围。如：您的预算是否在10万元左右？您要的是省油的车还是豪华的车？

⑤确定优先次序。如：您选择的汽车是为您上班方便，还是外出旅游方便？

⑥对对方的重要问题重复确认。如：你的意思是……，我理解得对吗？

⑦采取二选一的方式询问，询问的两个选择都是你需要的，将判断题改为选择题，让选择在你的范围内。如：汽车销售人员问："您是准备选择A型车还是B型车？"

⑧利用惯性思维。如：销售人员通过反复的询问，让对方回答"是的"

"是的""是的""签约?""是的"(惯性思维)。

(2) 常用提问的技巧与方式

1) 求索式问句。这种问句旨在了解客户的态度，确认他的需要。如"您的看法呢?""您是怎么想的?""您为什么这样想呢?"通过向客户提问，可以很快探明客户是否有购买意思以及他对产品所持的态度。

2) 证明式问句。有时候，客户可能会不假思索地采取拒绝的态度。营销人员应事先考虑到这种情况并相应提出某些问题，促使客户做出相反的回答。比如"您日常的行车路线路况不太好吧?""您经常长途远行吧?"等，客户对这些问题做出的回答等于承认他有某种需求，而这种需求亟待营销人员来帮助解决。

3) 选择式问句。为了提醒、督促客户购买，营销人员的销售建议最好采用选择问句。这种问句旨在规定客户在一定范围内选择回答，信念可以增加购买量，比如"您准备选择A套餐还是B套餐"，这种问句显然比直接问"您的车需要装潢吗?"的效果要好。假如客户根本不想在购车的地方装潢，这样的选择问句也往往可以促使他们更加慎重地考虑装潢的问题。

4) 引导式问句。这种问句旨在引导客户的回答符合营销人员预期的目的，争取客户同意的一种提问方法。该法通过提出一系列问题，让客户不断给予肯定的回答，从而诱导客户做出决定。

3. 答辩

讲解过程中的答辩主要是消除客户的疑虑，纠正客户的错误看法，用劝导的方式，说明、解释并引导客户对问题的认识。因此，答辩中要掌握的原则性技巧有四个：

(1) 答辩要简明扼要，意在澄清事实。要根据客户是否能理解谈话的主旨，以及对谈话中重要情况理解的程度，来调整说话速度。在向客户介绍一些主要的销售要点和重要问题时，说话的速度要适当放慢，使客户易于领会。要随时注意客户的反应，根据客户的理解程度来调整谈话速度，避免长篇大论。

(2) 避免与客户正面争论。在讲解过程中，最忌讳与客户争论。有句行话说得好："占争论的便宜越大，吃销售的亏就会越大。"争论会打消客户的购买兴趣。而避免正面冲突就在于：答辩中必然涉及客户的反对意见，尤其是在价格问题上。如果讨价还价很激烈并且持续不停，就要寻找一下隐藏在客户心底的真正动机，有针对性地逐一加以解释说明。

(3) 讲究否定艺术。在任何情况下，都不要直截了当地反驳客户，断然的否定很容易使客户产生抵触情绪。如果在特定情况下，营销人员必须采用"尽管很对，但是……"的方法，首先明确表示同意客户的看法，然后再用婉转的语言提出自己的观点，客户就比较容易接受你的看法。

（4）保持沉着冷静。任何时候都要冷静地回答客户，即使是在客户完全错误的情况下也应该沉得住气。有时客户带有很多偏见和成见，诸如认为，汽车不应采用绿颜色，近期这种品牌销售下滑可能是质量出了问题等。由于客户的看法带有强烈的感情色彩，这时用讲道理的方法是改变不了他的成见的。沉着冷静的言谈举止不仅会强化客户的信心，而且在一定程度上会使讲解的气氛朝着有利于销售的方向发展。

4. 说服

销售交流过程中能否说服客户接受自己的观点，是销售能否成功的又一个关键。说服就是综合运用听、问、答等各项技巧，千方百计地影响客户，刺激客户的购买欲望，促使他做出购买决定。要使说服工作奏效，必须把握以下六个原则技巧：

（1）寻找共同点。要想说服客户，首先要赢得他的信任，消除其对抗情绪，用双方共同感兴趣的问题为跳板，因势利导地提出建议。因此，老练的销售人员总是避免讨论一些容易产生分歧的问题，而先强调彼此的共同利益。当业务洽谈即将结束时，才把这些问题拿出来讨论，这样双方就能够比较容易地取得一致意见。

（2）耐心细致。说服必须耐心细致，不厌其烦，动之以情、晓之以理，要把产品的优点以及客户购买产品后所享受到的好处讲深、讲透，直到客户能够听取你的意见为止。有时，客户不能马上做出购买决定，这时就应耐心等待；在等待的时候，可适当运用幽默以缓解紧张气氛。

（3）开具“保票”。人们都有趋利避害的心理。在销售过程中，客户最关心的问题是：购买能否为自己或公司带来利益以及能带来多大的利益这些问题。如果说服工作不能解除客户的这种疑虑，便是失败。所以说服中必须能够给客户一张“保票”让客户相信购买便能获利，能够解决他的难题。

（4）把握时机。成功地说服在于把握时机。这包含两方面的含义：营销人员要把握对说服工作的有利时机，趁热打铁，重点突破；向客户说明，这是购买的最佳时期。

（5）循序渐进。说服应遵照由浅入深、从易到难的方法。开始时，避免重题、难题，先进行那些容易说服的问题，打开缺口，逐步扩展。一时难以解决的问题可以暂时抛开，等待适当时机。

（6）严禁压服。不可用胁迫或欺诈的方法。千万不要为了引诱客户订货，而向某个客户许下不能履行的诺言。这样做，产生的后果是不堪设想的。在销售中一条重要的商业道德原则是：对客户无益的交易也必然有损于销售人员。优秀的营销人员应具有远见卓识，不为某些诱惑人的交易机会所动，而应始终把客户的需要放在第一位。

三、语言技巧

只领会简单的洽谈技巧还远远不够，还必须掌握语言技巧。营销人员能否绘声绘色地描述自己的产品，就决定着客户能否被打动。不同的语言表达同一个意思，其效果是截然不同的。在销售过程中，销售人员要善于运用如下语言技巧，以期更好地达到销售目的。

一个教徒问神父："我祈祷的时候可以吸烟吗?"神父很生气，对上帝这么不尊敬；而另一个教徒却说："我吸烟的时候可以祈祷吗?"神父听了大为感动，多么虔诚啊，在吸烟的时候还祈祷，便欣然同意。由此可见，同样的事情，表达方式不同，其结果也迥然不同。

1. 用数字

数据是说明事实的好方法，在销售实践中，也有许多优秀的营销人员善于运用数字来介绍自己的产品。比如说产品能让客户赚钱，可以给客户算一笔账，我的产品能够让你赚，具体地说能赚多少钱；我的产品能够让你省钱，究竟能够省多少钱。

2. 讲故事

营销人员向客户介绍产品的时候，不是干巴巴地介绍某种产品，而是把产品信息融入到故事当中去，通过对客户讲述的一个又一个故事，向客户介绍企业的产品。这样能够吸引客户，深深地打动客户。

您知道达卡尔汽车拉力赛吗?达卡尔汽车拉力赛是十分刺激的困难路程汽车比赛，所选择的路段都是荒漠和戈壁，整个行程十分艰险，有一次……这时，销售人员话锋一转，说道：我们这款车型就是在今年的汽车拉力赛中获奖的车型，然后很自然地引出了自己的产品。

这位销售人员没有直截了当地讲我们产品多么多么好，只用一场惊险的汽车越野比赛的故事吸引了客户。有关产品的信息也在不知不觉中渗透到客户的脑海中，进入到客户的心里，所以就打动了客户。

3. 富兰克林法

富兰克林法就是向客户说明买产品能够得到的好处，也向客户说明不买产品所蒙受的各种损失，让客户自己权衡利弊，做出选择。富兰克林不仅是美国的一个伟大政治家，而且是一个优秀的营销人。他十分善于说服别人，他说服别人的方法被人们称为富兰克林说服法。

一位妇女刚刚结婚没几天，就回到家里哭哭啼啼，向她父母诉说丈夫多么不好。她的父亲听姑娘说完以后，就拿出一张纸、一支笔，对他的女儿说："你想到你丈夫有一个缺点，你就在纸上点一个点。"闺女就在纸上使劲地点呀点呀，点了很多点。点完之后，闺女指着纸上的点对她父亲说："这些都是他的缺点。"父亲看过之后，把纸还给了女儿，问："除了上面的点之外你还看到了什么?"他闺女就非常疑惑地仔细看了看，然后说："这张纸上除了许多点之外，没有别的东西了。"他父亲说："你再看看。"这时候女儿明白了，上面除了点之外还有那张纸上的所有空白。一个点就代表一个缺点，除了点之外，更多的是空白呀。父亲告诉她："那个空白的地方正代表着你丈夫的好处，比比看，是点多还是空白多呢?"女儿听了父亲的话之后，想了想她丈夫确实还有更多的好处，因此就回去了。

4. 引证

为了讲清楚一个观点，说明这个观点是正确的，就要举例子来证明它。因此，在销售过程中，全面地介绍产品的各种益处，向客户说明产品能解决客户的问题能够满足客户的需要。在很多情况下，仅仅介绍是不够的——销售人员也要通过引证来向客户确认自己的观点。

有一位销售人员，已经做了五年汽车销售。他把过去五年所有从他手中买汽车的客户一个一个都记了下来，包括姓名、地址、电话、购买哪一款车型、对汽车的感受等。他把客户档案整理成册。当拜访新客户的时候，就把这个册子让新客户看一看。这些新客户一看，过去五年来有这么多人和他做生意，这么多客户给他写信赞美他的产品好。因此，就马上买了他所推荐的车型。这就是引证例证。

5. 赞美

就是首先赞扬客户的提问，赞扬客户的观点，赞扬客户的专业性等。应该知道，当营销人员给予客户的回答是赞扬性语句的时候，客户感知到的不是对立，而是一致性，而且，当营销人员表示出真诚地关心消息来源的时候，客户其实已经并不真的关心他问的问题的答案了，由此基本消除了客户在提问时的挑衅。

例如："您说的真专业，一听就知道您是行家。""你说的真地道，就知道您来之前做了充分的准备。""您的话真像设计师说的话，您怎么这么了解我们的车呀?"等等。

再如：客户问："听说，你们最近的车都是去年的库存?"（一个非常有挑衅味道的问话）

销售人员："你看问题真的非常准确，而且信息及时。您在哪里看到的?"（最后的问话是诚恳地，真的想知道客户是怎么知道这个消息的）

6. 对比

有比较才能鉴别性能的好坏。把新车型和老车型进行对比，或者和竞争车型进行对比，就可以把产品的优点和特点展示在客户面前，使客户信服，（见表6—9，表6—10）。

表 6—9　　用户常谈到的××话题及销售员回答说辞

序号	话题	方法	回答说辞
1	品牌	分析××车型的来源及历史	实际该××是根据台湾版改造的。同时※的品牌上、下代之间联系很少，不像〇〇的品牌，新一代是将上一代取其精华、去其糟粕发展而来的。所以全球单一品牌销量冠军的“××”实际是多种车的总销量，这完全是宣传
2	发动机：VVT—i	介绍〇〇发动机技术，与〇〇比较动力性	VVT—i（智能正时可变进气系统）仅仅是发动机控制的一种方式，有利于低中转速扭矩输出及降低油耗 〇〇所采用的 RSH、可变配气相位、可变进气道、废气涡轮增压技术是先进的发动机控制技术，综合性能甚至优于 VVT—i
3	油耗	分析油耗的原因，与〇〇比较动力性	××油耗比〇〇略低，其主要的原因是由于〇〇的质量大于××。〇〇为了保证安全，车身及悬架采用优质材料，造成质量高于××
4	配置	分析倒车雷达与DVD 语音电子导航系统的实用性	实际××与〇〇相比，仅多倒车雷达、DVD 语音电子导航系统。即使是同样的配置，〇〇的材质、做工、科技含量也高于××，性能优于×× 倒车雷达对于驾驶熟练的司机并不适用，因为当障碍物在一定范围报警，到达近处不再被探测到而不报警。当后保险杠损坏时，还会增加维修成本 GPS 语音电子导航系统不适用，因为需要城市电子地图及相关硬件（卫星等）来配合，而目前我国这些软、硬件不完善

表 6—10　　用户对××的抱怨及销售员分析说辞

序号	抱怨项目	方法	分析说辞
1	动力性差	与〇〇比较动力性	××的最高车速、加速性能均低于〇〇
2	材质及制造质量差，可靠性差	与〇〇比较装备及零件的材质、做工	××出于降低成本的目的，大量使用廉价材料，生产厂家的制造加工技术不成熟，造成可靠性差，同时配件价格高于同类其他车型，用户的使用维修成本高
3	二手车价值低	与〇〇比较装备及零件的材质、做工	由于××在车型上更新比较快，并且上、下代之间无太大联系，因而造成新车一推出，旧车价格迅速下降。××本身由于材质以及设计、制造原因造成使用寿命相对短，因而价格随时间下降较多
4	价格高	介绍××在国外售价，与〇〇比较装备及零件的材质、做工	由于××相对于其他同类车型没有突出的特点，技术与装备也没有独到之处，加上产品自身的弱点，因而价格偏高
5	安全性差	与〇〇比较车身材质及安全配置	××车身较单薄，主动、被动安全配置少

第六节　六方位汽车展示

汽车的展示是销售汽车的关键的环节，消费者做出购买与否的决定和汽车产品的展示有很大的关系。销售人员充分掌握所销售商品的介绍机会，通过全面的产品展示吸引和说服顾客。成功的产品展示可以有效地向顾客传递产品和服务，并能为顾客提供解决所面临问题的方案。

通常销售人员以六方位介绍法对汽车进行系统、完整的介绍，吸引顾客的注意和兴趣，进而提高成交的机会（见图 6—7）。

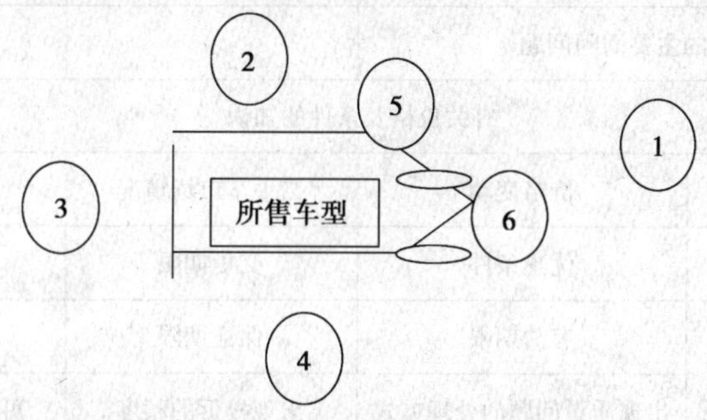

图 6—7　汽车展示六方位示意图

一、进行六方位产品展示的前提

六方位汽车介绍法是通过六个方位将汽车的整体性能介绍给消费者的一种方法，是实现汽车销售的重要一环。销售员进行六方位产品展示的前提有以下三个。

1. 要掌握全面的产品知识

汽车产品是复合性很强的产品，全面的产品知识主要包括三个方面：首先是企业的产品。主要包括产品性能、服务项目、保证条款、价格、优惠政策等方面的优缺点，以及汽车的整个产品系列情况，如企业声誉、仓储条件、保证条款、质量运作、品牌价值等（见表 6—11）；其次是竞争对手的汽车产品知识，销售人员要对竞争车型全面地了解和掌握，才能在整个产品展示过程中，既能展示展示产品的特点，又能在顾客批评产品的时候懂得应对；最后是与售后服务人员的诚恳合作，在很多情况下，维修人员对车辆实际情况的了解要比销售人员全面得多，通过与维修人员的沟通，不仅能够引发更多的销售建议，提高操作技巧，还能使销售人员提高警觉，及早发现产品存在的问题，对可能发生的顾客投诉有所准备。

表 6—11 汽车产品知识

产品知识			
整体构造	产品/厂家历史	制造工艺	性能
效用	耐久性	各种功能操作方法	安全性
舒适性	经济性	操纵性	产品特色
流行程度	色彩	款式	基本参数
品种	个人的整体印象	装潢材料明细	名称
零件/附件	缺点和问题	易遇到的反对	易发生的抱怨
曾经遇到的主要询问问题			
有关价格及条件的知识			
价格	价格变动	二手车市场情况	付款条件
性价比	优惠条件	交货期限	库存情况
生产情况	有关期限	保证期限	售后服务情况
其他服务项目	出现质量问题的处理方式	出现投诉的频度	可能的主要故障所在
运输情况	签约、付款的方式和程序	有关法规	
其他相关知识			
价格趋向	流行情况	使用者的满意度	竞争车型的整体情况
行业市场情况			

2. 明确六方位介绍法的主要目的

进行六方位介绍法的主要目的是为了能够更全面地了解和满足顾客的需求，因此在整个介绍过程中要随时发掘顾客的需求，并以此为主轴来进行产品的介绍。在产品展示完成后，销售人员要能够回答以下问题：

◆顾客购车的需求和梦想是什么？

◆顾客的购车动机是什么？

◆顾客现在是否在驾驶其他品牌的车辆？

◆顾客是如何了解我公司的品牌的？

◆顾客对本公司的车了解多少？了解什么？什么渠道了解的？

◆顾客对其他公司的车了解多少？

◆顾客周围的朋友是否有驾驶本公司车辆的？

◆顾客是否知道本公司车辆的长久价值？

◆顾客是否清楚汽车质量问题可能导致的严重后果？

◆顾客是否知道售后服务对汽车产品的意义是什么？谁在顾客采购决策中具有影响力？

◆顾客如何评价汽车行业？

◆顾客认为汽车行业发展趋势如何？

◆顾客周围的人对他的评价和认知如何？

◆顾客平时是否经常会做重要的决定？

顾客通常喜欢与销售人员一起讨论或对话，而不喜欢被硬塞一堆数字与数据。介绍车型时一定要有所选择，尽可能把在探寻需求过程中发现的顾客需求串连起来。根据顾客可能购车的预算，提出符合的车型供其选择，从最经济型的车型开始，进而介绍配备最齐全的车型。基于上述的了解，必要时应进一步安排、建议顾客试乘试驾的车型。

3. 要针对顾客情况选择产品介绍的程度

销售人员可以从消费者的专业熟悉程度和交际类型来把握所用的展示方法。一个潜在消费者的消费素质由三个内容组成：知识、经验、技能。知识就是他们对汽车了解的知识程度；经验就是他们关于汽车的各种经验程度，如驾车时间、驾龄、驾车的主要目的等；技能就是他们具体在驾车时的熟练程度，比如意外情况下的下意识反应，高速路上超车的技能，载重爬坡的技巧等。根据这些内容把顾客分为高素质顾客和低素质顾客两类。低素质的顾客由于汽车方面的知识和经验较少，驾驶技能较差，此时销售人员对汽车特征的介绍是主导力量，应按程序进行，以演示、引导为主，并提议其试乘试驾，让顾客体会各种汽车技术带来的利益和感觉；高素质的顾客拥有丰富的知识，通常反感销售人员讲解一般性的知识，希望以自己为主导，此时销售人员对汽车的介绍以特色为主，并按顾客的要求跟随销售的全过程，然后根据其人际交往风格选择汽车的介绍方法。表现型和驾驭型的顾客以引导其体验为主，亲切型和分析型以展示为主。总之，销售人员在销售过程中要随时注意了解顾客的信息，调整讲解方式，从而大幅度提高销售成功率。

二、六方位汽车介绍的程序

运用六方位介绍法来展现车辆各个位置的造型设计、功能或特色及所带给顾客的利益，并用 FBI 技术模式，提供系统、理性、高说服性说词，其介绍程序如图 6—8 所示。

1. 位置一

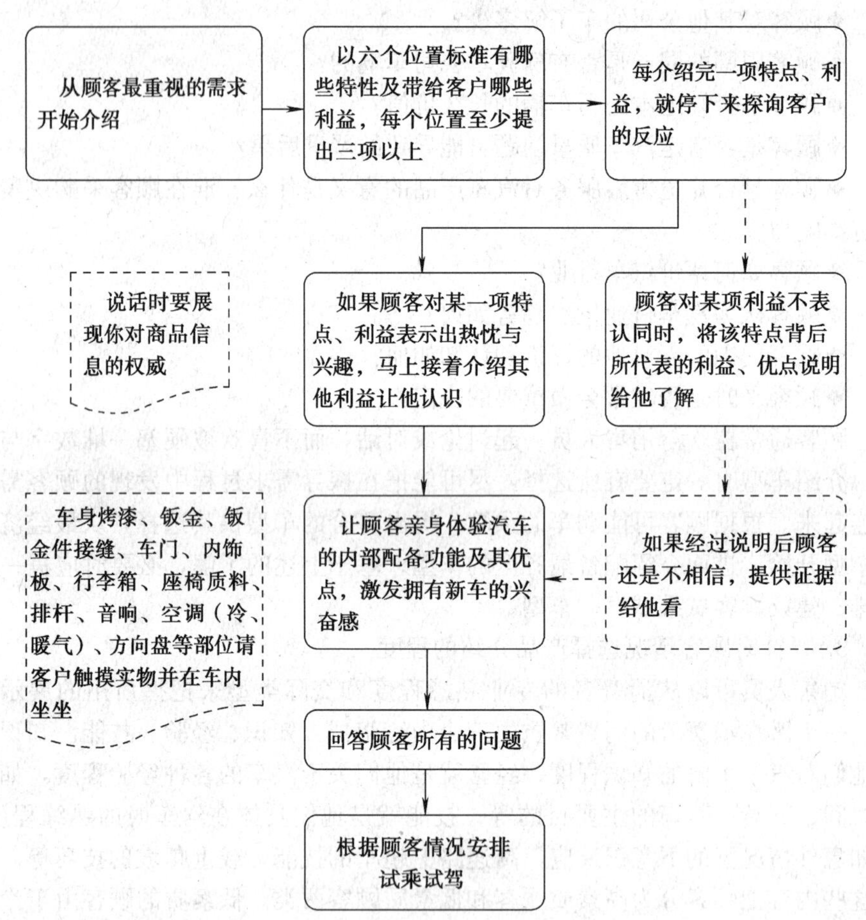

图 6—8　六方位法汽车产品介绍程序

当顾客接受销售人员的建议，愿意观看所推荐车型的时候，在①的位置，销售人员立于车前方 45°左右进行介绍。这一位置主要介绍前车灯的特性、车身高度，车型颜色和流线型、汽车文化、保险杠的设计和车型的接近角等（见图 6—9，表 6—12）。

图 6—9　①方位

表 6—12 ①方位主要介绍内容

<table>
<tr><th>说明切入点</th><th>商品特征</th><th>顾客利益</th></tr>
<tr><td>车型设计及美学</td><td>造型</td><td rowspan="2">针对某一车型，学员自行开发演练</td></tr>
<tr><td>汽车品牌文化、超值表现</td><td>品牌文化、厂家等</td></tr>
<tr><td rowspan="5">汽车前端外饰</td><td>护罩</td><td rowspan="5"></td></tr>
<tr><td>车灯</td></tr>
<tr><td>保险杠</td></tr>
<tr><td>挡风玻璃</td></tr>
<tr><td>其他</td></tr>
</table>

2. 位置二

在②的位置时，销售人员移动到车的侧面，以能总揽整车侧方为佳，介绍如后视镜、侧面的安全性、转弯半径、车门玻璃、汽车轮辋、汽车轮胎等。这时可以回答顾客的一些提问，并根据顾客的需求状况，引导顾客亲自体验（见图 6—10，表 6—13）。

图 6—10 ②方位

表 6—13 ②方位主要介绍内容

<table>
<tr><th>说明切入点</th><th>商品特性</th><th>顾客利益</th></tr>
<tr><td rowspan="6">安全配备、外观参数</td><td>轮胎</td><td rowspan="6">针对某一车型，学员自行开发演练</td></tr>
<tr><td>侧转向灯</td></tr>
<tr><td>后视镜</td></tr>
<tr><td>车门玻璃</td></tr>
<tr><td>主动安全配置</td></tr>
<tr><td>其他</td></tr>
</table>

3. 位置三

在③的位置时，销售人员移步到车后方，打开行李箱，汽车的很多附加功能可以在这里介绍。如后备箱货门的开启、储物空间、后视窗雨刷、倒车雷达、离去角、汽车尾翼、备胎、尾灯的设计等（见图 6—11，表 6—14）。

图 6—11 ③方位

表 6—14　　③方位主要介绍内容

说明切入点	商品特征	顾客利益
外观设计	尾灯、尾翼的设计	针对某一车型，学员自行开发演练
安全配备	保险杠	
	高位刹车灯	
	倒车雷达	
行李箱的实用性	容量和容积	
	其他	

4. 位置四

在④的位置时，销售人员立于油箱附近，操作开启、关闭油箱盖，或同顾客打开车门坐到后排座椅，要争取顾客参与介绍过程，邀请他们开门、触摸车窗玻璃、轮胎等。应该详细地进行介绍，注意观察顾客感兴趣的方面，根据发掘的顾客深层需求，有针对性地介绍汽车的后排座椅位置。车辆的内部空间、油箱容积、后排座椅配置等（见图 6—12，表 6—15）。

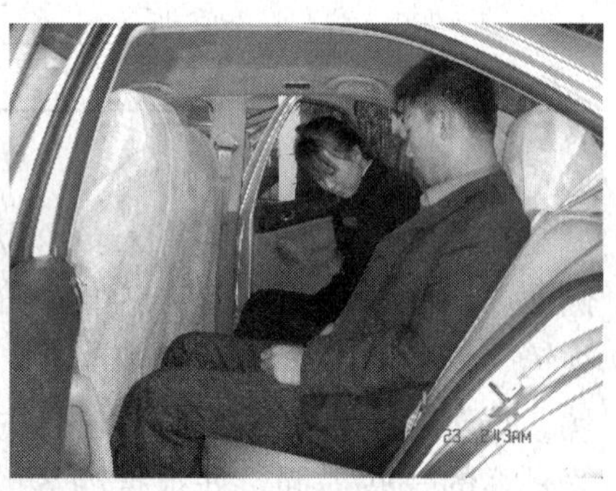

图 6—12　④方位

表 6—15　　④方位主要介绍内容

说明切入点	商品特征	顾客利益
邀请顾客坐在后座	内部空间	针对某一车型，学员自行开发演练
舒适性	扶手箱	
	后排座椅材料	
	头枕	
	门护板	
	安全带等设施	
	其他	

5. 位置五

在⑤的位置时，如果顾客要求坐到驾驶的位置上，销售人员应该用蹲下的姿势检查顾客是否已舒适地坐在驾驶座上（帮助顾客调整座椅、方向盘等），然后自己坐到副驾位置，向顾客演示、介绍功能的操作方法，包括雨刷器、排挡、仪表盘、座椅的调控、方向盘的调控、视野、安全气囊及安全带、车门车窗的控制、ABS 制动系统等（见图 6—13，表 6—16）。

图 6—13　⑤方位

表 6—16 ⑤方位主要介绍

说明切入点	商品特性	顾客利益
操纵性及配置	座椅	针对某一车型，学员自行开发演练
	方向盘	
	音响	
	空调	
	其他高级配置	
仪表盘	仪表板及操作	
安全性	后视镜	
	安全气囊	
	电动门窗	
	其他	

6. 位置六

在⑥的位置是销售员介绍汽车动力系统的位置，将前盖示范性地打开，并注意根据顾客的情况把握介绍的内容。内容包括发动机的布局与型号、环保系统、悬挂避震、节油方式、排气标准散热设备等（见图 6—14，表 6—17）。

图 6—14 ⑥方位

表 6—17 ⑥方位主要介绍内容

介绍切入点	商品特性	顾客利益
发动机设置	发动机型号	针对某一车型，学员自行开发演练
动力性	性能	
	最大功率	
	最大扭矩	
安全及舒适性	车体结构	
	刹车系统	
	其他	

在各个环节的展示中要求销售人员在各个不同的位置应该阐述对应的汽车特征带给顾客的利益，要展示出该款车型的独到之处和领先之处，并通过展示来印证这些特性满足顾客利益的方法与途径，从而让顾客感受一次完美的驾车体验。

第七节　汽车产品销售过程的试乘试驾

汽车作为一种高技术含量的产品，它的结构、性能都十分的复杂，有很多功能和感受仅用语言是无法表达清楚的。因此，需要销售人员运用示范和顾客亲身体验的方法，将产品的性能、特点和特色直观地展示出来，使客户对产品有一个感性认识。

一、汽车产品的体验

汽车产品的全面示范和体验主要是通过销售过程中的试乘试驾的方式来实现的。顾客普遍存在有耳听为虚、眼见为实的观念，在汽车购买行为中表现得尤为明显，对于销售人员用语言作的全面介绍，有时客户并不完全相信，只有亲身体验顾客才会加深印象，从而产生购买行为。一般说来，汽车产品的体验主要有以下三个方面的作用：

（1）使顾客的注意力集中于演示的汽车功能，集中于体会销售的产品，防止注意力的转移和分散。如意向客户通过试乘试驾，强化了对购买欲望的刺激，从而实现销售。

（2）示范刺激作为一种视觉刺激，比其他知觉具有明显的印象效果。如在产品展示过程中，销售人员通过对某款汽车新功能的熟练演示，达到强化记忆，加深印象的作用。例如，对客户说某款车的座椅十分舒适，内部空间非常雅致，这个概念是无法完全通过语言表达的。最好的方法就是让客户坐上车去亲身感受，这比费尽口舌地向客户介绍效果要好得多。

（3）示范的效果更具体，比其他刺激更容易为人们所理解，也更容易在短时间内奏效。如通过让顾客观看老客户汽车装潢的效果照片，来推荐客户选择装潢项目，要比简单的说辞效果好得多。

二、试乘试驾的工作流程

试乘试驾是销售汽车产品过程中重要的展示手段，目的是通过体验让客户对车辆除了有静态展示的认识外，更能体验动态的驾乘乐趣，进而增加客户对产品性能的全面认识，增强客户购买的意愿，增加成交的几率。试乘试驾工作流程如图 6—15 所示。

1. 试乘试驾前的准备

试乘试驾是一项十分行之有效的促销手段，在汽车展示过程中，销售人员

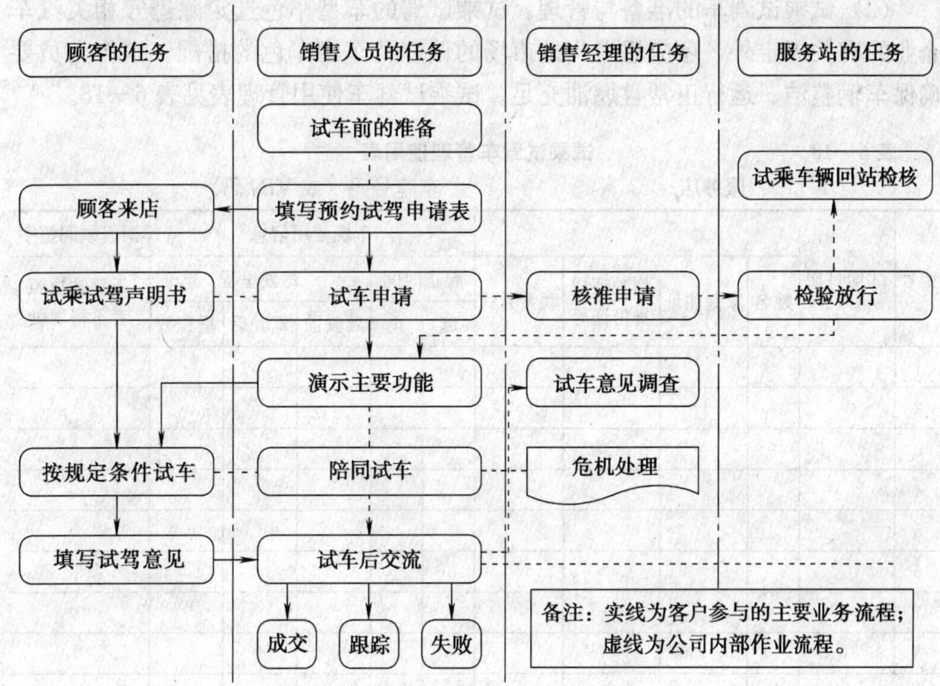

图 6—15 试乘试驾工作流程示意图

应根据顾客购买意愿的进程安排顾客进行试车。

（1）试乘试驾的前提条件。试乘试驾的成效取决于事前周详的规划、培训与管理。销售人员应对顾客的驾驶技术有所了解，在满足下列条件下可以安排试乘试驾车。

1）销售人员要反复练习车辆的各种主要功能，以便在试驾全程能系统地为客户做各项操控指导及性能的详细说明。

2）销售人员可以为进行了相关咨询，并产生强烈兴趣的顾客安排试车。参加试车的顾客必须持有合格的汽车驾驶执照和一定的驾驶经验，并办理相关手续。参加试乘试驾作业的销售人员必须有驾驶执照。

3）企业为宣传品牌形象而组织巡展活动时。

4）为所在地小区提供婚庆等用车。

5）赞助当地公益活动用车时。

6）户外展售或联合促销活动时（配合试驾活动赠送小礼品可以提高关注程度）。

7）新车型上市后可以快速建立客户了解度与满足用户的尝鲜心理。

8）其他有助于品牌形象的活动时。

在天气状况不佳，如下雨雪、大风等恶劣天气下，不宜进行试乘试驾活动。

（2）试乘试驾车的准备与管理。试乘试驾的车型车色选定除遵守相关汽车企业的有关规定外，还应思考当地市场的偏好及车型车色的搭配。销售人员要确保车辆整洁、运行正常且燃油充足。试乘试驾车使用管理表见表 6—18。

表 6—18　　　　试乘试驾车管理使用表

（　　　　　　）服务店　　　　　　　　车牌号码（或 VIN 码）

编号	试驾日期					车辆使用信息					销售顾问签字
		姓名	家庭住址	驾驶证或身份证号	联系方式	起止时间		驾驶里程			无驾驶执照者不得驾驶
						起	止	驾驶前	驾驶后	里程数	
1											
2											
3											
4											
5											
6											
7											
8											
9											

试乘试驾车应比照厂家规范（每 5 000 km）实施维护，确保车辆处于良好使用状态		实施定期	新车 3 000 km 定期	每 5 000 km 定期保养				
				km	km	km	km	km
车辆保管人签字								

1）销售部门应在试乘试驾车车身的适当部位（两侧前车门离玻璃下边缘 20 cm 处），粘贴厂家指定的贴纸以便识别。

2）试乘试驾车必须要有专人负责管理（使用申请、钥匙及车辆陈列、清洁等）并及时协调服务站实施定期保养。

3）试乘试驾车必须投保全险（全保）。

4）试乘试驾车为客户演示专用车辆，禁止挪作他用或有违反厂家相关规定的情况。

5）试乘试驾车使用年限依有关厂家规范执行，但若有车辆发生过重大事故及车况存疑时，应避免使用或及时更新。

6）试乘试驾车必须在展厅前醒目的停车区域划出专用的试乘试驾车停放车位。

7）试乘试驾车的外观应加以美化。

8）服务站为试乘试驾车保养维护单位，应依照使用说明书进行保养维护工作，以确保车辆的品质。

9）试乘试驾车使用需按规定由经销经理或管理工作人员核准后，方可安排客户试乘试驾。

（3）试乘试驾的线路选择。试乘试驾路线设计首先应以确保行车安全为前提。在选择线路时要考虑到以下几个方面：

1）应考虑选择有变化的道路，以便全面显示汽车商品的优势：如展现爬坡能力、直线加速性能、高速行驶稳定性及操控性、刹车性能、悬挂系统、内部的肃静程度等。

2）销售人员必须熟悉所选道路，且所选的道路应能完成15～20 min的试车。

3）所选的道路应避免建筑工地和交通拥挤的地区。

4）对于可能会有突发情况的路段，应事先调查清楚。

5）要保证在试车途中应有一地点可以安全地更换驾驶员。

2. 向顾客推荐试车，并填写试乘试驾申请表

销售人员要向客户展示最符合他们需要的车辆，与市场现有车辆比较，并强化商品的特色、优点，强调5～7个最符合客户利益的优点以及配置、饰件等的价值，等顾客产生浓厚兴趣后，对客户说明试车的好处和必要性，邀请客户试乘试驾，实际体验及感受车辆行驶的性能状况。

销售人员邀请或安排客户看车、试车，填写试乘试驾车使用申请表（见表6—19），呈报核准后进入试车工作阶段。销售人员要进行试乘试驾车准备及陪同客户试乘试驾，营销主管负责审核申请表，并跟踪检核客户试乘试驾的成果，必要时给予销售人员指示或陪同进行。

表6—19　　　　试乘试驾车使用申请表

申请车型		车架或牌号	
使用车里程数（km）		使用车油量（L）	
申请日期		使用时间	起：　　迄：
试乘、试驾客户		试乘人数	
客户电话		客户职业	
客户住址			
归还点收人		归还时间	

申请部门：　　　　申请人姓名：　　　　核准主管：

客户试车前，对试车者进行登记，核对驾驶证件并复印驾照留底，请试驾者填写《声明书》承诺试驾过程完全依法律及企业相关规范行驶，违者一切后

果由试驾者负责。声明书如图 6—16 所示。

试乘试驾车声明书

致（　　　）公司：

兹本人（　　　）于　　年　月　日，试驾贵公司××汽车（车牌号或车架号：　　　），特做出如下承诺：

本人在试驾过程中，将严格遵守行车的一切法规和要求，并服从贵公司提出的注意事项，做到安全、文明驾驶及依试驾路线图行车，以保证车辆的安全和完好。否则，若造成对贵公司及他人的一切损失，该由本人承担。

试驾人签字：

联 系 电 话：

联 系 地 址：

身 份 证 号：

图 6—16　声明书

3. 进行试车

试乘试驾前销售人员要熟悉试驾者的基本资料，根据试驾者对车辆的关注情况，由销售顾问向试乘试驾者讲解汽车各项性能及操作方法后，开始按照预先选定的路线进行试驾，试车时间预定 15～20 min。为保证安全，销售人员和试车者都应系好安全带。试车时在规划的试车路线上首先由销售人员进行驾驶，并为顾客解答问题、介绍汽车，指出汽车的各种特征和操纵方法，然后由试驾者进行驾驶。销售人员要指出试车道路，指出试驾者可能未注意到的道路危险状况和其他道路条件。在试驾者驾驶汽车时销售顾问应保持安静，防止意外情况的发生。

4. 危机处理

销售人员在试乘试驾过程中要随时保持警惕，确保整个试车作业过程的顺利完成，防止意外情况的发生。如果发生危机情况，处置方法见表 6—20。

表 6—20　　危机情况处置表

状况	处置方法
没有客户希望试乘的车子时	若没有客户希望试乘的车子时，暂时用其他的车型也可，但最好选同等级或更高级的车款来试，并向客户简述性能上的不同之处
要求上高速公路时	先表示抱歉，说明需要先折回展厅，向主管报告请示后再定，让客户感受到我们很慎重地处理他的要求
要求试驾不良路况时	
发生交通事故时	首先察看客户的受伤情形，并与公司联络（视伤害情况与公安交警联系）
轻微碰撞时	体谅客户不是有意的，保持和气并接受客户的抱歉，引导回展厅

5. 试车后的交流

试车完成回到展厅后要注意跟进，以保证试乘试驾的效果。

（1）客户试乘试驾后，请客户填写试乘试驾客户满意度调查表（见表6—21），以了解客户好意状况并据以判断该客户的意向等级，进行后续促进安排。

表6—21　　试乘试驾客户满意度调查表

客户姓名		性别			年龄	
目前使用厂牌车型		试车车型			试乘时间	
项目	试驾满意度（在下空中打“√”）					
	极好	好	一般	差	极差	备注
外型						
内饰/配置						
起动加速						
行驶平稳性						
刹车灵敏性						
仪表操作容易度						
空调舒适性						
离合器行程及操作						
座椅舒适性						
操控性						
建议事项：						
销售顾问：			销售主管：			

（2）试车完成后，与顾客从试车的感受谈起，然后有意无意地引起客户有兴趣的话题。若客户对希望的车型已有兴趣，可以下列的要点为话题来列入主题：

1）硬件方面诉求

◆操控性——车辆行驶性、加速性及方向盘稳定性。

◆外观——帅气、流线形式、稳重。

◆经济性——价格、油耗或维修零件价格等。

◆安全性——追撞事故发生时，主动性及被动性安全装备及设计。

◆舒适性——乘坐的舒适感。

◆耐久性——是否坚固，耐久年限如何。

2）软体方面诉求

◆感性——敏锐的、现代的或典雅的。

◆生活形态——户外休闲用、代步用等。

◆话题性——电视、传媒名气高涨或年度风云车等。

（3）客户离去后，销售人员应填写试乘试驾客户追踪表（见表6—22）并核评分析，呈报销售经理追踪成效，按规定流程将试乘试驾车交到服务部门检查后，整理车容放回原位。

表6—22　　试乘试驾客户追踪表

序号	客户姓名	联系电话	预购车型	客户级别	试驾日期	主管陪访日期	成交日期/否	销售顾问	成败分析
1									
2									
3									
4									
5									
6									
7									

三、试乘试驾工作过程中的话术示例

1. 引导

销售人员在试车过程中要把握时机，详细地介绍该车型。积极引导客户试车且主动由销售人员自己驾驶，让客户专心地感受乘坐的舒适感也可得到很好的效果。

销售人员："试车全程约15～20 min，在这过程中请您鉴赏一下这部车的价值。"

2. 客户物品的保管

代客户保管物品是企业提供全面服务的表现，还可以避免客户在试车后直接离去，此时是引导其回到展厅，可促进商谈的机会。

3. 上车

销售人员对汽车操作及装备须充分了解，切勿让客户认为销售人员不够专业。要注意询问客户的同伴喜欢坐哪个位子，如果希望坐在后座，就把副驾驶的座椅向前移一点，让后座者有较广的空间。

（1）准备。

销售人员："现在开始就由我来给您试车，××先生请准备上车。"

（2）请客户在某处等候，然后把试乘试驾车开过来。

销售人员："这款车是××型，与您正考虑的##不同之处在……除此之外，大致是一样的。"

（3）请客户坐在副驾驶席，销售人员坐到驾驶席。

销售人员："请入座。"（微笑并以手势引导）

（4）若客户有同伴在的时候，也邀请其同伴一起试车。

销售人员："先生（太太），欢迎一起试车好吗？"

（5）销售人员在客户上车后要对操作方法及内部仪表板等进行扼要说明。

销售人员："座椅的位置可以吗？"

销售人员："两侧及后视镜可以吗？"

销售人员："很抱歉，请系上安全带！"

4. 出发

销售人员先开一段路。一边驾驶，一边做操控说明。行驶一段路后，让客户来试乘，并返回展厅。

销售人员："试车路线已规划好，现在我们就按照这路线出发。"

5. 陪同试车（从出发到回展厅）

（1）销售人员坐在副驾驶席。

销售人员："请稍候，我坐到副驾驶席。"

（2）刚出发时客户对试乘车的性能还不熟，不要聊天以免使客户不专心。行驶路线有变更之处应提早说明。

销售人员："下一个红绿灯请左拐。"（注意路况，提醒客户开车）

（3）出发之后，待客户对车况稍熟之后，可轻松地谈谈试乘车的特性优点之类的话题。但是切记不要一下子谈得太广太多，视客户的反应切入商谈重点。

销售人员："感觉怎么样？操控性及发动机运转的稳定性如何？"

6. 试完车

试完车返回展厅，试乘车应立即归还原位。车停妥后，快步走到驾驶座侧，打开车门引导试驾者下车至展厅。

销售人员："好的，车停在这里就可以了，辛苦了！顺便请拉起手刹车，并入空挡或P挡位置。"

7. 试车后

（1）引导客户回到展厅再进一步商谈促进。

销售人员："辛苦了，请到展厅休息一下，喝杯饮料。"

（2）听取试车后的感受。引导客户回到展厅，片刻休息后，听取客户试车的感受。

销售人员："××车型的乘坐舒适感怎么样？"

（3）继续商谈。与客户一起试车的同伴的感想亦可听取。

销售人员："××先生（小姐），感觉怎么样？"

销售人员："座椅的舒适感如何？"

第八节 处理异议

在汽车展示过程或是在向顾客推荐车型时，由于种种原因，几乎所有的顾客都会表现出一定的抵触情绪，这些抵触情绪可归结为顾客异议。处理顾客异议的过程，实际上就是一个信息的传递、接收、加工、整理、反馈和再传递的连续过程。

一、顾客异议

并不是所有的异议都代表顾客对产品持反对意见，很多情况下顾客异议的产生就是销售的开始。销售人员可以通过采取积极的方法，否定他们意见的正确性，或者将顾客的异议转变为他们购买的理由。

1. 正确地理解顾客异议

销售人员要妥善处理各种可能发生的异议，才能达成最后的销售目标。

（1）顾客异议是顾客对产品和销售行为的必然反应。销售洽谈的基本目标就是刺激顾客，引起顾客的购买反应。无论顾客反应是否有利成交，都是销售洽谈的必然结果。在洽谈过程中，营销人员通过各种方式进行销售讲解或演示，主要目的在于有效地传递销售信息，刺激顾客的购买欲望，引发顾客的购买行为。从这个意义上讲，顾客异议本身也是销售洽谈的基本目的。正因为如此，应该理解而不应该害怕顾客提出各种购买异议，只有当顾客说出“不”字即产生购买异议时，销售工作才算正式开始。

（2）顾客异议的内容和形式多种多样。顾客开发过程中，顾客异议的内容较多，既有真实异议，又有虚假异议；既有需求异议，又有价格异议，还有产品异议、销售人员异议、供货条件异议、服务态度异议等。就顾客异议的形式看，既有口头异议，又有行为异议，还有表情异议等。在销售洽谈过程中，顾客有时直接提出异议，有时间接提出异议；顾客开口说话是异议，不说话也可能是异议。尽管顾客对营销人员及其销售产品的异议是一种否定，但是，顾客并不是在任何情况下都要说“不”字。因此，营销人员必须善于观察和判断顾客的言谈举止和动作表情，把握顾客的心理状态，正确理解顾客异议，及时有效地处理顾客异议，否则就可能失去最后的成交机会。

（3）产生顾客异议的根源错综复杂。顾客异议的根源既可能存在于顾客的认知、情感、意志、个性和能力方面，也可能在于销售人员或公司产品本身。营销人员应该认真分析研究顾客所提出的各种异议及其形成的主要原因，慎重对待这些异议，解决顾客所提出的有关问题，不断改进顾客开发工作，提高销售质量。

(4) 顾客异议既是成交的障碍，也是成交的信号。顾客异议具有不利于销售介绍、构成销售洽谈的直接障碍、阻止成交、甚至使洽谈无法进行下去的一面。当顾客提出购买异议时，营销人员必须有效地处理这些异议，才能达成交易。但是，顾客异议在作为成交障碍的同时，也具有构成成交信号的一面，"嫌货才是买货人"正是这个道理。正确对待和妥善处理各类顾客异议是成交的基本前提。准确地把握和及时处理某些顾客异议，往往直接促成交易。

(5) 顾客异议是顾客对产品发生兴趣的标志。顾客异议绝非对购买不感兴趣，而是出于疑虑。只有顾客对产品发生兴趣时，才能从正反两方面来考虑，权衡得失，发表个人见解。因此，如何因势利导，消除这种疑虑，这是顾客开发工作的开端，也是诱发顾客购买行为的动力。

(6) 顾客异议是企业信息的源泉之一。顾客异议直接向销售人员提供了更有价值的信息，这就帮助营销人员在前期准备收集的信息资料基础上，进一步掌握有关利于成交的信息。销售人员可以从各种异议中获得三类信息：确认进一步劝导顾客购买的最好时机；了解顾客的新需求；发现企业产品及工作中存在的问题。对第一类信息，关键在于因势利导，切莫坐失良机；对第二类信息，反馈到企业，要加速新产品开发，满足顾客新需求；对第三类信息，特别要重视顾客的反对意见，切实加以改进。可见，顾客异议的提出及处理过程乃是一种双向信息沟通的过程。

某汽贸公司一用户购车时，顾客提出了很"无理"的要求：他要求公司代他办理各种相关手续，还要求公司定期提醒他进行车辆的保养，代为设计一下如何进行车辆装潢……，销售人员由于没有相关经验感到很为难。

公司的经理知道后，立即一方面安排人代为上户，联系售后部门有关负责人对该车的售后服务做了特别的安排，同时邀请专业的汽车装潢设计人员，对车辆的装潢给予精心的指导，满足了这位顾客的要求。这同时让经理看到了一个商机，于是在广告中增加了一条别人没有的承诺：免费为购车用户进行装潢设计，提供装潢套餐，免除后顾之忧，并代办各种相关手续等事宜。率先推出这一服务后，公司的业务量剧增。这位经理从顾客的异议中看到了商机，成功地运用顾客的异议，为自己创造了很好的机会。

(7) 真诚提出异议的顾客是最可能的买主。喜欢挑剔的顾客多半是诚心要买的。在了解了顾客常见的拒绝方式之后，销售人员会发现，其实在很多情况下，顾客的拒绝是可以挽回的。

2. 分析顾客异议产生的根源

总体而言，顾客异议的根源在顾客与企业两个方面：在顾客方面，主要是其心理障碍——顾客的偏见、习惯、经验及知识面窄等。对此，销售中只能采取各种说服、示范技巧，使顾客提高认识，扩大知识面，改变偏见和习惯。在企业方面，产品质量、特性、功能、价格、服务以及营销人员的某些行为、促销策略的运用等方面存在的问题，都与顾客异议有关。但是，顾客异议的主要根源是顾客心理方面。对顾客的心理障碍进行分析，将有助于销售人员采用正确有效的方法，转化顾客的异议。在顾客开发工作中，必须注意顾客表现出来的各种心理障碍。

（1）认知障碍。认知障碍主要表现为销售人员的销售建议与顾客所持的观点相距太远，以致显得明显对立，因而使说服遭拒绝而形成的阻碍。要说服顾客购买产品，就得先了解顾客对产品的态度，清楚自己的销售建议与顾客立场之间的差距。顾客产生认知障碍的原因有：

1）顾客没有认识到该产品确实是好产品，没有认识到这种产品能满足他的需要，不认为他在客观上需要这种产品。

2）顾客不了解该产品，因此提出了各种各样的意见。

（2）情绪障碍。情绪障碍通常是由于人们的特定态度而形成的动力定型所造成的阻碍。人的情绪是客观现实与主观需要之间关系的反映，这种需要得到满足，便引起积极情感，否则便引起消极情感。人在形成某种态度后，总是伴随一定的情绪成分，形成一种动力定型。动力定型具有保守性，要改变它，常会受到一种本能的抵抗。因此，销售人员的建议如果不符合顾客的动力定型而激起其对抗情绪在所难免，但应尽量减少这种对抗情绪。

研究表明，通常人的心理活动在不同时期都有理智占上风和情绪占上风的交替过程。情绪占上风时，就形成了情绪障碍。只有说服选择其理智占上风时，才能奏效。另外，情绪障碍还可能是由于人的自尊心而引起的一种自卫反应。销售人员说服顾客购买，切不可伤害顾客自尊心，而造成情绪性障碍。比如顾客当时正在仔细看车时，营销人员不合时宜地走过去，不分青红皂白地介绍一通，就可能引起顾客的反感，遭到顾客的拒绝。

（3）行为障碍。当人们感到自己的认识与自己的行为之间存在不一致时，就会产生心理上的不安状态。在销售过程中，销售人员的建议可能引起顾客心理上的“认知失调”。顾客处理这种失调的办法有两种：一是接受建议，但找借口；拒绝销售建议，此时顾客不愿改变其表示，并拒绝营销人员的说服，于是顾客的错误表示就成为说服时的行为障碍。

（4）群体障碍。群体障碍主要源于从众心理。从众心理指个体在群体中常常不知不觉地受到群体的压力，而在知觉、判断、信仰以及行为上表现出来的与群体大多数一致的心理现象。社会从众心理实际上是一种暗示心理现象，其特征有两个：作为刺激一方必须具有强烈的行动性；作为被引动的另一方具有反应迅速而不加批评的心理倾向。

3. 顾客异议分类

销售人员在开展销售活动时，会遇到各种异议，一般有以下几方面。

(1) 货源异议。货源异议是指顾客对产品来源于哪个企业和哪个销售人员而产生的不同看法。它要求销售人员既要提高自身工作质量，又要将顾客的货源异议信息反馈给企业，帮助企业改进各项工作，塑造良好的企业形象；还要运用各种技巧和方法改变顾客的主观看法。货源异议包括：

1) 产品异议。产品异议是指顾客已经了解了自己的需求，但却担心眼下这种产品不能满足这种需求。

2) 企业异议。企业异议与产品异议相联系，是顾客对销售态度、销售服务、同业竞争方面提出的异议。

3) 销售人员异议。销售人员异议是顾客针对某些销售人员，表示对他们不信任而提出的异议。

(2) 购买时间异议。购买时间异议是一种顾客愿意购买产品，但由于种种原因，希望拖延购买时间，并由此产生的顾客异议。购买时间异议产生的原因比较复杂，有时是由于资金周转困难，有时是由于顾客尚未做出购买决策，有时仅是顾客的一种借口。

(3) 财力异议。财力异议是指顾客自以为没钱购买产品的一种异议。这种异议有真实和虚假之分，营销人员要善于识别，采取妥善办法处理。如，经常有很多顾客以“不巧，这段时间钱比较紧张”“今天没有带钱”“这个车我们买不起”等为借口推辞购买。

(4) 权力异议。权力异议是指顾客以自己并非购买决策者为由拒绝营销人员。对此类顾客异议，也应采取正确的处理方法。

(5) 价格异议。价格异议是销售过程中最常见的异议，销售人员经常遇到讨价还价的顾客，此时一定要讲究讨价还价的技巧，使我们在与顾客讨价还价的过程中，处于一个比较有利的位置。一般说来，价格异议产生的原因有以下几个方面：

1) 顾客经济状况、支付能力方面的原因。

2) 仅仅出自顾客的习惯。

3) 顾客基于对同类产品或代用品价格的比较。可能你的价格真的比较高，同类车型别人卖的价格要低一些。

4) 顾客不了解公司的车型。现在销售的是新车型，或是在原产品基础上又改进的一种新车型，而顾客对该车型的整体情况不理解，只知道现在这款车要比过去的贵得多。

5) 顾客在两家公司的权衡中希望把一方的价格压下去，将此作为与另一方讨价还价的筹码。

6) 顾客的其他动机。

由于一般顾客对产品价格最为敏感，且产品价格与顾客的利益有直接关系，故在产生购买欲望之后，顾客首先会对价格提出异议，因而价格异议也是最常见、最容易提出的顾客异议。

总之，很多顾客之所以提出异议，大多不是由于他们有真正反对的动机，只要处理方法得当，都能使顾客异议朝着比较有利于成交的方向转化。

4. 顾客异议的处理原则

汽车销售的过程就是销售人员处理与顾客之间异议的过程，应把握下面几项原则：

(1) 事前做好准备的原则。销售人员在与顾客接触之前要预计顾客可能出现的各种异议，并做好充分准备，当顾客提出时才能从容应对。

(2) 保持冷静、避免争论的原则。争辩不是解决问题的最好方法，尤其在销售过程中，往往会导致交易的提前终结。

有的顾客脾气不太好，要想与其不争辩，可以使用以下技巧：

◆保持沉默，但要微笑。

◆可以转身去做一件小事，消除剑拔弩张的紧张气氛，比如咳嗽一下。

◆可打断顾客的话，与他们谈一些与争论无关的事情，转移他们的兴趣。

◆表示某种歉意，打消顾客想争论某一问题的兴趣。

◆让顾客稍等一下，装作有急事要处理。

◆可改善一下说话的气氛，例如递给顾客一支烟，给顾客倒杯水，送顾客小礼品等。

(3) 留有余地的原则。无论顾客对错，销售人员都要注意为顾客留有余地，维护顾客的自尊心。

(4) 以诚相待的原则。汽车销售的目的在于和顾客建立长期的关系，因此销售人员要以诚相待，才能获得顾客的持久信任。

(5) 及时处理的原则。对出现的异议要及时进行处理，从而防止矛盾积聚和升级。

二、顾客异议的处理方法

针对不同的问题采用恰当的方法处理异议是实现销售的重要技巧，在汽车销售过程中，顾客异议的处理有以下几种方法：

1. 反驳处理法

反驳处理法是根据有关事实和理由直接否定顾客异议的一种方式。直接反驳顾客，容易陷于与顾客的争辩中，往往事后懊恼，但已很难挽回。理论上讲，在处理顾客异议时，应尽量避免与顾客发生直接的冲突。使用这种方法，最重要的是要避免造成对方不快，因此必须适时地注入一些幽默感。但有些情况下，必须直接反驳以纠正顾客不正确的观点，例如：顾客对企业的服务、诚信有所怀疑时，顾客引用的资料不正确时。因为顾客若对企业的服务、诚信有所怀疑，拿到订单的机会几乎是零。如果顾客引用的资料不正确，销售人员以正确的资料佐证，顾客会很容易接受。

使用直接反驳方法时，在遣词用语方面要特别留意，态度要诚恳，对事不对人，切勿伤害了顾客的自尊心，要让顾客感受到营销人员的专业与敬业。反驳处理法优缺点对比见表6—23。

表6—23　　反驳处理法优缺点对比

优点	缺点
增加销售洽谈的说服力量	可能会引起与顾客的冲突
节省时间、提高工作效率	不利于处理顾客异议促成交易

在使用反驳处理法解决顾客异议时，必须注意以下四点：

(1) 应始终保持十分友好的温和态度。

(2) 必须有理有据地反驳顾客的异议。

(3) 应向顾客提供更多的销售信息。

(4) 该法不适用于处理各种与产品无关的顾客异议和各种敏感性的顾客异议。

2. 回避处理法

回避处理法是根据有关事实和理由间接否定顾客异议的一种处理方法，即我们常说的“是的……如果”法。回避处理法优缺点对比见表6—24。

表6—24　　回避处理法优缺点对比

优点	缺点
有利于保持良好的人际关系和销售气氛	会削弱营销人员介绍和演示的说服力量
可有效地处理各种顾客异议，排除成交障碍	可能会使顾客失去购买信心
有利于营销人员认真分析顾客异议，制定具体的处理方案和策略	可能会浪费销售时间

潜在顾客：“这个金额太大了，不是我马上能支付的。”

销售人员：“是的，我想大多数的人都和您一样，是很难立刻支付的。如果我们能配合您的收支状况，采用分期付款的方式，这样您支付起来一点也不费力。”

请比较下面A、B的两种说话方式：

A：“您根本没了解我的意思，因为情况是这样的……”

B：“平心而论，在一般情况下，您说的都非常正确；如果情况是变成这样，您看我们是不是应该……”

A：“您的想法我不能完全赞成，因为……”

B：“您有这样的想法，一点也没错。当我第一次听到时，我的想法和您的完全一样。可是如果我们做进一步的了解后……”

“是的……如果……”，是源自“是的……但是……”的句法。因为“但是”的字眼在转折时过于强烈，很容易让顾客感觉到你说的“是的”并没有含着多大诚意，你强调的是“但是”后面的诉求，因此，使用“但是”时，要多加留意，以免失去了处理顾客异议的原意。在使用回避处理法时，必须注意下面几个问题：

（1）不能直接反驳顾客。

（2）提供更多的销售信息。

（3）尽量做到语气委婉，转折自然。

（4）回避处理法不适用于处理各种无关异议和敏感性异议。

3. 利用处理法

利用处理法是指营销人员利用顾客异议本身来处理有关顾客异议的一种处理方法，又称为“太极拳”法。在应付顾客拒绝时，常常可以利用这种方法。也就是说，以顾客拒绝的内容来回答顾客，然后再把商品特色画龙点睛地切入。例如：当顾客提出某些不购买的异议时，营销人员可以立刻回复说：“这正是我认为您要购买的理由！”这就是利用处理法在销售上的基本手法。利用处理法优缺点对比见表6—25。

表6—25　利用处理法优缺点对比

优点	缺点
有效地转化顾客异议	可能引起顾客的反感和抵触情绪
保持良好的人际关系和销售气氛	不利于处理顾客异议

顾客：“收入少，没有钱买A保养套餐。”

销售人员：“就是因为资金紧张，才更需要购买A保养套餐，以保障您的车始终处于良好工作状态。”

利用处理法能处理的异议通常是顾客并不十分坚持的异议，特别是顾客的一些借口。这种方法最大的目的，是让营销人员能借着处理异议的时机而迅速地陈述他能带给顾客的利益，以引起顾客的注意。要正确使用处理法来处理顾客异议，应注意下面三个问题：

（1）尊重、承认并赞美顾客异议。

（2）针对并利用顾客异议。

（3）利用并转化顾客异议。

4. “同意和补偿”处理法

“同意”就是赞美对方的，说明顾客说得很有道理，该产品就是具有顾客说的这种缺点。“补偿”是用产品其他优点来抵消和弥补这一种缺点。

对异议的处理可以采用确定或转移的方式来进行，对正确意见的传递要注意留有余地，客观地反映汽车产品的质量和服务，不要把所有的车型解释得尽善尽美，使顾客产生过高的期望值，导致顾客忠诚度的降低。汽车是一种复杂的、技术含量高的产品，因此汽车的质量是相对的，完美的汽车产品是不存在的。很多时候，顾客看到的是产品的缺点，而销售人员看到的是产品的优点。用产品的优点来弥补它的缺点，这就是“同意和补偿”的处理法。“同意和补偿”处理法优缺点对比见表6—26。

表6—26　“同意和补偿”处理法优缺点对比

优点	缺点
有利于保持良好的人际关系和销售气氛	可能使顾客失去购买信心
有效地处理各种有效的顾客异议	源于顾客购买动机和认识水平的有效异议是无法抵消和补偿的
有利于开展重点销售，用途广泛	可能会浪费销售时间

顾客：“这款车型太贵了。”

销售人员：“我非常理解您对价格问题的看法。(理解)

其他一些已经购买的顾客也提出过相同的看法。(铺垫)

不过在我们给顾客进行产品分析后，他们都觉得我们的产品其实是经济实惠的。……(价格原因分析)”

要正确使用“同意和补偿”处理法来处理顾客异议，必须注意以下三个问题：

(1) 认真分析有关顾客异议及其根源，确定顾客异议的性质。

(2) 承认并肯定顾客异议。

(3) 及时提示有关的销售重点和优点，有效地补偿并抵消顾客异议。

5. 询问处理法

询问处理法指营销人员利用顾客异议，通过运用为何、何事、何处、何时、何人和如何等语句，根据必要的情况反问顾客的一种处理方法。这是所有应对方法中最高明的一招。与其自己来说，不如让对方说出他的看法，把攻守形势反转过来。其优缺点对比见表6—27。

表6—27　询问处理法优缺点

优点	缺点
可以得到更多的反馈信息并找出顾客异议的真实根源	可能引起顾客的反感和抵触情绪，造成不利的洽谈气氛
可以明确顾客异议的性质	不利于处理顾客异议
有利于保持良好的人际关系和洽谈气氛，直接促成交易	可能浪费销售时间，降低工作效率

在销售过程中，当顾客提出的反对意见题目太大，比较模糊，但由于某种原因，销售人员又不便直接询问时，可以采用这种方法，让顾客对所提的问题做出进一步的解释，一方面顾客的反对意见得到补充，使营销人员更加明白顾客的真实意图，另一方面也为营销人员做出进一步的解释取得了缓冲的时间。

顾客："你推荐的这款车型质量不好。"

销售人员："质量不好？您是指它的哪些方面？"

顾客："主要是在内部装饰方面……"

为了正确地使用询问处理法处理顾客异议，还必须注意：

（1）及时追问顾客，但应适可而止，不能寻根究底。

（2）讲究销售礼仪，避免直接冒犯顾客。

（3）讲究处理策略，应针对有关的顾客异议，灵活运用各种处理技术。

6. 忽视处理法

忽视处理法指营销人员故意不理睬有关顾客异议的一种处理方法。所谓"忽视"，就是当顾客提出一些反对意见，并不是真的想要获得解决或讨论时，营销人员只要面带笑容地同意他就好了。有时是为了让商谈更具幽默感，可把反对性的意见用一些技巧性方法带过，如"你的顾虑太多了，毕竟……"对于一些"为反对而反对"或"只是想表现自己的看法高人一等"的顾客异议，若认真地处理，不但费时，还有节外生枝的可能，因此，只要让顾客满足了表达的欲望，就可采用忽视法，迅速地引开话题。忽视法的优缺点对比见表 6—28。

表 6—28　　忽视处理法优缺点对比

优点	缺点
有利于保持良好的销售气氛	可能引起顾客的不满和反感
节省销售时间，提高工作效率	不利于处理顾客异议促成交易
可以有效地促成交易	不利于发展人际关系和销售洽谈的顺利进行

使用忽视处理法来处理各种无关的顾客异议和某些不太重要的有关异议，必须注意：

（1）认真听取各种顾客异议。

（2）关心、同情并帮助顾客。

（3）故意放过各种无关和某些有关异议。

（4）宽大为怀，从大处和远处着眼，不与顾客斤斤计较。

7. 反复法

面对顾客的反对意见，有些情况下可以把顾客反对的理由作为说服他们购买的原因。程序是：当顾客提出反对意见后，立即跟进，用明确的话题吸引顾客的注意，反映产品的正确信息。反复法处理问题的方式简洁明快，多适合于应对驾驭型和表现型的顾客。例如：

顾客："你们公司的报价太高了。"

销售员："正是因为这个问题，我才专门来拜访您的。"（反复）

顾客："是吗？"（吃惊）

销售员："我们这款车型虽然首次购买的成本较高，但油耗低，维修成本低，二手车交易价格高……"（传递）

第九节 成交谈判

很少有顾客会在第一次光顾展厅后就做出购买的决定，多数情况下他们通常会找借口离开，然后通过竞争对手或以其他渠道搜集更多的信息。这是因为购买汽车产品决策时间长，顾客关注程度高，同时由于现代汽车产品日趋同质化，使得顾客有了更多的选择。在顾客权衡利弊的过程中，如果销售人员不能积极地抓住成交机会，就会导致销售的最终失败。因此，如何捕捉销售机会，实现成交，成为销售过程中至关重要的环节。

一、影响销售成功的主要因素

汽车服务的目的是通过销售人员全面的服务，实现与消费者的有效沟通，从而满足双方的利益。因此，在成交的最后阶段，销售人员要注意以下几方面的因素：

1. 充满自信

销售人员要充满自信，配合表达时相应的语气、音量大小、语速快慢，做到轻重缓急，有张有弛。

由于销售空间相对开放，在专卖店里要注意修饰自己的语调，语调过高会让顾客认为你咄咄逼人，不给人以回旋余地。另外，语速过快也是一个忌讳，顾客在边听边思考，如果语速过快会导致顾客漏掉许多重要信息，而缓慢的语速有利于让顾客比较专注地听你的讲解。

2. 销售道具要准备齐全

销售的道具主要包括合同、杂志、其他顾客的订单、可供选择的彩色模板等。

只要涉及顾客下订单，那么一定会需要纸、笔、合同模板、选择颜色等。如果工具准备得当，会让他们感到销售人员已经有大把订单，说明自己的选择也是正确的。销售工具中杂志是一个很好的道具，可以让顾客在看到充满诱惑的汽车图片的时候，更加充满对拥有一辆车的渴望。但要注意这些道具要随时更新。

3. 正确判断最终决策者

在顾客再次来店之后，销售人员应该做到如下的要求（可以通过建立顾客档案来获得相关资料）：

（1）可以叫出多名顾客的姓，能够认出主要决策者。

（2）要基本上可以回忆起曾经向这个顾客推荐的车款。

（3）要基本可以复述曾经推荐过和重点介绍过的功能。

（4）要牢记上次接触时，顾客最在意的是车的什么方面。

（5）要注意观察顾客的有关偏好，如某种颜色、某种特殊的小装饰等，以便为进一步沟通做好准备。

4. 坚持

销售人员要坚持在适当的时机多次向顾客提出成交要求。许多销售人员在向顾客提出成交要求遭到拒绝之后，就放弃了，开始另寻他人，他们试图遇到一个在他们提出要求时能马上答应他们的顾客。实际上汽车作为一种大额消费品，涉及的方面也比较多，在整个购买过程中，消费者的戒心特别强。因此，在整个购买过程中，销售人员可能多次被拒绝，这些都是很正常的现象，如果轻易放弃，不仅使消费者坚定了不信任的看法，同时也会失去很多的销售机会。

二、注意发现成交信号

消费者的成交信号有可能发生在销售的任何一个阶段。成交信号是指顾客在销售洽谈过程中，通过语言、行为、情感表露出来的购买意图信息，有些是有意表示的，有些是无意流露的，后者更需销售人员及时发现。善于感知他人态度变化的销售人员，能及时根据这些变化和信号，来判断“火候”和“时机”。一般情况下，顾客的购买兴趣是“逐渐高涨”的，且在购买时机成熟时，顾客心理活动趋向明朗化，并通过各种方式表露出来，也就是向营销人员发出各种成交的信号。顾客成交信号，可分为语言信号、行为信号和表情信号三种。

1. 语言信号

当顾客有购买意向时，从他的语言可以得到判定。语言信号的种类很多，顾客常常会通过一些话外话、反话、疑问话来表达他想购买产品的意思。有表示赞叹的，有表示惊奇的，有表示询问的，也有以反对意见形式表示的。应当注意的是，反对意见比较复杂，在反对意见中，有些是成交信号，必须具体情况具体分析。以下可能就是成交信号：

（1）顾客问什么时间提车，怎么提车，交车的手续等。

（2）顾客询问付款的方式，怎么付款，用支票可不可以等。

（3）顾客把你的产品与其他公司的产品进行对比。

(4) 顾客问市场上对产品的意见和评价如何。

(5) 顾客主动要求试乘试驾。

(6) 顾客要求把产品价格说得更详细一些。

(7) 询问使用该车型的其他顾客名字。

(8) 顾客开始关心售后服务的具体内容。

(9) 顾客咨询有关保险的问题。

(10) 顾客咨询有关上牌照的问题。

(11) 顾客的主要疑问得到了圆满解决。

(12) 顾客完全接受了你的推荐，认同你的观点。

2. 行为信号

细致观察顾客行为，并根据其变化的趋势，采用相应的策略、技巧，加以诱导等，在成交阶段十分重要。通常行为信号表现为：

(1) 交谈过程中，顾客向前倾。

(2) 顾客频频地点头，更加靠近销售人员。

(3) 顾客用手触及合同书。

(4) 顾客会主动出示有关竞争品牌的情报和资料。

(5) 顾客再次上车试乘，仔细看说明书、广告等。

(6) 顾客身体后仰，靠在椅背上舒展身体。

上述动作，或许是表示顾客想重新考虑推荐新品，或许是购买决心已定，紧张的思想松弛下来。总之，都有可能在表示一种“基本接受”的态度。这时，营销人员可以建议他进行试乘试驾，他是决不会拒绝的。即使他所获取的信息资料中有些不利于所售车型，也没关系，只要充分展示产品就可以了。

3. 表情信号

从顾客的面部表情可以辨别其购买意向。眼睛注视、嘴角微翘或点头赞许等都与顾客心理感受有关，均可以视为成交信号。当营销人员将商品的有关细节以及各种交易条件说明之后，顾客显示出认真的表情，并将你所提出的交易条件与竞争对手的条件相比较时，就可以提出成交的要求了。当顾客有以下表情时，也可以判断对方是否注意在听销售人员解说：

(1) 紧锁的双眉舒展分开并上扬。

(2) 眼睛转动加快，好像在想什么问题。

(3) 眼睛好像要闭起来一样，或是不眨眼。

(4) 嘴唇开始抿紧，好像在品味什么东西。

(5) 神色活跃起来。

(6) 随着说话者话题的改变而改变表情。

(7) 态度更加友好。

(8) 顾客的视线随着你的动作或所指的物品而移动。

（9）原先做作的微笑让位于自然的微笑。

由此可见，顾客的语言、面部表情和一举一动，都在表明他（她）在想什么。从顾客明显的行为上，完全可以判断出他是急于购买，还是抵制购买。及时发现、理解和利用顾客表露出来的成交信号并不十分困难，其中大部分能靠常识解决，既要靠耐心体验，又要靠销售人员的积极诱导。

三、帮助顾客权衡利弊

在即将成交阶段，顾客会反复掂量购买的利弊。但顾客自己权衡利弊，往往受到一些外来或内在干扰的影响。为此，应当主动介入顾客权衡利弊的活动，帮助权衡的天平倾向购买的一边。

这里所指的权衡利弊，就是基于顾客正常的购买心理及合乎逻辑的推理，由卖方将各种购买利弊综合起来，做一些比较。具体做法是：营销人员先列举某种产品或服务的特征、优点与效益及如何保证满足顾客需求，然后让顾客自己来权衡利弊得失，最后让顾客自行做出适当选择。顾客经权衡认为得大于失，自然会答应成交。

在销售洽谈中，营销人员不能只言利不谈弊。如果当面讲明，反而会给人一种比较坦率而真诚的感觉，易于解除顾客的心理戒备，进一步争取顾客。运用权衡利弊促成交易时，需注意以下问题：明确向顾客说明权衡的目的；用口头或书面形式将顾客买与不买的理由一一列明，供顾客参考；当顾客做出反应时，再将的机器和本身产品中的实际效益加以总结；利与弊都要讲，但讲法上要有技巧；转化异议，进行说服，从而促使顾客购买决心的形成。

销售人员张某："我们公司生产的卡车，很适合贵公司。"

顾客："我们需要 2 t 的，你们有吗？"

张："我们有比 2 t 更适合贵公司的，我们提供 3 t 的。"

顾客："你凭什么说 3 t 位的比 2 t 位的更适合我们？"

张："请问你们每次运的货平均多重？"

顾客："一般说来，2 t 左右。"

张："这就是说，有时多些有时少些，对吧？"

顾客："是的。"

张："据我了解，贵公司的车在丘陵地区行驶的多，而且，这儿冬季较长，这使汽车所承受的压力是不是比正常的情况下大一些？"

顾客："是的。"

张："你们冬天出车比夏天多，是吧？"

顾客："是的，多得多。"

张："有的货物太多，又是在丘陵行驶，汽车是不是经常处于超负荷状态？"

顾客："是的，你说得不错。"

张："从长远的眼光看，什么因素决定了一辆车买得是否有价值呢？"

顾客："当然是使用寿命。"

张："一辆车总是满负荷，另一辆却从不超载，你认为哪辆车的寿命更长一些？"

顾客："当然是马力大，载量多的那一辆。"

经过讨论，顾客决定购买3 t的汽车。

小张成功地使用了引导成交的方法，最终说服顾客，促成了交易。

四、引导成交的方法

与顾客成交，得到订单并签下合同，是一个要经过诸多努力之后才能达到的目标。因此在顾客开发过程中，掌握引导顾客成交的方法是很重要的。

1. 直接要求法

销售人员在有些情况下可以直接提出成交的建议。直接要求适用于以下几种情况：

（1）顾客的购买欲望已经非常强烈时。

（2）和顾客是老关系。

（3）当顾客想把话题转到其他方面去，销售人员可通过直接要求把话题转移到销售的轨道上来。

2. 暗示成交法

当双方还在讨价还价的阶段时，即可运用本法。在顾客心中，销售人员必须先散播些"想象和暗示的种子"，这样就可使商谈顺利进行。这种"想象和暗示的种子"是让顾客也想早些达成交易的一种催化剂。

刚开始谈话时，就要向顾客做有意的商品暗示或肯定暗示。当销售人员做出暗示之后，要给顾客充分的时间，让这些暗示逐渐渗透到顾客的思想里。只要在交易一开始，利用这种方式提供一些暗示，顾客就会变得积极。而一旦进入交易中期阶段，顾客虽会考虑销售人员提供的暗示，却不会太过认真。

顾客不断地讨价还价，也许会使商谈的时间延长；办理"成交"，又需一些琐碎的手续。这些疲惫使得顾客在不知不觉中将这种暗示当做自己所独创的想法，而忽略了这是他人所提供的巧妙暗示。因此，顾客一定会很热心地进行商谈，直到成交为止。

3. 坦诚促进法

坦诚促进法是指通过销售人员和顾客长时间的接触，在建立友好关系的基础上进行销售的一种方法。这是一种很有效的成交方式，特别是当销售人员与顾客有许多次接触，彼此间已经建立了较好的互信关系时，能让顾客更容易坚定决心。

4. 假设成交法

假设成交法是假定顾客会购买产品的一种方法。顾客没有表示肯定买产品，但是通过观察顾客的成交信号判断出顾客已经对产品感兴趣了，这时候就可假设顾客想买产品，运用某种技巧和手段去诱导顾客多购买产品。假设成交法的诀窍在于能够抓住顾客的心理，牢牢抓住顾客说过的话，步步紧逼顾客成交。这种方法多适应于亲切型的顾客。

汽车加油站的服务员在见了司机之后就说："先生，您加多少油?"司机说："加个 10 L、20 L 吧。"这样服务员只能卖出 10 L、20 L 的油。营销专家认为，这句话说错了，正确的说法是："先生，我把您的油箱加满吧?"如果顾客说可以，你就可能卖出 30 L、40 L 的油。

5. 选择成交法

选择成交法指销售人员直接向顾客提供一些购买决策方案，并且要求顾客立即购买的一种成交方法。选择成交法具有减轻顾客成交心理压力、创造良好成交气氛、有效促成交易、留有一定成交余地的优点。

采用本方法时，可以这样询问顾客：

"您是用现金购买，还是要刷卡呢？怎么做都可以。"

"您的车内装潢准备选用 A 套餐还是 B 套餐?"

选择法使用得当能让顾客及营销人员都皆大欢喜，但要掌握住适当的时机，要在能判断出顾客同意购买的状况下，使用起来才不着痕迹。

使用此法时，必须注意下述问题：针对顾客的购买动机和购买意向，假定顾客已经决定购买，先假定成交，后选择成交；看准成交信号，向顾客提供成交选择方案；把握成交选择主动权，积极促成交易；主动当好顾客的购买参谋，帮助顾客做出正确的成交选择。

6. 小点成交法

这种成交法是相对于"大"而言的，营销人员向顾客直接提出购车的要求，顾客拒绝的可能性会大一些；如果把要求划分为小的要求，顾客就有可能会接受。小点成交法利用了顾客的成交心理活动规律，避免直接提示顾客比较敏感的重大的成交问题，而是向顾客提出比较小的次要的成交问题。

一个汽车销售人员设计了一个表格。在顾客来买汽车的时候，他绝对不会说："你买汽车吗?"或"你买什么牌子的汽车?"而是问顾客："你是喜欢红色的汽车还是黑色的汽车?"顾客说："黑色的。"他就在"黑色的"地方打个勾；然后又问顾客："你是喜欢 6 个缸的还是 8 个缸的汽车?"顾客说："8 个缸。"他又在"8 个缸"的地方打个勾；再问顾客："你是喜欢带音响的还是不带音响的?"顾客说："带音响的。"他又在"带音响"的地方划个勾……当一个个问题被提出之后，他把表格总结一下递给顾客："这就是你要的汽车。"这位销售人员从头到尾都是从小处着手，引导顾客一步一步地达成大的交易。

7. 保证成交法

当顾客对产品还有些担心和顾虑的时候，营销人员可以用保证来减轻或消除顾客的担心和顾虑，如“产品在试用期内出现质量问题我们保证免费为您提供零配件直至换车”“我们保证为您的车做好售后服务”等，通过保证消除产品在对方心目中的风险，从而使顾客下决心购买产品。

8. 利益总结成交法

利益总结成交法是把先前向顾客介绍的各项产品利益，特别是获得顾客认同的地方，一起汇总，扼要地再提醒顾客，在加重顾客对利益的感受中，同时向顾客要求签约。利益汇总法是营销人员经常使用的技巧，特别是在做完产品介绍时。

9. 前提条件法

前提条件法是成交的一个重要手段。它隐含着这个用意：“我愿意做这样的牺牲，但是为了表示你的诚意，你也同意我的要求。”前提法的使用，能给顾客一些压力，让顾客加速做决定。

销售人员：“王先生，这辆车你总共看过五次了，夫人也来看过两次，相信一定有什么问题困扰着你吧?”

王先生：“害怕二手车维护保养成本太高，再说车的装潢也太落后啦。”

销售人员：“这点请您放心，我公司推出诚信二手车业务，对公司售出的二手车提供 20 000 km 的免费保养，至于装潢我可以提供几种方案由您来选择。”

10. 弱势技巧法

虽然销售无法成交，但由于多次的沟通，和顾客建立了较好的私人交情。此时，若面对的顾客在年龄上或头衔上都比你高时，营销人员可采用这种哀兵策略，以让顾客说出真正的异议。只要能化解这个真正的异议，成交的机会就会出现。

销售人员：“柳总，我已经拜访您好多次了。今天我再次拜访您，不是向您销售汽车的，我知道柳总是销售界的前辈，我在您面前销售东西实在压力很大。请柳总本着爱护晚辈的心情，指点我一下，我哪些地方做得不好，让我能在日后改善。”

柳总：“看你这么诚恳，我就坦白告诉你，这一次我们要替公司的几位经理换车。当然换车一定要比他们现在的车子更高级一些，以激励士气，但价钱不能比现在贵，否则短期间我宁可不换。”

销售人员：“今天我真是又学到新的东西。柳总，我给您推荐的车是由美国装配直接进口的，成本偏高，因此价格也就跟着上升了。但是月底将从日本进来的同级车，成本较低，并且柳总一次购买10部，我一定说服公司尽可能地达到您的预算目标。”

柳总："喔！贵公司如果有这种车，倒替我解决了换车的难题了。"

11."抬轿子"成交法

营销人员有时要面对许多有权力的顾客，当别人称赞她（他）"做事很棒"时，她（他）往往会做出一些让人痛快的决定，借以彰显她（他）自己是个有权力的人。尤其当面对的是一位主管，而恰好身边又有许多部属在场时，更是如此。

五、价格协商

价格是整个销售过程中最重要的环节，一旦价格问题得到解决，成交的问题也就迎刃而解。

1. 价格谈判的原则

（1）强调价值，弱化价格。销售人员与顾客讨价还价要先谈价值，后谈价格，多谈价值，少谈价格。同样价格，有人说出来能让顾客觉得产品的价格很便宜，而有人说出来却让人觉得很贵。销售人员可用各种方法制造价格便宜的感觉，如："把价格与支付的费用结合起来，虽然我公司的车辆相对于同类车价格偏高，但这是物有所值的，我们这款车是经过多年市场锤炼的车型，在国际汽车销量排行榜名列前茅，不但油耗低，而且质量稳定，后期维修成本非常低。"

（2）把产品与其经济使用寿命相结合。汽车产品的报价还应与产品自身的经济使用寿命联系起来。例如，一辆知名品牌的轿车，表面看起来比一般的贵了点，但计算一下就会看到，知名品牌不仅有较高的美誉度，而且后期使用成本要比一般车型节约。可以说，大多数懂车的人都会选择后期成本低的车型。

（3）创造建议性降价。当降价能扩大销售的时候，可以选择降价。但是降价最忌讳的就是直截了当地降价。销售人员要把汽车市场的服务产品进行包装，这样在顾客提出降价时，可以把降价与扩大销售和促销结合起来，如赠送后期服务项目等，这样既满足了顾客降价的目的，又为加强顾客的忠诚度提供了保障。

顾客："这款车的价格能不能再低点?"

销售人员："我给您报的价格已经是最低价啦，不过我们售后正在搞活动，我可以给您申请A级套餐的贵宾卡，这样您的车就可以获得很多优惠的售后服务，这不是更划算吗。"

2. 价格协商的方法

在汽车销售过程中，和顾客争论的焦点往往主要集中在价格方面。为此，可以使用下面介绍的技巧进行处理。

（1）独特利益法。销售人员可以向顾客传递自己的汽车产品不同于竞争对手的独特差异，差异价值越高，价格障碍就越小。

（2）价格分解法。通过价格分解，让顾客明白，自己的汽车产品实际上是顾客选择范围内最经济实惠的。

（3）总体计算法。总体计算法与价格分解法恰恰相反，该方法是从用户满足某一个需求的总体费用上着手。例如：从油耗和维修成本的角度来分析汽车价格。

（4）补偿法。如果自己的汽车产品在价格方面的确不具备优势，而且产品差异性也一般，那么就必须为价格劣势补偿其他的利益，例如为顾客提供免费的服务项目等。

（5）顺延法。在向顾客传递汽车产品的核心信息的时候，如果顾客一开场就直截了当地询问价格，通常不要马上回答他们价格是多少。因为，这时候往往很多顾客还不完全清楚汽车产品的价值所在，对价值的评判还不全面，无法做到客观公正。此时如果马上回应顾客有关价格的问题，他们往往会凭直觉判断价格太高，这是顾客消费心理的必然表现，很多失败就出在这个环节。面对这样的情况，销售人员可以采用拖延的办法，告诉顾客："价格在汽车购买投资中是非常重要的一个问题，我会在后面时间里与您进行充分探讨。"也就是说在完成整个产品的价值信息传递后再与顾客讨论价格问题。

六、销售缔结的禁忌事项

1. 忌好高骛远

所谓一步一个脚印，不要想着一定要大额订单才做，小额订单都不屑一顾，这样将丧失不少机会及市场。

2. 忌奢望一次成交

交易的促成是许多次的努力再加上最后一次的努力。一次促成的机会很少，尤其对新进入汽车销售行列的人员，一件业务几番周折是很正常的事情。

3. 忌强迫推销

很多情况下，强迫式的推销通常会令顾客接受不了。销售人员千万不可贸然采取强迫式的推销方式，必须视情况、对象、条件而定。通常在推销循环的前几个阶段最好采取柔性诱导的策略，到了最后促成时，为了促使准顾客下定决心，才采取稍强势的推销策略。

4. 忌急功近利

销售人员不要只以自己的利益为中心，向顾客提供不适合的产品，因为任何顾客不会为买汽车而买汽车，他们要的是购买汽车后能够给他们带来的利益。

5. 忌错失时机

要在顾客对汽车产品仍有相当热度时，积极地促成交易，不要让顾客失去购买产品的动力，还有回去犹豫后悔的机会。

6. 忌准顾客轻易解约

一旦达成协议，销售人员绝不能让顾客轻易以任何借口解约。销售人员必须有这样的认知——解约对于顾客同样会造成很大的损失。

总之，成交的方法有很多种，需要销售人员根据不同的车型和潜在顾客做出判断，并通过经验的积累不断提高成交的能力。

第十节 交 车

交车是成交的最后环节，要赢得顾客的满意，完美的交车环节是顾客最开心、最期待的时刻，这一环节既是一次交易的达成，也是销售人员与顾客建立新的服务关系的开始。交车的工作流程如图 6—17 所示。

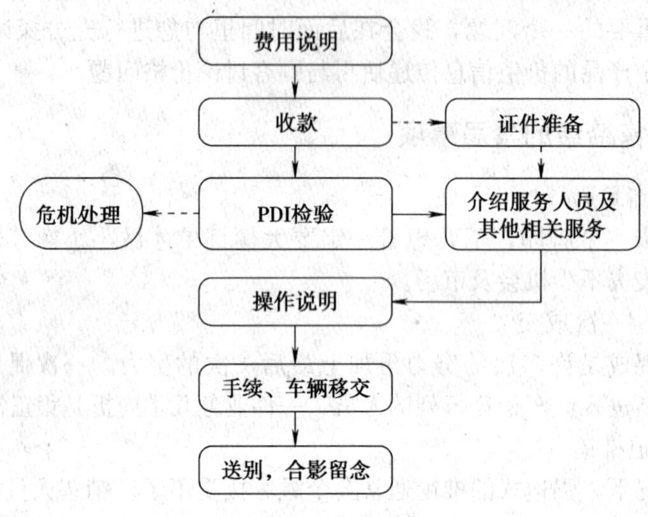

图 6—17 交车工作流程图

一、收款

1. 收款方式

（1）现金支付。对中低档车，有很多客户会用现金支付，这是最方便快捷的付款方式，但如果款项过大，这可能给企业的安保带来很大压力。

（2）存折转账支付。当地购车用户可以选用存折进行转账付款。这种方法简单安全，但需要去银行转账，而且交易受银行工作时间的制约。

（3）银行卡支付。这种付款方式简洁方便，但应该确认款项到账后再允许客户提车，以防意外。

（4）支票支付。支票分为现金支票、转账支票和汇票。这种付款方式相对麻烦，支票转账到账后或当天去开户行反提支票后方可提车。

（5）承兑汇票支付。承兑汇票是银行汇票的一种，但与一般汇票不同，通常要求按照该银行的汇率进行贴息后方可按一般支票处理。

（6）分期付款。开展分期付款业务的汽车公司，根据汽车金融公司或银行的相关贷款规定对满足车辆贷款条件的顾客办理分期付款，在相关手续齐全、顾客交完首付款后，第二天可提车并按规定办理相关手续。

2. 新车交车通知单

收款后为买方出具新车交车通知单，转售后部门。新车交车通知单见表 6—29。

表 6—29　　新车交车通知单

客户资料	客户		委托交车人	
	联系地址			
	联系电话		身份证	
车辆资料	交车车型		车色	
	VIN 号码		发动机号	
PDI 检查	车辆停放处			
	预定交车时间			
审批	销售主管		财务主管	
	合同编号			
	交款单			
	报告书原件			
	销售顾问		车辆管理员	

二、PDI 检查

所谓 PDI（Pre Delivery Inspection）就是新车送交顾客之前进行的一种检查。PDI 是交车体系的一部分，该体系包括一系列在新车交货前需要完成的工作，目的是在新车投入正常使用前及时发现问题，并按新车出厂标准进行修复。PDI 检查的大部分项目是由服务部门来完成的。

1. PDI 的必要性

（1）运输过程可能导致车辆损坏。通常新车出厂要经过一定的运输方式

（或自行行驶）到达销售部门，通过销售商才能到用户手中，期间可能会运输（行驶）适当里程或者花费较长时间。在运输中，由于种种原因难免发生一些意外，譬如保管过程中的高温、运输过程中的碰撞等。尽管在生产过程中及产品制成后的质量管理是持续进行的，但是不能保证每辆汽车都完好无损地运到特约店，因此检查新车在运输过程中是否受到损伤是一项非常重要的工作。

（2）车辆生产过程中可能出现质量问题。新车出厂时虽有厂检的技术质量标准，各种装备也按一定的要求配齐，但也难免，由于检测环节上人为错误导致的差错和损坏，通过 PDI 检查，在解决问题的同时及时反馈给生产厂家，可为整车厂提高质量提供宝贵意见。

（3）车辆库存阶段可能出现损坏。在很多情况下，新车处于库存状态，但是如果库存时间较长或管理不当，新车也可能出现一些问题。通过交车前的 PDI 检查，再次确认各部分技术状态良好，并按新车出厂标准进行修复，可以保证客户所购车能正常运行。

（4）激活系统。某些高档车型电子化程度很高，多数汽车厂家在新车出厂时，会将此类车型设置在运输模式下，这种模式下车辆只能简单行驶，很多系统没有被激活，强行使用有可能导致功能不全，甚至危及车辆和乘员的安全。因此，需要通过严格的 PDI 检查来激活这些系统，以保证车辆的正常使用。

总之，PDI 检查是新车在投入运行前的一个重要环节，涉及制造厂、销售商和用户三方的利益，是对汽车制造厂汽车质量的再一次认可，是消除质量事故隐患的必要措施，也是对购车客户的承诺及系列优质服务的开始。

2. PDI 服务的基本要求

我国汽车服务行业从 2002 年 7 月 23 日起实施的《汽车售后服务规范》，提出了 PDI 服务、技术咨询的基本要求，包括：

（1）供方在将汽车交给顾客前，应保证汽车完好。

（2）供方应仔细检查汽车的外观，确保外观无划伤及外部装备齐全。

（3）供方应仔细检查汽车内饰及装备，确保内饰清洁和装备完好。

（4）供方应对汽车性能进行测试，确保汽车的安全性和动力性良好。

（5）供方应保证汽车的辅助设备功能齐全。

（6）供方应向顾客介绍汽车的使用常识。

（7）供方有责任向顾客介绍汽车的装备、使用常识、保养常识、保修规定、保险常识、出险后的处理程序和应注意的问题。

（8）供方应向顾客提供 24 小时服务热线及求援电话。

（9）供方应随时解答顾客在使用中所遇到的问题。

3. PDI 的内容

PDI 检查流程如图 6—18 所示。

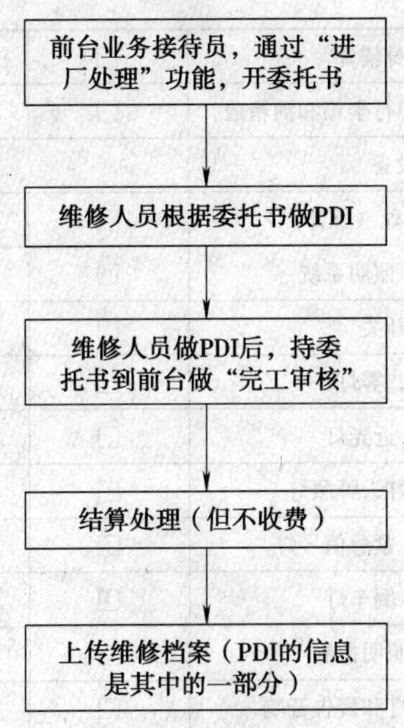

图 6—18 汽车 PDI 检查工作流程

PDI 的许多项目是由汽车维修检验技师完成，他们的技能水平、经验和责任心关系到 PDI 的品质。PDI 检查要注意如下事项：

（1）检查前，应先将车辆清洗干净。

（2）检查时，应按 PDI 检查单进行检查，防止漏检任何项目。

（3）根据车型以及车款的不同，PDI 项目表（见表 6—30）所列项目与实际车型检查内容可能有所不同，应结合实际车型进行检查（PDI 应该检查的项目，请参照轿车厂家服务部印制的新车交车前整备检查表）。

表 6—30 **PDI 项目表**

全车检查					
特约维修站		销售商			
车辆明细	车型	车架号码			
检查员		检验日期			
车辆外观		是否已检	是否合格	是否处理	备注
01	除蜡或清除保护膜	☐	☐	☐	
02	外观	☐	☐	☐	

续表

03	外部车身辅件	□	□	□	
04	车门、发动机盖、行李箱和油箱盖	□	□	□	
电气系统/辅助设备					
01	安装室内灯熔丝（DOMN）	□	□	□	
02	门锁系统、照明系统	□	□	□	
03	点火开关	□	□	□	
04	前照灯、雾灯	□	□	□	
05	远光灯、近光灯	□	□	□	
06	驻车灯、尾灯、牌照灯	□	□	□	
07	转向信号灯、紧急信号灯	□	□	□	
08	制动灯、倒车灯	□	□	□	
09	仪表灯、照明控制	□	□	□	
10	警告灯、指示灯和警告音响	□	□	□	
11	驾驶室内灯	□	□	□	
12	座椅、安全带、记忆功能	□	□	□	
13	转向盘倾斜和伸缩调整	□	□	□	
14	后窗除雾	□	□	□	
15	电动顶窗	□	□	□	
16	数字时钟（调整至适当时间）	□	□	□	
17	外侧、内侧后视镜	□	□	□	
18	电动窗	□	□	□	
19	点烟器、烟灰盒	□	□	□	
20	杯架	□	□	□	
21	喇叭	□	□	□	
22	仪表板诊断系统批示	□	□	□	
23	遥控车门锁装置	□	□	□	
车辆内部					
01	发动机油	□	□	□	
02	漏水	□	□	□	
03	制动踏板	□	□	□	
发动机罩下部					
01	发动机油	□	□	□	

续表

02	制动液	□	□	□	
03	动力转向液	□	□	□	
04	冷却液、清洗液	□	□	□	
05	蓄电池	□	□	□	
06	发动机冷机状态	□	□	□	
07	发动机暖机状态	□	□	□	
08	发动机冷却风扇运转状态	□	□	□	
09	变速器油	□	□	□	
10	液体渗漏（燃油、冷却液等）	□	□	□	
车辆下部（使用举升器）					
01	车轮螺母力矩	□	□	□	
02	轮胎（包括备胎）气压	□	□	□	
03	渗漏及损伤	□	□	□	
04	排气系统	□	□	□	
05	除去制动器防锈盖	□	□	□	
06	安装橡胶塞（车身）	□	□	□	
07	安装车轮盖	□	□	□	
试验					
01	刮水器和清洗器	□	□	□	
02	暖风和空调	□	□	□	
03	音响系统	□	□	□	
04	计量表和仪表	□	□	□	
05	自动变速器	□	□	□	
06	制动和驻车制动	□	□	□	
07	转向和转向盘偏置	□	□	□	
08	发动机怠速	□	□	□	
最终检验					
01	行李箱灯	□	□	□	
02	备胎、千斤顶和工具等	□	□	□	
03	行李箱装饰物、地毯	□	□	□	
04	使用手册及资料	□	□	□	

续表

05	钥匙	□	□	□	
06	除去车内保护罩、不需要的标签等	□	□	□	
07	清洗车辆	□	□	□	

（4）如果检查有一个或几个项目不合格，检查人员把所有需修理项目填写在B单上，修理完毕并确认后填写上“已修复”，同时重新填写一份全部合格的A单。

（5）检查完成后，检查员必须在检查单上签字，并在《保修手册》交车前检查栏中签字。

（6）检查一般不允许顾客在场，以避免顾客见到有缺陷的车辆而影响整车销售或引起纠纷。

（7）车辆销售时，顾客在确认车辆完好后，必须请顾客在全部检查项目合格的A单上签字，以明确车辆在交付顾客时处于完好的状态，避免以后发生问题时因责任不清而产生纠纷。

（8）车辆在销售给顾客时，必须填写《保修手册》中保修登记表内的用户车辆详细资料。

（9）相关手续根据不同车型厂家要求进行处理。

（10）新车检查完毕以后还应根据《用户使用手册》和《保修手册》向顾客介绍新车使用常识、装备情况、保养维修知识和解答顾客提出的使用中各种临时性的问题。

三、介绍服务人员及提供其他相关服务

在汽车进行PDI期间，销售人员应为客户介绍公司的服务人员，提供其他相关服务。

介绍售后服务人员，使客户熟悉汽车保养方面的有关内容，为客户车辆的后期服务提供方便。

根据客户状态介绍公司汽车俱乐部的相关业务，如代办上户、代办手续、定期活动、车辆保养优惠活动等，为客户提供便利。

根据客户状态，介绍车辆保险业务。

根据客户状态，介绍车辆转换业务。

四、手续车辆移交

待汽车PDI检验完毕，销售人员要亲手将车辆交到客户手中，清点物件、票据，最后一次简单说明，并要求客户在交车确认单上签字。交车确认单见表6—31。

表 6—31 **交车确认单**

<table>
<tr><td>车主姓名：
车型：
地址：
电话：（宅）
电子邮箱：</td><td>牌照号码：
车色：

（公司）</td><td>发动机号码：
交车日期：
移动电话：
销售顾问：</td></tr>
<tr><td colspan="3">一、首先感谢您对××汽车公司的爱护，在您使用这部车之前，让我们来为您的爱车做点交及说明
二、车主于签收车辆以前，下面各项证件点交及功能的操作均需经过销售顾问详细点交及说明，请车主确认并签收
三、若有委托交车代理人，与交车手续所做的任何行为，视同委托人之行为，车辆离开公司后概由委托人负责</td></tr>
<tr><td colspan="3">1. 交车前准备：□交车整备说明
2. 证件点交：□行驶证；□保险卡；□产权证；□领牌材料入籍单
3. 费用说明及单据点交：□发票；□购置税；□养路费；□车船税；□规费
4. 使用及服务保证手册点交及内容说明：
□使用手册说明；□服务保证说明；□紧急情况处理；□定期保养项目表；□免费服务电话
□24 小时救援服务
5. 介绍服务站：□营业地点；□营业时间；□介绍保修接待专员；□介绍站长
6. 车辆内外检查：□车内整洁；□外观整洁；□配备；□千斤顶；□工具包；□备胎；□其他
7. 操作说明：□座椅方向盘后视镜调整；□电动窗操作；□儿童安全锁；□空调除雾；
□灯光仪表；□音响；□特有配备（CD、Air、bag、ABS、电动天窗）；□发动机盖；□行李箱；
□油箱盖
8. 温馨的特别服务：□预约回站；□其他</td></tr>
<tr><td colspan="3">车价：________元　□付清　□未付清　尚欠车款________
保险费：□全险　□付清　□未付清　尚欠保费________
　　　　□意外险
装潢费：________</td></tr>
<tr><td>购车人或委托人签收：

年　月　日</td><td>销售顾问：

年　月　日</td><td rowspan="2">DC 记录：
接洽人：
结果：
主管签名：
年　月　日</td></tr>
<tr><td>销售经理：</td><td>年　月　日</td></tr>
</table>

五、送别客户，合影留念

当所有手续完成后，是客户最为开心的时刻，这个时候，销售人员提出合影留念，不但增进了彼此的感情，还为下一步与客户的沟通做了铺垫。

第十一节 客户关怀

对汽车产品而言，实现销售只是汽车服务工作的开始，客户成为车主之后一段相当长的时间内都需要销售企业提供服务，因而汽车的售后服务在整个销售流程中占有相当重要的地位。如果不能提供或忽视售后服务，就无法使客户真正满意，更无法培养忠诚客户。销售企业可以通过在售后服务过程中体现对客户的关怀，解决客户所面临的问题，化解客户抱怨，从而建立与客户互信的合作关系，为寻找新的潜在客户，培养忠诚客户奠定良好的基础。

一、客户回访

客户回访是寻找新的潜在客户，培养忠诚客户的重要环节。销售人员通过回访来确认客户是否满意，减轻客户可能产生的不满情绪。销售人员一般最少应在客户购车后的三天、十天、一个月、三个月主动与客户联系，了解相关情况，如有可能在客户进行车辆首保时陪同。在实际工作中客户回访涉及售前、售后信息管理中心等多个职能部门，权责的划分、相关资料的移交、投诉问题的处理等都需要做好配合工作，才能保证客户回访工作的顺利完成。客户回访流程如图 6—19 所示。

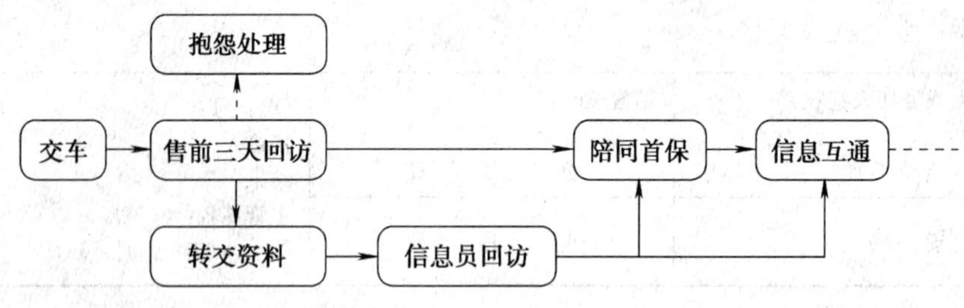

图 6—19 客户回访工作流程图

1. 客户回访的主要任务

客户回访是汽车经销企业十分重要的一项工作，是确立客户资源，提升企业竞争潜力的一项重要工作，客户回访的质量好坏直接关系到客户资源的稳定。

(1) 销售人员回访的主要任务

1) 核实交易事项。客户回访开始于客户交纳订金之后。有时由于多种原因会出现延迟交车或其他意外情况，销售人员必须及时与客户进行沟通。

2）消除客户可能产生的失落情绪。交易达成后，销售人员在售前往往经常与客户进行沟通，达成交易后，如不主动进行联系，往往会让客户有失落的感觉，不利于忠诚客户的培养。

3）减少可能产生的顾客投诉。汽车在使用过程中，由于客户使用不当或车辆本身质量问题，都会导致客户的不满或投诉。销售人员主动与客户联系，能够有效缓解客户的不满情绪，减少投诉率，在处理客户抱怨的工作中取得主动地位，从而防止由于负面影响的扩大而有损企业形象。

4）提供咨询服务。有些客户是首次购车，虽然在售车环节销售人员已经对车辆的操作与维护等做了详细的说明，但仍可能存在疑问，希望能得到更多的帮助，回访有利于双方信任关系的进一步确立。

5）搜集客户情报，建立忠诚客户群。连锁销售是发展客户群的重要手段之一，一位客户的满意，往往会影响其周围的相关群体。通过售后的主动联系，有利于与客户建立互信的关系，从而利用其人脉，获得更大的消费群体。销售人员在获得客户提供的信息，得到新的销售机会时，一定要及时表示感谢，并赠送小礼品，使双方的关系进一步的加强。

（2）信息员回访的主要任务

1）新车提醒。在客户购车3～4周内，提醒客户首保的里程和日期，告知营业时间和所需文件，为客户的汽车首保进行预约服务。通过回访，借机向客户提出回店保养，增加业务量。

2）季节性关怀活动。在每年换季时节，通过回访主动告知客户季节性注意事项，提醒客户企业提供的免费检测项目。

3）通知参加车主交流会。汽车经销公司会定期组织车友汽车交流会，包括用车方式、服务流程讲解、维修处理程序、紧急事故的处理等内容的交流，信息员通过通知车主参加交流会培养与客户的关系。

4）提供用车信息。公司通过对客户资料的分析，系统地收集与客户利益相关的信息，如当地路况信息、新车型或新的交通法规以及与客户职业相关的信息等，增进双方的了解，培养忠诚客户。

2. 回访客户的方法

（1）电话回访。通过打电话或发送手机短信等方式，询问产品的使用情况，帮助客户解决可能出现的问题，增进彼此之间的交流。

（2）信函回访。在客户生日、重大节日等有一定意义的时间，寄上一张明信片或一封问候其家庭、工作等方面的亲笔信函，或发送一条手机短信，以便增进双方的了解和感情。

（3）登门回访。一般应在客户协助完成较大订单或客户产生较大抱怨情绪时登门拜访，这是一种培养忠诚客户群的重要手段。通常在拜访之前，销售人员要制定拜访计划，明确拜访的目的，有效地配置时间和其他销售资源。

（4）电子邮件回访。汽车的消费客户一般有较高的生活档次，因此在很多时候销售人员还可以通过送电子邮件与客户进行沟通和交流。

二、客户投诉

1. 投诉的种类

当客户对企业的汽车产品或服务感到不满意时，通常会有两种表现：一是显性不满，即客户直接将不满表达出来，告诉经销商；二是隐性不满，即客户不说，但从此以后再也不会选择这个品牌，这样会在悄无声息的过程中失去了一个客户，甚至是一个客户群。在很多情况下对显性不满往往注重处理，对隐性不满却容易疏于防范。据调查显示，隐形不满往往占到客户不满意的70%，因此，汽车销售与相关服务人员应对这种隐性不满多加注意，通过观察，感知客户表情、神态、行为举止等方面的要求，做到未雨绸缪。按照投诉的原因不同，把投诉区分为以下几种：

（1）汽车产品本身的质量投诉。因汽车产品本身存在缺陷或其他原因车辆出现性能障碍，而使客户产生不满情绪，由于没有得到及时的处理，而导致的客户投诉。

（2）服务质量投诉。汽车产品服务是长时间、多人员、多项目的服务，在这个复杂的服务过程中即使是在一个环节出现沟通不够或服务态度不良，也会导致客户投诉。如由于汽车销售员的说明不够、没履行约定、态度不诚实等原因所引起，尤其是不履行约定、随便承诺客户和态度不诚实所引起的投诉。

（3）维修技术投诉。汽车是技术含量很高的消耗性产品，需要专门的技术人员提供服务，由于维修技术不到位导致故障不能一次性排除，甚至多次都不能解决，从而导致客户投诉。

（4）备件质量投诉。汽车产品的备件有多门类多品种，如因配件质量不稳定而出现索赔，却不能及时处理，会导致客户投诉。

（5）服务价格投诉。由于客户对市场行情不甚了解，服务价格高于客户原来的预期，而接待人员没有做好沟通工作，会导致客户投诉。

（6）客户另有企图的恶意投诉。这是少部分客户单方面恶意扩大事态或被竞争对手利用，企图获得更多利益或达到其他目的的投诉。

2. 投诉的方式

根据客户的反映渠道分为一般投诉和严重投诉两类：

（1）一般投诉

1）面对面地表示不满。客户直接将不满发泄给接待他们的人，如结算员、服务顾问、销售人员等。

2）向企业领导投诉。针对服务过程中出现的问题，有些客户直接向高层领导投诉，以期得到尽快解决。

3）向汽车俱乐部或车友俱乐部反映，通过组织进行协调解决。

4）向厂家投诉。由于当前信息渠道越来越丰富，针对经销商服务不到位的问题，有些客户会通过有关渠道直接向汽车厂家投诉，以期达到解决问题的目的。

（2）严重投诉或公关危机

如果客户的一般投诉不能得到有效的处理和解决，有些客户就会通过其他的渠道进行投诉。

1）向行业主管部门投诉。客户对严重存在的质量问题会向行业主管部门投诉，以期得到公正合理的解决。

2）向消费者协会投诉。有些客户为了得到支持会向各级消费者协会投诉来获得解决。

3）向电视、广播、报纸等新闻媒体表示不满。

4）在互联网上发布消息。有些客户希望通过互联网引起更多社会人士的关注，从而给企业施加压力。

5）通过法律渠道解决。

三、处理投诉

1. 正确对待顾客投诉

投诉可以按其性质区分为善意投诉和恶意投诉。对恶意投诉要迅速了解情况，控制局面，拿出应对措施，防止节外生枝；而对善意投诉则要多加安抚，赠送礼物，提供更优质的服务来拉住客户。大多数消费者投诉时确实对企业的产品或服务感到不满，认为企业的工作应该改进，其出发点并无恶意，不满完全是企业工作失误或客户与企业之间沟通不畅造成的：如购车等待时间较长，汽车维修质量与客户要求不符，企业认为客户能正确操作的汽车的各项性能客户却不会等。这些原因造成的客户不满，企业若能认真处理，则可以增加客户的忠诚度。

（1）客户的不满是创新的源泉。客户是企业生存之本，利润之源，他们表现出不满恰恰给了企业与客户深入沟通、建立客户忠诚的机会。只要通过对客户的牢骚、投诉等不满意举动的分析，发现新的需求，就能够做得比竞争对手要进一步。企业通过分析推出新的服务项目不仅可以增进客户的满意度，同时还能为企业创造新的生存空间。

（2）客户的不满可使企业服务更完善。客户对商家服务的不满意，然后提出一些看似“无理”的要求，这往往正是商家服务的漏洞。企业要想完善服务，就必须依靠客户的“无理取闹”来打破“有理的现实”。据统计：当客户存在不满时，只有4％的客户会主动提出来，96％的客户会默默离开，90％的客户会永远也不买这个品牌或关注这家企业，同时，这些不满的客户还会把这种不满继续传递给 8～12 个客户，这 8～12 个客户还会把这个信息传递给更多的人。

2. 处理投诉的原则

企业对客户投诉的处理好坏直接关系到企业的营业能力，在投诉处理过程中，要把握如下原则：

（1）先处理心情，再处理事情。客户在开始陈述其不满时，往往都是一腔怒火，这时候如果马上处理，可能并不利于事情的解决。应在倾听过程不断地表达歉意，同时允诺事情将在最短时间内解决，从而使客户逐渐平静下来。等客户怒火平息后，再平心静气地了解实情的真相，进行处理。

（2）不回避。发生问题后不能回避，因为回避只能将问题搁置而得不到解决，还有可能发生其他的意外而更不利于事情的解决。

（3）第一时间处理。当发生投诉问题后，使问题得到尽快的解决是最有效的方法。

（4）找出原因，控制局面，防止节外生枝、事态扩大。汽车营销企业要针对客户申诉，迅速查找出引起他们不满的真实原因，才能在处理过程中做到心中有数，有的放矢。

（5）必要时请上级领导参与，运用团队的力量解决问题。

（6）在解决过程中，不作过度的承诺，寻求共识，争取双赢。

3. 处理投诉的技巧

（1）稳定客户情绪，防止意外状况。处理投诉最关键的环节是要稳定客户的情绪，可以运用以下技巧：

1）表示歉意。不管投诉是由于什么原因引起都给顾客带来了很大程度的不便，因此，在解决问题前表示歉意是十分必要的。

2）让顾客放松。当顾客情绪激动的时候，首先是让顾客放松下来，慢慢讲，从而起到稳定情绪的作用。

3）不争辩。站在客户的角度，投诉是不得已而为之，当客户反映问题时，如果与他们发生争论并不利于问题的解决，反而有可能进一步激化矛盾，扩大冲突的范围。

4）换时、换地、换人。当投诉的问题比较严重时，可以采用换时、换地、换人的方法，减少冲突，避免激化，控制范围。首先是变更应对的人，必要时请出主管、经理或其他领导，从而让对方看出你的诚意；其次就是变更场所，尤其对于感情用事的客户，变个场所能让客户恢复冷静；最后应注意不要马上回答，要以“时间”换取冲突冷却的机会。销售人员可以告诉客户：“我回去好好地把原因和情况调查清楚后，一定会以负责的态度处理好这件事情。”这种方法是要获得一定的冷却期，尤其是客户所抱怨的是难以处理的问题时，应尽量利用这种方法。

5）转移话题。对于某些一般性投诉，可以采用转移话题的方法，来调节顾客的情绪。

（2）与顾客交谈的技巧

1）以诚恳、专注的态度来听取客户对汽车产品、服务的意见，听取他们的不满和牢骚。倾听客户不满的过程中要面向客户，使其感到企业对他们的意见非常重视，如工作人员在倾听时拿笔记下客户所说的重点，虽不能彻底安抚客户，却可以平息客户的怒火，防止事态进一步扩大。

2）确认自己理解的事实是否与对方所说的一致，并站在对方的立场上替客户考虑，不可心存偏见。每个人都有自己的价值观和审美观，很可能对客户来讲非常重要的事情，而你却感到无所谓，因此在倾听过程中你的认识与对方所述可能会有偏差。这时一定要站在客户的立场上替客户考虑，同时将听到的内容简单地复述一遍，以确认自己能够把握客户的真实想法。

3）倾听时不可有防范心理，不要认为客户吹毛求疵，鸡蛋里面挑骨头。绝大多数客户的不满都是因为我们工作失误造成的，即使部分客户无理取闹，也不可与之争执。

4）必要时，认同客户的情感，对其抱怨表示理解。

【案例】

• 投诉一："刚买的时候还不错，现在却连个人影都找不着！"

客户心理：A. 卖出去了。

B. 汽车销售人员只有在卖东西的时候最勤快，没信用。

注意点：A. 首先道歉，恭敬地赔不是。

B. 同时要求提供信息。

应对办法："真是太抱歉了！我怕常打扰您会增加您的困扰，借着这个机会积极地来拜访您的，请您多多指教、照顾！"

• 投诉二："刚买不久的车就这么糟！"

客户心理：A. 花了这么多钱买的，这到底是什么东西。

B. 这么糟的车子开起来真是不安，想换另一部。

注意点：A. 具体听取其原因，以便缓和对方的心情。

B. 判断是否操作错误或故障。

C. 陪着客户直接把出现的问题传达给技术人员。

D. 强调换车是不可能的。

应对办法：

"我们既然有信心地把车子介绍给您，当然更会负起责任。真是太抱歉了！找个方便的时间到我们公司好好检查一下吧！我陪您一起去，什么时候您方便呢？"

"我非常了解您的心情，但换车是不可能的。车子是由很多零件组合起来才能发动的，不理想的应该只是某部位，不可能所有零件都不好。我一定负责到令您乘坐起来满意为止，再一次到服务站检修看看好吗?”

• 投诉三：“让我在你的修理厂等那么久!”

客户心理：A. 在百忙之中浪费时间。

B. 不愉快。

注意点：A. 首先道歉，以消除客户的不满。

B. 说明修理厂的结构。

应对办法：“我们的工作宗旨就是‘客户至上’，如今有不周到的地方真是太抱歉了。假如我是您的话，一定会有同样的想法。为了有利于今后提高我们的服务质量与水平，可否拜托您给我们提一些改进意见呢?”

“增添您这么多麻烦真是对不起！最近由于客户们的安全意识提高了，来保养的车子也大为增加。我们当然会好好努力，但希望客户们还是尽量利用预约制度，假如能够早点联络的话，我想该不会有这种困扰的。”

4. 投诉的处理流程

从某种意义上说，恰当地处理投诉是最重要的售后服务。汽车营销企业有效处理客户抱怨投诉的重要方法之一是利用设计合理的投诉表格，按照有效的投诉处理程序进行。投诉处理工作流程如图 6—20 所示。

（1）鼓励客户解释投诉问题，做好记录。销售人员不可和客户争论，要以诚心诚意的态度来倾听客户的抱怨。当然，不只是用耳朵听，为了表示对客户的诚意，在听的时候一定要做好记录。在客户诉说的过程中千万不能打断他们，以免增加已有的愤怒和敌意，并且使问题更难处理。只有当客户倾诉完委屈和愤怒、心态变得平和之后，销售人员才能与他们讨论解决问题的方案。此外，还必须以宽容的心态，开诚布公地对待那些很少表明他们的愤怒或冲动，但抱有敌意的客户。

（2）确认投诉性质，判断事实真相。客户在很多情况下会强调那些支持其观点的情况，所以销售人员应在全面、客观地理清客户观点的基础上，找出令人满意的办法。倾听客户的抱怨后，必须冷静地分析事情发生的原因与问题的重点。缺乏经验的汽车销售人员往往会似懂非懂地贸然做出判断，甚至说些不必要的话而使事情更加严重。

（3）提供解决办法。客户投诉的内容依据他们对汽车使用和理解的感受不同而不同，销售人员的责任就是认真倾听客户的意见，从客户的立场出发分析每一种因素，提出双方都可以接受的公平合理的解决方案并付诸行动。首先，要先冷静地判断这件事情是否可以由自己单独处理。如果必须由公司或其他部门处理，应马上转移到其他部门处理或提交更高一层管理机构处理。但是，该汽车销售人员仍然负有处理客户投诉的责任，直到有关部门接手处理，并伴随着客户问题的圆满解决，这是一站式汽车服务的具体表现。

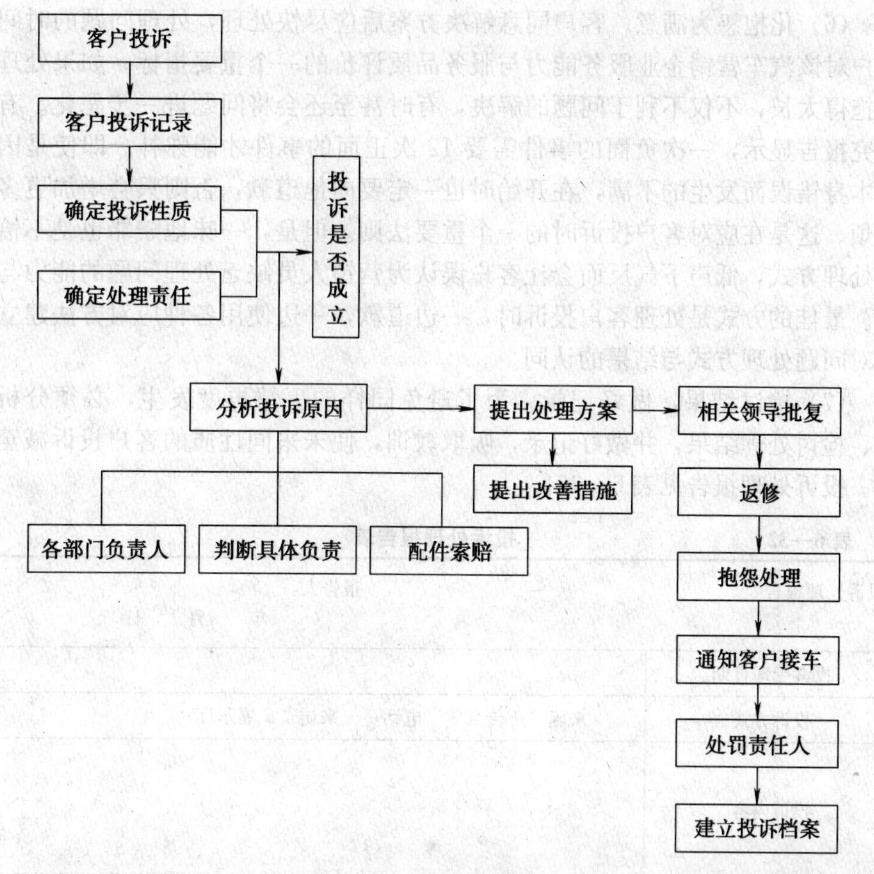

图6—20 客户投诉处理流程图

（4）公平地解决索赔。正面的补偿绝对是客户服务“工具箱”里最有用、威力最大的武器。客户关心的是他们的损失，不是营销人员的处境。一项公平合理的解决方案可为销售人员提供一个重复销售汽车产品和服务的好机会，因为客户已经有了积极体验后，还会继续考虑接受企业的汽车产品与服务。索赔的处理方式有：

1）备件完全免费退换。

2）备件完全退换，客户只支付运输费用。

3）备件完全退换，由客户和企业共同承担相关费用。

4）备件完全退换，客户承担维修费用。

5）备件送往制造厂后再做决定。

6）帮助客户向第三方索赔。

（5）及时沟通解决方案。销售人员在提出解决方案之前，要将方案向客户解释清楚。如果客户投诉的是企业存在的问题，除了及时解决问题或承诺在什么时间处理外，应避免让同样的错误再度发生。

(6) 化抱怨为满意。客户同意解决方案后应尽快处理，处理问题的时间是客户对该汽车营销企业服务能力与服务品质评价的一个重要指标。如果处理时间拖得太长，不仅不利于问题的解决，有时甚至还会将问题进一步恶化。有关研究报告显示，一次负面的事件需要 12 次正面的事件才能弥补。即使是因客户本身错误而发生的不满，在开始时也一定要向他道歉，否则只会增加更多的麻烦。这是在应对客户投诉时的一个重要法则。但是，一味地赔罪也是不恰当的处理方式，低声下气反而会让客户误认为营销人员缺乏处理问题的能力与诚意。最佳的方式是处理客户投诉时，一边道歉，一边使用各种应对方法建立客户对问题处理方式与结果的认同。

(7) 检讨结果，做好记录。为了避免同样的事情再度发生，必须分析原因、检讨处理结果，并做好记录，吸取教训，使未来同性质的客户投诉减至最少。投诉处理报告见表 6—32。

表 6—32　　投诉处理报告表

投诉处理报告	报告人： 年　月　日
投诉受理日期	
投诉方式	来函　传真　电话　来访　展示厅
投诉内容	
投诉见证人	
地址及联系方式	
处理紧急度	特急　急　普通
承办人	
处理日期	
处理内容	
费用	
客户意见	
原因调查	

续表

调查会议纪要	
原因	
记载事项	
检讨	